KB081615

# 자기주도학습개론

# 자기주도학습개론

Introduction of Self-Directed Learning

이수미 지음

아마존북스

# 자기주도학습개론

초판 1쇄 인쇄 | 2017년 4월 05일
초판 2쇄 발행 | 2019년 3월 25일

지은이 | 이수미
발행인 | 최화숙
편 집 | 유창언
발행처 | 아마존북스

출판등록 | 1994년 6월 9일
등록번호 | 1994-000059호

주소 | 서울시 마포구 서교동 377-13 성은빌딩 301호
전화 | 335-7353~4
팩스 | 325-4305
e-mail | pub95@hanmail.net / pub95@naver.com


ISBN 978-89-5775-176-3 93370
값 18,000원

* 아마존북스는 도서출판 집사재 의 임프린트입니다.
* 파본은 본사나 구입하신 서점에서 교환해 드립니다.

## | 서문 |

최근 들어 자기주도학습에 대한 관심과 중요성이 증대되면서 많은 분야에서 자기주도학습을 도입하여 시도하고 있다. 정부 역시 7차 교육과정(1999)에서 입시위주 교육은 더 이상 미래사회를 대비할 창조적이고 창의적인 사고를 할 수 있는 인재를 육성할 수 없다고 밝히면서 학교교육의 정상화, 창의력과 인성교육의 내실화 목표를 달성하기 위한 방안을 명확히 제시하였다. 이는 열린 교육을 근간으로 자기주도 학습능력을 갖춘 창의적 인재양성을 목표로 둔 교수-학습방법이 이제는 선택이 아니라 필수라는 것을 의미한다. 교수-학습의 목표는 개별화된 학습자 중심교육을 통한 자기주도 학습능력 신장에 두어야 하며 교사-학생의 관계는 수직관계가 아닌 수평관계가 되어야 한다.

이러한 시대적 흐름에 부응하기 위해서는 제대로 된 자기주도 학습방법이 절실히 필요하다. 자기주도학습은 학습자 스스로 배우게 함으로써 학습능력을 향상시키고 성적을 오르게 하는데 그치는 것이 아니라 실제 생활에서도 적극적으로 활용 가능하다는 장점이 있다. 이러한 측면에서 볼 때, 자기주도 학습코칭은 코치와 코치이 사이에 커뮤니케이션을 통해 문제의 이해를 촉진시키고 정서적으로 직면하도록 하며, 코치이의 행동변화를 유도하기 위한 다양한 기법들이 사용된다. 코칭의 주요 목적 중의 하나인 학습자의 자기주도력을 신장시키기 위해서 다양한 프로그램을 학습자의 개별성을 존중하면서 여러 가지 요소들이 병합된 효율적인 학습환경을 학습자에게 제공하여야 한다. 그리하여 각각의 학습자들은 자신만의 방법으로 이 환경들과 상호작용하도록 해야 한다.

이러한 자기주도 학습코칭의 중요성 및 노력들이 있음에도 불구하고 체계적인 코칭을 통하여 실질적으로 자기주도력을 제고시키기 위한 프로그램은 아직도 개발할 여지가 많이 남아 있는 실정이다. 더욱이 제한된 교육환경에서는 교사만으로 학습자들의 모든 요구를 충족시키기란 여간 어려운 게 아니다. 또한 자기주도학습을 위한 교재나 온라인 교육과정 개발도 중요할뿐더러 타당성 있고 신뢰도가 높은 학습 성취도 평가 도구 및 평가 도구 개발을 위한 연구도 진행되어야 한다.

자기주도 학습방법과 관련하여 이러한 시대적 흐름에 발맞추기 위한 다양한 연구가 있다. 그러나 실질적으로 자기주도 학습능력을 필요로 하는 수요자들을 대상으로 현실에 부합하는 자기주도적 영어학습코칭 프로그램에 대한 연구는 더욱 활발히 이루어져야 한다. 따라서 본 책은 글로벌 시대에 발맞추어 나가고 시대적 요청에 부합하기 위해 자기주도 학습이론을 바탕으로 자기주도학습의 구성요소를 제시하고 자기주도학습을 실천할 수 있는 기술을 익히고 적용하여 그 긍정적인 영향과 효과를 검증해 볼 수 있는 기본서가 될 것이다.

성공적인 자기주도 학습코칭을 위해서는 학습자 자신이 흥미를 가지고 재미있게 학습을 하면서 자신감과 자기주도 학습능력을 배양하게 하는 것이 매우 중요하다. 따라서 학습자 스스로 자발적인 학습을 할 수 있도록 하는 자기주도 학습코칭에 관한 많은 연구와 조언이 필요하다. 또한 한국적 현실에 맞는 자기주도학습에 대한 바람직한 개선방안을 제시하고 공유하기를 바라는 마음에 본 책을 집필하게 되었다.

본 책에서의 자기주도 학습코칭은 학습자 모두가 자신이 목표로 하는 학습에 자신감을 갖고 성공적인 학습을 할 수 있다는 신념하에 다양한 학습과제를 선택하고 실행하며 스스로의 한계를 조절하는 행동변화를 통해서 성취감, 만족감 그리고 자기효능감을 얻을 수 있도록 이론, 실제, 적용의 순서로 구성하였다. 이러한 자기주도학습의 목표는 코칭대화모델과 코칭기술을 통해서 개인의 잠재능력과 자기주도적인 면을 발견하고 전략적 생각과 창의성, 문제해결능력을 기르기 위함이다.

자기주도학습은 학습을 함에 있어 자기주도력을 갖고 스스로 주어진 과제에 대한 문제를 해결하며 자신의 잠재력을 극대화할 수 있다. 이러한 자기주도학습은 공교육과 사교육에서 다양한 연령에 다양한 학습도구로서 활용되고 있다.

이러한 변화는 교사주도의 티칭식 교육보다 학생중심의 코칭식 교육이 효과적이라는 여러 연구에 기반을 두고 현실에 맞도록 도입하고 실행해 보는 결과를 만들었다. 그럼에도 불구하고 많은 교육자들이나 학부모 그리고 학생들은 그 중요성은 인지하되 막상 학습에 임하면 기존의 습성 때문에 의존적이 되거나 교사나 학부모에게 직접적인 지도를 요청하게 되곤 한다.

이 책은 학습자들이 자기주도학습을 실천하고자 하는데 있어서 로드맵을 제시할 수 있는 일련의 순서를 가지고 자기주도학습의 시작부터 마지막까지 학습코칭의 이론과 18년간 약 2만명을 코칭해 본 다양한 사례를 바탕으로 근거있는 자기주도학습 실천을 위한 도구들을 제시하였다.

즉, 1~2장에서는 자기주도학습의 올바른 이해를 위해서 자기주도학습의 이론과 준비단계를, 3~4장에서는 자기주도학습의 실제단계로 자기주도 학습코칭 단계와 진로적성코칭 단계로 나누어서 설명하였다.

그리고 5~7장에서는 자기주도학습의 적용단계로 자기주도 학습전략, 자기주도학습 적용사례와 과목별 자기주도학습에 대해 다루었다.

각 장에서 다룬 내용들은 코치가 답을 가지고 임하는 것이라 코치이 자신이 답을 가지고 있다는 전제하에 패턴(pattern)이 아닌 랜덤(random)으로 적용되어야 할 것이다. 즉, 자기주도학습을 자칫 잘못하게 되면 오히려 더욱 의존적인 학습이 될 수 있다. 따라서 아무리 자기주도학습이라 하더라도 학습자의 수준이나 나이 그리고 학습환경에 따른 다양성을 고려하여 코치는 조력자 및 동기부여가가 되어야 할 것이다. 학습자가 성공적인 자기주도학습을 실천하여 원하는 결과를 얻을 수 있으려면 코치는 코칭단계에서 제시한 4단계 중 1단계인 Recognition(인정)의 의미를 구체적인 학습장면마다 적용시키되 인정단계를 실천하지 못하거나 반복적인 어김이 있다 하더라도 다각도에서의 지속적인 시도가 필요할 것이다. 이를 위해서는 코치로서의 역할을 인지하고 그에 맞는 언어와 방법을 써야 할 것이다. 1단계가 제대로 이루어지지 않으면 다음 단계로의 진전이 어려울 뿐 아니라 자기주도학습에서 기대하는 효과를 거두기 어렵다. 이에 본 저서가 자기주도학습의 로드맵을 제시해 줄 것으로 기대한다.

# | 차례 |

# 1장

# 자기주도학습 이론

## 1. 자기주도학습의 개념 및 구성요소

### 1) 자기주도학습의 개념

자기주도학습은 노울즈(Knowles,1975)가 처음 도입한 개념으로 '타인의 도움 없이 스스로 자기주도적으로 학습목표를 설정하고, 효율적인 학습전략을 사용하여 학습결과를 자기 스스로 평가하는 일련의 과정'을 말한다. 성인학습으로부터 시작된 자기주도학습은 '자기계획적 학습', '자기조절학습', '자기규제학습', '자기교수법', '자기조정학습' 등의 다양한 용어로 사용되고 있지만 모두 동일한 의미를 가지고 있다. 짐머만과 마르티네즈폰즈(Zimmerman & Martinez-Pons, 1990)는 자기주도학습을 '학습자가 학습을 할 때 동기·초인지·행동으로 자신의 학습에 적극적으로 참여하고 실천하는 것' 을 뜻하며, 자기주도학습은 학업성취도를 촉진하는 실질적인 촉진자 역할을 하는 것으로 보고 있다. 송인섭(2006)은 '다른 사람의 도움을 받지 않는 학습자 개인이 스스로 자신의 학습요구를 진단하고 학습목표를 설정하고 학습에 필요한 인적 자원과 물적 자원을 탐색하고 확보해 적절한 학습 전략을 선택, 시행한 후 학습 결과를 평가하는 과정에서 스스로 주도적인 역할을 수행하는 것' 을 자기주도학습이라고 하였다. 즉, 자기주도학습은 학습자 스스로 언제, 어디서, 무엇을, 어떻게, 왜, 할 것인지를 선택하고 이를 위한 지식과 기술을 향상시키는 것으로 보고 있다.

또한 학습에 있어서 학습자의 자율성은 학습성과에 영향을 미치는 매우 중요한 요소이며 이러한 능력을 키울 수 있는 구체적인 실천방법에 대한 연구들이 많이 진행되고 있다. 그 중에서 자기주도 언어학습(self-access language learning)은 자원기반학습(Resource based approach)에 근거한 접근법으로, 학습자가 적극적으로 교육자원을 활용하여 학습하는 과정을 의미한다(Benson, 2001). 즉, 학습자는 기존 교사중심 패러다임과 달리 능동적인 학습의 주체로서 학습과정에서 주도적인 역할을 한다는 뜻이며, 이는 자신의 능력과 선호도에 맞게 전반적인 학습 내용(자료, 방법, 목표, 시간, 장소, 평가 등)을 스스로 구성할 수 있음을 의미한다. 이와 같이 자기주도학습에서는 학습자의 결정권이 무엇보다도 중요하다.

학습에 있어서의 자기주도학습의 필요성에 대해 학습자 스스로 각 개인의 차이점을 인지하고 이에 적절한 학습자료나 학습환경을 선택하여 학습계획을 수립하고, 학습하고 평가하는 일련의 활동들을 주도적으로 할 수 있어야 보다 책임감 있는 학습활동을 수행할 수 있다. 그러나 이러한 자기주도학습을 무작정 혼자서 한다는 것은 쉬운 일이 아니다. 따라서 목표를 세우고 동기유발을 도와주고 목표를 성취할 수 있는 습관을 가질 수 있도록 조력자 역할을 해줄 코치(coach)가 필요하다. 이러한 코치 역할은 부모, 교사, 친척, 지인, 형제, 친구 등 누구든지 가능하다. 자신의 환경에 맞는 코치를 선정하여 자기주도학습을 실행하는 것이 바람직하다. 자기주도학습에 대한 정의는 〈표 I-1〉과 같다.

〈표 I-1〉 자기주도학습에 대한 정의

| 학자 | 자기주도학습의 정의 |
|---|---|
| 노울즈(Knowles, 1975) | 학습자 스스로 학습의 주도권을 갖고 목표 설정, 인적·물적 자원 확보 및 학습결과를 평가하는 일련의 과정 |
| 스피어 & 모커(Spear & mocker, 1984) | 학습자의 환경에 따라 과정을 선택하고 스스로 학습상황에 맞게 학습과제를 구조화하는 경향 |
| 롱(Long, 1992) | 학습자 스스로의 학습에 대한 주도권, 통제와 관리에 따라 학습에 참여하는 수행 과정 |
| 기븐스(Gibbons, 2002) | 학습자의 노력을 통해서 자신의 지식, 기술, 성취감 또는 개인발달을 향상시키는 과정 |
| 양명희(2000) | 학습자가 자신의 학습형태를 알고 목표를 설정하여 자신의 학습속도에 맞게 학습량을 조절할 수 있는 능력 |
| 김진헌(2004) | 학습자가 스스로 자신의 학습을 수행할 수 있도록 준비하는 능력 |
| 송인섭(2006) | 학습자가 학습주도권을 갖고, 학습요구 진단, 학습목표 설정, 학습자원 확보, 학습전략 수립, 학습 결과를 평가하는 과정 |

| | |
|---|---|
| 김현심(2009) | 학습자가 자신이 학습상황에서 동기 인지를 스스로 조절하고 통제함으로써 학습의 효율성을 높일 수 있는 능력 |
| 서혜경(2011) | 학습자가 학습의 주도권을 갖고 학습 수준을 진단, 학습목표를 설정하고 인적·물적 자원을 확보하며 학습 결과를 스스로 평가하는 과정 |
| 서은정(2013) | 학습자가 학습 상황에서 스스로 목표를 설정하며 이를 성취하기 위해 자발적으로 학습방법을 계획, 해결 및 점검하는 능력 |
| 이수미(2015) | 학습자 스스로 자신의 학습상황에 맞는 목표를 설정하고 실행하고 스스로 평가하고 피드백하는 일련의 과정 |

## 2) 자기주도학습의 구성요소

코칭을 구성하고 있는 요인들에 대한 논의도 학자들마다 다양하게 이루어지고 있다. 코칭의 기본요인으로 방향제시, 개발, 수행평가, 관계를 제시한 연구가 있다(최지영, 2004). 또한 도미향 외(2008)는 코칭의 핵심 구성요소로 개인, 조직, 목표, 지지, 계발, 잠재력, 자아실현, 성과, 대화기술, 협력, 파트너십, 리더십, 시스템 등을 제시하였다. 한편 조성진(2008)은 다음과 같은 코칭의 핵심요소 세 가지를 강조한다. 첫째는 양방향의 의사소통(two-way communication)을 지향한다는 것이다. 즉, 코칭은 단순한 대화가 아닌 코칭과 코치이가 상호작용(interactive)해야 하는 쌍방향 커뮤니케이션 활동이다. 둘째는 코칭은 코치이의 성장과 발전(development)을 목표로 하는 과정(process)이라는 점이다. 셋째는 코칭은 임파워먼트(empowerment)를 전제로 코치와 코치이 상호 간에 헌신하는 파트너십(mutual committed partnership)을 추구한다.

국내와 해외의 연구들을 살펴보면 자기주도학습의 구성요인을 크게 동기조절, 인지조절, 행동조절 세 가지로 분류하였다.

첫째, 동기라는 것은 왜 그 일을 해야 하는지에 대한 이유로, 학습상황에서 필요한 이러한 동기를 학습동기라고 한다. 자기주도학습에서의 동기조절이란 학습자가 학습을 해야 하는 이유와 목적을 말한다.

둘째, 인지조절이란 학습자가 자료를 이해하고 기억해 내기 위해 필요한 실질적인 전략을 말한다. 일반적으로 인지전략은 학습전략과 동일한 개념으로 통용되고 있으며, 인지조절 구성 요인에는 정교화, 점검, 시연이 있다. 정교화는 학습자가 학습한 내용을 의미 있게 만들기 위해 새로운 자료를 이전에 학습된 정보와 연관시켜서 특정한 관계를 갖도록 만드는 인지전략이다. 점검은 자신의 주의집중을 추적하면서 어느 정도 이해했는지 알아보는 상위인지전략이다. 시연은 단기기억 속에서 입력된 정보가 없어지지 않도록 하기 위한 전략으로, 학습내용을 외우기 위해서 밑줄을 긋거나 강조표시를 하거나 소리 내어 읽는 것 등이 있다.

셋째, 행동조절이란 학습자 스스로 성공적인 학습을 할 수 있도록 가장 적절한 학습 환경을 선택하고 학습을 구조화하고 창조하는 것을 의미하며, 자신의 행동을 통제하고 시간을 조정하며 필요시 적극적으로 도움을 요청할 수 있는 것을 말한다.

위의 종합한 내용을 바탕으로 자기주도학습의 구성요소를 요약하면 〈표 I-2〉와 같다.

〈표 Ⅰ-2〉 자기주도학습의 구성요소

<table>
<tr><th>하위 요인</th><th colspan="2">하위요소</th><th>하위요소에 관한 연구</th></tr>
<tr><td rowspan="4">동기 요인</td><td colspan="2">자기효능감</td><td rowspan="4">의지, 가치, 목표지향성, 자기도식, 도움 찾기(Schunk, 2012). 과제의 중요도, 성공기대, 내적 지향성(Pintrich, 1989).<br>자기효능감과 불안(Zimmerman, 1990).<br>인지적 자기효능감 (Bandura, 1992); 자기효능감, 결과기대, 목표지향성(Schunk, 2012), 목표노력(과정), 피드백 수행(Boekaerts & Niemivirta, 2000), 목표설정, 자기효능감, 결과기대, 내적흥미와 가치, 목표지향성, 의지통제(Zimmerman, 2000).<br>숙달목적 지향하기, 자아효능감 높이기, 성취가치 인식하기(박경희, 2012)</td></tr>
<tr><td colspan="2">내재적 가치</td></tr>
<tr><td colspan="2">목표지향성</td></tr>
<tr><td colspan="2">자기성찰</td></tr>
<tr><td rowspan="4">인지 요인</td><td colspan="2">메타인지</td><td rowspan="4">개념도 학습전략(주천수, 1999), 메타인지(Flavall, 1997), 메타적 지식, 메타적 조절, 메타적 통제, 자기성찰(신민희, 2000), 주의, 선택, 연결, 계획, 모니터링(Corno & Mandinach, 1983), 목표설정, 역동적, 내적 평가, 피드백 수행(Boekaerts, 1996), 정보처리자 및 전략 사용자, 피드백 수행(Borkowski, 2000), 자기모니터링, 자기통제, 자기성찰(Pintrich, 2000), 정보의 저장, 활용, 인지적 조건, 인지적 체계, 인지적 제어, 인지적 평가(Winne & Hadwin, 1998).<br>인지전략, 초인지전략(박경희, 2012)<br>자기통제, 순환적 자기조절 단계, 자기관찰, 자기판단, 자기반응(Zimmerman, 2000).<br>모방과 강화, 자기제어, 자기지시, 자기판단(Mace, Belfiore, Hutchnson, 2001), 계획수립, 모니터링, 교정(Brown, 1987).</td></tr>
<tr><td rowspan="3">인지 전략</td><td>시연</td></tr>
<tr><td>정교화</td></tr>
<tr><td>조직화</td></tr>
</table>

| | | |
|---|---|---|
| 행동 요인 | 시간조절 | 시간과 정신에너지관리(김창대 외, 1995) 기억술, 정교화, 조직화, 시간관리, 노력의지관리, 환경관리, 외적 도움 요청(Pintrich, 1989), 환경의 조정(Corno, 1986), 인지적 · 사회적 갈등, 구조적 스키마, 지식의 구성자(Paris, Byrnes, Paris, 2001), 사회적 도움과 학습환경의 조성(Zimmerman & Martine-Pons, 1988), 선언적 지식, 절차적 지식, 조건적 지식(Pressley, Borkowski & Schneider, 1990). |
| | 도움요청 | |
| | 학습행동 (습관형성) | 행동통제, 도움구하기, 학업시간의 관리(박경희, 2012) |

이에 본 책에서도 자기주도학습의 구성요소를 동기, 인지, 행동으로 나누고자 한다.

### 3) 자기주도 학습코칭의 모형 및 단계

자기주도 학습코칭의 단계 역시 학자들마다 다소 상이하게 분류하고 있다. 그로우모델(Grow Model, Graham Alexander, Alan Fine, Sir John Whitmore)에서는 학습자의 자기주도 학습능력에 따라 4단계로 구분하고 있다(Wikipedia, the free encyclopedia). 1단계 학습자는 의존적이고 자기주도성이 낮은 학습자이다. 2단계는 흥미를 가진 학습자, 3단계는 중간 수준의 자기주도성을 가진 참여적 학습자이다. 4단계는 높은 수준의 자기주도성을 가진 학습자이다. 이러한 단계별로 교수자의 역할과 전략도 차별화되어야 함을 의미한다.

노울즈(Knowels, 1975)가 제시한 자기주도학습의 단계는 5단계로 나눌 수 있으며 코칭 역시 각 단계에 맞는 역할을 수행해야 한다. 1단계는 학습요구(need)를 진단하는 단계이다. 이 단계에서의 코치는 학습자가 어떤 학습을 얼마나 하고 싶어 하는지를 학습자 스스로 진단할 수 있도록 도와야 하며 보유한 역량이 무엇이고 갖추어야 할 역량이 무엇인지를 진단하는 과정도 필요하다. 2단계는 학습목표를 설정하는 단계로 구체적인 목표를 설정할 수 있도록 도와야 한다. 3단계는 학습을 계획하는 단계로 목표에 따른 학습내용과 방법을 정하는 단계이다. 4단계는 학습을 실행하는 단계로 가장 적절한 학습전략을 택하여 실행하는 과정이다. 마지막 5단계는 학습 요구(need)와 목표에 맞춰 학습한 결과를 평가하고 피드백하는 단계이다.

이 밖에 게리슨(Garrison, 1997)은 성인학습자를 대상으로 교육상황에서 학습과 관련되어진 외적인 관리, 내적인 통제 그리고 동기적인 문제들을 통합시켰다. 휘트모어(Whitmore, 2010)의 그로우(GROW)모형은 코칭 모델에서 가장 보편화되어 있는 모델이다. 이 모델은 코칭일정을 4단계로 구조화했다. 그로우모델의 4단계는 목표설정(Goal), 현재상황 파악(Reality), 대안전략(Obstacles), 의지에 기반한 행동(Will)의 4단계로 구성된다(이소희 외, 2014).

이 밖에도 송인섭(2006: 358-381), 김종운·정보현(2012: 146-165)은 아동학습자를 대상으로 학습자의 잠재력과 가능성을 지지하는 활동을 강조하는 자기주도학습에 초점을 맞추었다는데 공통점을 찾을 수 있다. 노울즈(Knowles, 1989), 게리슨(Garrison, 1997), 휘트모어(Whitmore, 2010), 송인섭(2006: 358-381), 김종운·정보현(2012: 146-165)의 자기주도학습 모형은 〈표 I-3〉과 같이 정리할 수 있다.

〈표 I-3〉 자기주도학습자 모형 비교

| 자기주도학습 모형 | 특성 |
|---|---|
| 노울즈(Knowles)의 모형(1989) | · 성인학습자 연구를 통한 모델을 제시함<br>· 자기주도학습은 논리적으로 진행되는 직선적인 과정임<br>· 외부적으로 관찰 가능한 학습활동과 행동에 초점을 둠<br>· 자기주도학습은 고립과정이 아니고, 학습자·교사뿐만 아니라 자원 및 인사·동료 등의 협조와 지원도 필요하다는 점을 강조함<br>· 교육자는 학습촉진자의 역할을 해야 하며 학습내용 보다는 학습자 스스로 학습하도록 도와주어야 함을 주장함<br>· 집단학습활동과 관련된 개인 학습자를 강조함 |
| 게리슨(Garrison)의 모형(1997) | · 성인학습자를 연구함<br>· 학습에 있어서 학습자 변인을 강조함<br>· 교육적인 상황에서 학습과 관련된 외적인 관리(상황적 조절), 내적 통제와 동기적 문제들이 통합되어짐<br>· 자기주도학습은 학습자 스스로 학습을 유의미하고 가치가 있다고 느끼게 만들며 학습 성과로 나타날 것이 확실시됨 |
| 휘트모어(Whitmore)의 그로우(Grow) 모형(2002) | · 성인학습자를 연구함<br>· 자기주도성의 발전을 단계에 의한 진행으로 설명하며 반복적임<br>· 자기주도 학습능력과 동기가 합쳐진 준비도는 상황적이고 과제 특성적임<br>· 자기주도활동을 위해 학습자 스스로 최대한의 자율성을 발휘할 수 있도록 도와야 하는 교사의 역할을 강조함 |

| | |
|---|---|
| | · 자기주도학습을 4단계로 구성하며, 각 단계별 학습자의 자기주도성 정도와 이에 필요한 교사의 교수양식에 관해 설명함<br>· 자기주도학습에 있어서 교사의 교수 활동은 학습자의 자기주도성 정도를 고려하여야 함을 강조함 |
| 송인섭의 모형<br>(2006) | · 아동학습자를 연구함<br>· 자기주도학습 이전의 학습자 배경 변인으로서의 '환경', 학습자의 다양한 교육환경과 상호작용 과정에서의 자기주도학습에 초점을 맞추는 '자기주도 학습과정' 그리고 자기주도학습의 교육효과로서 행동변화에 중점을 두는 '결과차원' 으로 구분하여 제시함<br>· 복합적인 차원을 제시함<br>· 각 차원별 평가를 분류함<br>· 교실에서의 수업만을 모델로 함 |
| 김종운·정보현의 모형<br>(2012) | · 아동학습자를 연구함<br>· 자기주도학습의 장점과 코칭을 접목함<br>· 학습과 관련된 심리와 정서적 지지를 해줌으로써 학습자의 잠재력과 가능성을 지지하는 활동을 강조함<br>· 학습자의 잠재력 발견과 자기효능감 향상을 통한 학습동기, 인지, 행동전략을 설정함<br>· 초등학교의 방과후 프로그램으로 설정함 |
| 이수미의 모형<br>(2016) | · 성인, 청소년학습자를 연구함<br>· 자기주도학습의 장점과 학습코칭을 접목함<br>· 자기주도학습의 발전을 4단계에 의한 진행으로 설명함<br>· 코치는 학습동기부여의 역할을 해야 하며 패턴이 아닌 랜덤으로 학습자 스스로 학습을 계획하고 실행하고 평가하도록 도와주어야 함을 강조함 |

위의 자기주도학습 모형에 관한 선행 연구를 토대로 한, 자기주도 학습능력을 증진시키기 위한 기본적인 목표는 다음과 같다. 첫

째, 자기주도 학습능력을 향상시키기기 위하여 학습자 스스로 자신의 학습에 대한 흥미와 도전적인 과제를 선택해서 구체적인 목표를 세울 수 있도록 하는 것이다. 둘째, 현재 자신에 대한 올바른 이해를 토대로 실생활에서 사용할 수 있는 언어형식에는 무엇이 있는지, 의사소통을 잘 하기 위해서는 무엇을 해야 하며 어떻게 할 것인가를 생각하고 실천할 수 있게 하는 것이다. 세 번째 목표는 시간의 소중함을 알게 하여 짧은 문장이라도 분석하게 함으로써 효율적인 시간관리를 할 수 있도록 능력을 키우는 것이고, 넷째는 학습전략을 토대로 '패턴(pattern)' 이 아닌 '랜덤(random)' 으로 '학습도구(learning tool)' 를 제시함으로써 학습자에게 맞는 학습 방법과 문제해결능력을 키우는 것이다.

## 2. 청소년의 자기주도학습

### 1) 우리나라 청소년의 교육 현황

우리나라 청소년들에게 교육을 하는 궁극적인 목표는 학습자로 하여금 실제 상황에서 활용 및 적용할 수 있는 자기주도 학습능력을 갖추도록 만드는 것이다. 청소년들의 교육을 성공적으로 수행하기 위해서는 교사의 교습방법뿐만 아니라 교수능력 자체의 향상 또한 해결해야 할 과제 중의 하나이다. 한편 학습에 있어서 입력의 양과 학습강도가 결정적 영향을 미치는데, 우리나라와 같은 교육

환경에서는 학생들의 강한 도구적 동기와 교수-학습자 간의 의사소통능력을 향상시키는데 도구의 활용이 필요하다.

정부가 국민 역량 제고를 위해 내놓은 교육혁신 방안에 의하면 사회 각계각층에서 일고 있는 최근의 교육에 대한 관심과 우려가 나타나 있는데 이는 첫째, 교육의 '고비용 저효율'에 대한 지적으로 가장 많이 언급되고 있는 내용이다. 국민들이 교육을 위해 사교육이나 해외유학 등에 투자하는 막대한 비용에 비해 그 효과는 만족스럽지 않다는 사실이다.

한편 우리나라 각 곳의 학교 또한 학생들의 학습능력을 향상시키기 위해서 많은 노력을 기울이고 있다. 초등학생부터 대학생에 이르기까지 우리나라 학생들은 상당 기간 동안 학습에 많은 시간과 경비, 노력을 투자하고 있다. 그러나 학습에 기울인 노력에 비해서 우리나라 청소년들의 자기주도 학습능력은 낮은 것이 현실이며, 학생들 스스로도 학년이 높아질수록 공부에 대한 흥미와 자신감을 잃고 있다고 느낀다. 학생들의 자기주도 학습능력이 낮고 학년이 올라갈수록 학습에 대한 흥미와 자신감을 잃는 주요 원인 중의 하나가 비효과적인 교수 방법이라고 주장하는 학자들이 있다.

## 2) 청소년의 자기주도 학습코칭을 위한 환경

자기주도적 학습코칭은 학습을 위해 필요한 물적 자원과 인적 자원을 구비한 환경이어야 효과적인 학습을 할 수 있다(Knowles, 1980). 우선 물적 자원에 해당하는 환경으로는 다양한 교육 자료의 확보를 들 수 있다. 학습자는 자신이 속해 있는 학습환경에서 확보되어 있는 다양하고 실제적인 교육 자료를 적극 활용하여 융통성 있게 학습을 할 수 있다. 교육 자료에는 책, 교재, 신문과 같은 전통적인 형태의 자료뿐만 아니라 인터넷 사이트 정보, 씨디롬(CD-ROM), 소프트웨어와 같은 형태의 자료도 포함된다. 가드너와 밀러(Gardner & Miller,1999)는 네 가지로 이러한 교육 자료를 구분하였다. 첫째, 언어학습용 출판 자료이다. 가장 쉽게 구할 수 있는 학습 자료로서 자기주도학습용 코스북이나 오디오, 비디오 자료 등이 이에 해당된다. 다만 대부분의 출판물이 교실 학습 기준으로 제작되었기 때문에 개인 학습을 위한 부분이나 정답지가 포함되지 않은 경우가 많다는 제약이 있다. 둘째, 실제적(authentic) 자료이다. 리틀(Little, 1991)은 학습자들에게 동기부여를 주고 학습을 촉진시켜 목표에 몰입할 수 있게 만드는 것이 이러한 실제적 자료라고 주장하였다. 단, 실제적 자료에 사용된 단어 수준이 초급 학습자나 어린 학습자에게는 어려울 수도 있다는 점을 염두에 두어야 한다. 셋째, 자기주도 언어학습용으로 별도로 제작된 자료이다. 대부분 실제적 자료를 이용하여 특정 목적에 부합하도록 만드는데, 실로 많은 시간과 노력이 필요한 작업이다. 넷째, 학습자 자체도 귀중한 교육 자료의 하나이다. 기존 자료에 대해 유용성, 편의성, 적합성 등의 관점에서 정확한 의견 제시를 할 수 있는 자원이 바로 학습자이기 때문이며 직접 자료 제작에 참여시킬 수도 있다. 하지만 교사의 도움이 필요할 수도 있고 시간적 제약으로 인해 만족스러운 결과가 나오지 못할 수도 있다.

자율학습센터(self-access center)를 통해 자기주도학습이 이루어지는 것도 효과적일 수 있다(이희경, 2010: 257-277). 자율학습센터는 학습자의 요구사항, 자료의 보유현황, 교사와 기관의 신념에 따라 다양하고 독창적인 시스템을 개발하여 운영하고 있는데 이러한 유연성이 자기주도학습에 도움이 된다. 다음 〈표 I-4〉은 여러 종류의 영어 자율학습센터를 알기 쉬운 용어로 정리한 표이다. 다양한 자율학습센터 모델들을 검토해 봄으로써 교육에 알맞은 시스템을 구축할 수 있을 것이다.

〈표 I-4〉 자율학습센터 종류

| 종류 | 설명 | 대상 | 비고 |
| --- | --- | --- | --- |
| 텔레폰 세일 (Telephone sales) | 학습자는 전화, 이메일 등으로 교사와 상호작용함. 교사는 학습자의 질문, 요구에 응답함 | 대학생 | 컴퓨터가 없으면 진행 어려움 |
| 모바일 샵 (Mobile shop) | 특정집단을 위하여 개발된 자료를 교실에서 교실로 이동하여 학습자들에게 보급함 | 청소년 | 한 학급에서만 이용가능함 |
| 마켓 스톨 (Market stall) | 교사가 자료를 교실 내에 비치하고 특정시간에만 학습자에게 사용하도록 함 | 청소년 | 자료 선택이 제한되어 있음 |
| 브링 앤 바이 세일(Bring and buy sale) | 학습자의 경험 혹은 교실에 가지고 오는 자료를 서로 공유 | 청소년 | 학습자가 적극적으로 참여시 동기 흥미 유발 가능 |
| 포스탈 세일 (Postal sales) | 학습자가 요구 시 자료를 송부, 과제 수행함. 답안제공, 진행 과정률이 기록됨. 원거리 학습과 비슷 | 성인 | 언제 어디서나 학습이 가능하고 코치와 접촉이 거의 없음 |

| 부띠끄(Boutique) | 특정 그룹을 위해서 만든 특별 시스템, 해당 학습자를 위한 자료가 사용됨 | 대학생 | 특정대상 중심의 자료 개발 |
|---|---|---|---|
| 비디오 대여 가게(Video-rental shop) | 영화감상으로 이미지 교육을 시도. 워크시트(worksheet)나 언어활동 없음 | 성인 | 흥미도 높고 운영비 고가 |
| 테크놀로지 샵(Technology shop) | 컴퓨터, 비디오, 오디오 등의 기술을 사용. 학습자의 동기 유발에 중점을 둠 | 모든 학생 | 운영비 고가 및 기술보조 요함 |
| 카타로그 샵(Catalogue shop) | 학습자가 원하는 자료를 카탈로그에서 직접 찾아서 사용 | 대학생 성인 | 사용법에 대한 훈련 필요 |
| 패스트푸드점(Fast-food restaurant) | 특정언어 기술에 초점을 맞춘 짧은 기간에 사용 가능한 자료 제공 | 대학생 | 빠른 교정 제공 |
| 게임 아케이드(Games arcade) | 언어학습을 즐길 수 있도록 게임 및 활동을 제공 | 어린 학습자 | 동기 향상 기능 |
| 할인가게(Discount store) | 기증된 자료들로 저렴하게 많은 자료들을 보유, 학습자에게 교실 밖 학습 기회를 제공 | 모든 학습자 | 저렴 |
| 슈퍼마켓(Supermarket) | 학습자는 시설을 둘러 본 후 무엇을 학습할지 선택할 수 있음 | 모든 학습자 | 많은 자료 요함 |
| 캐쉬 앤 캐리(Cash and carry) | 제한된 자료 그러나 많은 복사본을 보유, 교사주도하에 개발된 자료들로 구성 | 청소년 | 저렴, 자율학습센터를 잘 모르는 학생들에게 유용 |
| 백화점(Department store) | 한 시설 내에 특정 그룹을 위한 다양한 프로그램 보유 | 대학생 | 다양한 학습자들이 사용가능 |

(출처: Gardner & Miller(1999: 164), 김근선, 교육과학기술부(2010), 교육과정평가원(2010))

다음으로 인적 자원과 관련된 환경을 들 수 있다. 자기주도학습은 학습자 개인 혼자만의 고립된 과정이 아니다(Esch, 1994). 개인의 의사에 따라서 동료학습자나 교사와 협동하여 학습을 진행해 나갈 수도 있다. 특히 전문 교사의 코칭은 학습자가 어려움을 해결하는 데 큰 도움을 제공한다. 전문성을 가진 인적 자원인 코치는 학습자의 조력자이면서 안내자로서의 역할을 한다. 다시 말해 학습자는 코치와의 일대일 상호작용과정을 통해 가장 효과적으로 학습하는 방법을 스스로 찾을 수 있다. 코치의 역할은 많은 학자들에 의해서 논의되고 있는데, 주로 학습능력과 학습계획, 학습방법에 대한 조언을 하는 역할을 한다. 하지만 학습자의 요구 혹은 자기주도학습의 상황에 따라 단순히 학습도구의 선정뿐 아니라 학습에 필요한 다양한 역할을 담당할 수 있다(Sturtridge, 1997: 66-79). 이들은 코치의 주요 역할에 대해 협력자, 안내자, 평가자 세 가지로 구분하고 있다. 우선 코치는 학습자가 학습목표와 계획을 세울 수 있도록 돕고, 학습자가 선택한 학습활동과 자료가 적절한지 검토하고 평가하는 협력자의 역할을 해야 한다. 또한 학습자가 효과적으로 학습하도록 방향을 제시하는 안내자의 역할을 해야 한다.

마지막으로, 코치는 학습자의 학습진행 과정을 감독하여 올바르게 학습하고 있는지를 확인하고 스스로 학습성과를 평가하도록 도와야 한다. 이러한 코치의 역할을 효과적으로 수행하기 위해서는 일정한 형식이 필요한데, 뉴질랜드 오클랜드대학교에서 시행되고 있는 코칭절차를 보면 다음과 같다. 첫 번째 코치는 자기주도학습과 코칭의 목적을 설명하고, 학습자 스스로 필요한 학습영역을 찾을 수 있도록 돕고 요구 분석을 하도록 한다. 또한 학습 자료나 학습활동도 추천하고, 다음 코칭 일정을 학습자가 결정하도록 지원한다. 일정기간 동안 학습자가 학습한 자료에서 학습 시 어려웠던 점이나 문제점을 코치와 의논하도록 유도한다. 코치는 학습자가 학습한 방식을 살펴보고, 학습목표를 재조정하도록 돕는 역할도 한다.

## 3. 학업적 자기효능감

### 1) 학업적 자기효능감 개념

학업적 자기효능감(academic self-efficacy)은 반두라(Bandura, 1977)의 사회학습이론(social learning theory)의 자기효능감 개념으로부터 발전하였다. 자기효능감 이론은 학습행동이 학습자의 내적 사고과정에 의해 촉발된다는 내재적 동기이론에 속하는 것으로, 1980년대에 사회인지이론(social cognitive theory)의 대표적인 동기이론이며, 학습자 자신의 능력기대에 대한 신념과 성취 상황에서 맥락적 요소들에 대한 지각에 더욱 강조를 두고 있는 이론이다. 1960년대 후반의 인지혁명 이후 행동주의적 학습이론에 대한 대안으로 발생된 인지적 동기이론 중 현재 가장 많은 관심과 연구의 주제가 되고 있다.

반두라(Bandura, 1986)는 자기효능감을 개인이 어떤 결과를 얻기 위해 요구되는 행동을 조직하고 실행해 나가는 자신의 능력에 대한 판단이자 특정 상황에서 개인이 자신의 유능성에 대해 내리는 판단으로, 특정 행동의 수행에 대한 개인의 기대 또는 신념으로 정의하였다. 슝크(Schunk,1991)는 학업적 자기효능감은 기대 수준에서 제시된 학업적 과제를 수행하기 위해 지각된 능력으로 자신의 학업적 수행 능력에 대해 보이는 기대나 신념으로 지식과 수행을 매개하는 중요한 변수로써 새로운 상황에서 새로운 지식과 기술을 학습하고 수행할 수 있게 하는 원동력이 된다고 하였다(박인영, 1998). 즉, 학업적 자기효능감이 높은 학습자는 도전적인 과제를 선택하고 주어진 과제를 성공적으로 수행하기 위해 더 많은 노력을 기울이며, 어려운 일이 닥쳐도 끈기 있게 과제를 지속한다는 것이다(Bandura & Schunk, 1981).

슝크(Schunk, 1991)는 이제까지 학업적 자기효능감이 특정 과제를 수행하는 맥락 속에서 나타났으나 최근에는 학업적 자기효능감이 특정 과제가 아닌 활동이나 영역을 통한 어떤 일반성이 있을 것이라고 추측하였다. 이것은 바로 반두라(Bandura, 1986)의 일반성 차원을 고려하고 학업적 자기효능감을 맥락적 차원에서 이해해야 함을 강조한 것으로 국내에서는 김아영과 박인영(2001)이 이러한 관점에서 학업적 자기효능감 척도를 개발하였다.

박병기와 채선영(2005)은 학업적 자기효능감을 학업과정을 성공적으로 수행할 수 있는 개인의 능력에 대한 판단이라고 하였다. 또한 안세영(2010)은 학업적 자기효능감을 자기효능감에서 발전한 것으로 보고 학습자가 학업적 과제의 수행을 위해 필요한 행위를 조직하고 실행해 나가는 자신의 능력에 대한 판단이라고 하였다.

학업적 자기효능감은 학습자가 학습과제를 수행함에 있어 필요한 제반의 행동를 계획하고 문제를 예측하여 적극적으로 실행해 나가는 자신의 능력에 대한 믿음이라고 할 수 있다. 다시 말하면 개인이 특정한 일을 함에 있어 자신의 행동의 결과에 기대를 가지게 되고 이 기대감으로 본인의 능력과 기술에 대한 신뢰감을 가지며 행동하게 된다. 그러므로 자신의 능력과 기술에 높은 신뢰를 가지고 있다면 결과에 대한 기대 또한 긍정적이게 되고 이것은 실제로 높은 수준의 수행으로 연결되게 된다.

이는 언어학습에서도 마찬가지이며, 학습자들이 스스로의 능력에 대한 신념의 정도까지 성취를 할 수 있게 된다(홍문아, 2015). 본 책에서는 학업적 자기효능감을 학습자가 학습을 통해 하기 위해서는 자신을 믿고 신뢰하며 난이도 있는 학업과제를 선택하고 자기 자신을 조절하며, 자신의 학습에 대한 기대감과 만족감을 느끼고 실행하는 능력이라고 정의할 수 있다.

## 2) 학업적 자기효능감 구성요소

학업적 자기효능감은 학습자 자신의 학업적 수행능력에 대해 가지는 기대 혹은 신념으로 학습상황에서 지식과 수행을 매개하는 중요한 요인으로 늘 다양하고 새로운 상황에서 학습과 수행에 큰 원동력이 된다고 하였다(박인영, 1988).

김아영과 박인영(2001)은 학업적 자기효능감 척도 개발 및 타당화 연구를 통해 학업적 자기효능감과 일반적 자기효능감 척도의 타당성을 비교하였다. 연구결과 학업적 자기효능감 척도에서 자신감, 자기조절 효능감, 과제난이도 선호의 세 요인이 산출되었다(유미영·홍혜영, 2010).

첫째, 자신감은 본래 자신의 능력과 가치에 대해 개인이 가지고 있는 확신이나 신념이라고 정의될 수 있다. 하지만 학업적 자기효능감의 변인 또는 그 구성요소로서의 자신감을 말할 때는 개인의 능력에 대한 확신 혹은 신념이라는 의미로 축소 적용된다고 하였다(Sherer, 1983; Bandura, 1986; 김아영, 박인영 2011). 반두라(Bandura, 1986)는 자신감이란 특정 결과를 달성하기 위해 필요한 행동을 조직, 수행할 수 있는 개인의 능력에 대한 판단이라며 상황-특수적 개념으로 정의하였다.

전반적인 학업적 상황에 적용시켜 본다면, 자신감 변인은 학습자가 특정 과제에 있어서 자신이 발휘할 수 있는 학습능력에 대해 가지게 되는 확신의 정도이며, 학습자 자신의 학습능력에 대한 인지 및 판단 과정을 통해 나타나게 된다고 하였다(Bandura, 1993).

또한 도전적이라고 인식되는 특정한 과제에 있어 자기 자신이 어느 정도를 성공적으로 수행할 수 있다고 판단, 지각하는 것으로 자신의 가치 및 능력에 대해 자기 자신이 확신 혹은 신념을 가지는 정도를 말한다. 교실 내에는 특정 학업과제에 있어서 자신이 가진 능력 이상을 발휘할 수 있는 학습자도 있고 자신의 능력을 충분히 발휘하지 못하여 수행을 포기하게 되고 부정적인 감정을 가지게 되는 학습자도 있다. 이들은 자신에게 주어진 과제를 수행함에 있어 자신의 능력에 대한 신뢰 및 자신감에 의해 그 성취행동이 결정된다는 것을 알려주는 것이며, 이를 통해 자신감이 학생들의 학업성취도에 그 영향을 미치는 것을 알 수 있다(주희진, 2011).

둘째, 자기조절 효능감은 개인이 상황에 맞게 자기관찰, 자기판단, 자기반응과 같은 자기조절적 기제를 잘 수행할 수 있는가에 대한 효능기대라고 할 수 있다(유미영, 홍혜영, 2010).

인간의 행동의 기본이 되는 자기조절 체계는 개인의 목표에 준하여 수행을 판단하고 그 판단의 결과가 긍정적이면 다시 새로운 목표를 설정하고 부정적이면 목표를 성취하기 위하여 부가적인 행동을 하거나 계획을 다시 세우게 된다.

따라서 자기조절 효능감이란 학습자가 자기조절적 기제를 잘 수행할 수 있는가에 대한 효능기대를 말하며(이영훈, 2011), 학습자가 지각하는 자신에 대한 신념은 학습자의 학습행동에 영향을 미쳐서, 자신이 얼마나 잘할 수 있다고 생각하는가에 따라서 학습행동의 수준이 결정된다는 점이다(신동윤, 2013). 그러므로 자신의 행동에 대한 기대감이 높으면 학습을 조절하는 능력이 높다는 것을 의미한다.

셋째, 과제난이도 선호는 학습자 자신이 해볼 만하다고 생각하는, 즉 보다 도전적인 과제를 선택하는 과정을 통해 나타난다(김아영, 박인영, 2001). 학습자 개인이 특정한 과제 수행을 해야 하는 상황에서 목표를 선택 및 설정할 때 어떠한 수준의 난이도를 선호하는지 측정하는 것이다(김아영, 2007). 자기효능감의 수준이 특정 상황에서 특정한 행동을 선택하게 되는 것에 영향을 준다고 본 학자도 있다.

또한 학업적 자기효능감이 학습자의 학업성취도에 주는 영향은 초등학생보다 중, 고등학생 또는 대학생 등의 보다 고학력 학습자에게 더 크게 나타나는 것으로 보고되며, 과목 전체를 통합한 연구보다 특정 교과를 선택하여 분석할 시에 더 큰 영향을 주는 것으로 보고되고 있다(Multon Brown, & Lent, 1991).

### 3) 학업적 자기효능감 선행연구

학업적 자기효능감(academic self-efficacy)은 반두라(Bandura, 1977)의 자기효능감 이론에 근원을 두고 있으며, 슝크(Schunk, 1991)의 학업적 자기효능감은 기대수준에서 제시된 학업적 과제를 수행하기 위해 지각된 능력이다. 즉 자신의 학업적 수행능력에 대해 보이는 기대나 신념으로 지식과 수행을 매개하는 중요한 변수로써 새로운 상황에서 새롭게 지식과 기술을 학습하고 수행할 수 있는 원동력이 된다고 하였다.

자기효능감을 포함한 학업적 자기효능감과 관련된 선행연구들을 살펴보면, 특정과제나 목표를 성취해낼 수 있는 능력에 대한 학습자의 자각을 자기효능감으로 보고 있는 이은림(1994)은 특히 글을 읽고 이해하는 능력을 독해 자기효능감이라 하였다. 그는 학습에 대한 부정적 자기존중감과 함께 낮은 자기효능감은 독해 자기효능감을 낮아지게 할 수 있으며, 교과목에 저항감을 갖게 된다고 하였다. 학업적인 수행에 있어서 학습자 자신에 대한 기대와 신념이라고 볼 수 있는 학업적 자기효능감은 학업적 상황에서 다른 동기나 인지적 요인들과 영향을 주고받으며 학업수행과 그 성취 수준 정도에 영향을 미친다는 연구를 보고하였다(주희진, 2011).

또한 학업적 자기효능감이 학업성취도에 긍정적인 영향을 주었다는 선행연구로는 고등학생을 대상으로 한 학생들이 자기효능감이 높으면 학업성취도도 높다는(신종호, 신태섭, 2006) 연구가 있다. 짐머만(Zimmerman)과 반두라(Bandura) 및 마르티네즈-폰즈(Martinez-Pons, 1992)의 청소년들의 학업성취에 관한 경로분석 연구 결과, 자기조절학습에 대한 자기효능감과 학업적 자기효능감이 학업성취에 영향을 미치는 것으로 나타났다. 특히 학업적 자기효능감은 학생의 성취목표를 향상시켜 학업성취에 직접적으로 영향을 미칠 뿐만 아니라 학업목표를 통해 학업성취에 간접적인 영향을 미치는 것으로 나타났다(유미영 외, 2010).

중학생을 대상으로 성별 및 학교 급에 따라 부모의 학업성취압력과 학생의 학업적 자기효능감이 학생들의 학업스트레스에 미치는 영향에 관한 연구(오정희 외, 2013)에서는 학업스트레스는 부모의 학업성취압력과 정적인 상관을 갖고 학업적 자기효능감과 부적인 상관을 가지는 것으로 나타났다. 중·고등학생을 대상으로 학업적 자기효능감, 타인기대, 자기조절 학습전략, 학업성취도간에 유의한 정적 관계가 있으며 중학생과 고등학생 모두에게 학업적 자기효능감의 하위영역인 자기조절 효능감과 타인기대의 하위영역인 교사기대 그리고 자기조절 학습전략의 하위영역인 인지조절과 가장 높은 정적 상관관계가 있다는 연구가 있다(류관열 외, 2010).

한편 일반계 여고생을 대상으로 한 연구에서는 부모의 평가, 실수에 대한 염려, 수행에 대한 의심이 높을수록 자기효능감이 낮은 반면 개인적 기준, 부모의 기대 그리고 조직화 요인은 학업적 자기효능감과 정적 관계를 갖는 것으로 나타났다(염시창 외, 2005). 또한 학업적 자기효능감의 매개된 조절효과를 확인한 연구에서는 낙관성, 사회적 지지, 학업적 자기효능감, 진로태도 성숙 사이에 유의한 정적 상관이 있었다. 즉 낙관성과 사회적 지지가 상호작용하여 학업적 자기효능감에 영향을 미치는 것으로 밝혔다(김나래 외, 2012).

부모의 성취압력과 고등학생의 시험불안간의 관계에 관한 연구에서는 학업적 자기효능감은 부모의 성취압력과 고등학생의 시험불안간의 관계에서 조절효과가 있는 것으로 나타났다. 즉 학업적 자기효능감 하위 요인인 과제난이도 선호, 자기조절 효능감, 자신감 모두 부모의 성취압력이 고등학생의 시험불안에 미치는 부정적인 영향력을 조절하는 것으로 나타났다(황상미 외, 2012). 학업적 자기효능감은 학습을 하기 위한 원동력이며 학업적 자기효능감이 높은 학습자일수록 도전적인 과제를 선호하는 것으로 나타났다(한영숙 외, 2007).

중학생이 지각한 진로장벽과 진로태도 성숙도 관계에 대한 학업적 자기효능감의 효과를 분석한 연구(고복순 외, 2011)에서는 전반적으로 남학생이 여학생보다 높은 학업적 자기효능감을 보여주었으며 진로장벽과 학업적 자기효능감은 유의미한 부적 관계, 진로태도 성숙도와 학업적 자기효능감은 유의미한 정적 관계가 있음을 밝혔다. 또한 교사 신뢰와 학업적 자기효능감 및 몰입의 인과관계를 분석한 연구(김성일, 2014)에서는 중학생의 교사 신뢰는 학업적 자기효능감과 교과태도에 유의한 정적 영향을 미치고 학업적 자기효능감은 교과태도에 유의한 정적 영향을 미쳤다.

부모양육태도와 학업적 자기효능감 및 성취목표지향성의 관계에 관한 연구에서는 서로 밀접한 상관이 있었다. 특히 부모의 양육태도 중 아버지는 성취와 애정이, 어머니는 애정, 성취, 자율 순으로 영향력이 있는 것으로 나타났다(정정애, 2010). 학업적 정서조절과 학습전략, 학업적 자기효능감, 학업성취와의 관계를 탐색(유지현, 2013)한 결과는 학업적 정서조절이 학습전략, 학업적 자기효능감, 학업성취와 밀접한 관련성이 있음을 확인하였다.

더하여 자기효능감을 증진시키기 위한 연구와 학업 향상에 대한 연구를 살펴보면, 학습부진아의 자기효능감을 높이고 학습동기유발에 효과적인 연구(이은숙, 2003), 자기효능감을 증진시키는 프로그램이 학습된 무력감이 높은 여중생의 자기효능감을 증진시키는데 미치는 효과에 관한 연구(허숙희, 2004)가 있다.

영어 학습의 학업적 자기효능감에 대한 향상에 긍정적인 영향이 있었다는 연구들을 살펴보면, 초등학교 6학년을 대상으로 한 자기효능감 증진을 위한 교육연극 수업모델 개발연구를 토대로 교육연극 프로그램이 학생들의 자신감과 그 밖의 학습의욕, 표현력, 상상력 등을 키워주었다는 결론(최지영, 2015)이었다. 또한 중학생을 대상으로 영어 학업성취도에 따른 학업적 자기효능감과 시험불안의 차이에 대한 연구(임미란 외, 2014)에서는 성별에 따른 학업적 자기효능감과 시험불안 차이는 유의한 차이가 나타났으나 영어 학업성취도에 있어서는 유의미한 차이가 없었다.

또한 소집단 활동과 자기효능감에 관련된 연구를 통해 소그룹 중심의 협력학습 방식이 학업적 자기효능감과 학업성취도 향상에 효과적이라는 연구를 보고하였다(이남숙, 임병빈, 2006). 외국어로서 배우는 영어환경(EFL)상황에서 학업적 자기효능감은 영어읽기와 쓰기, 즉 실질적인 영어능력 향상 정도를 알아보는데 긍정적이라는 연구(박윤자, 2003)와 협동학습을 통해 학습자가 학업적 자기효능감과 영어 과목의 성취도 향상에 미치는 영향에 관한 연구(이남숙, 2006)가 있다. 이밖에 협동학습이 학업적 자기효능감 향상에 효과가 있다고 하였다(김은영외, 2011; 임규연, 2011).

이러한 선행연구들의 고찰을 통해서 학업적 자기효능감(academic self-efficacy)은 성공적인 학업성취를 위한 다양한 측면에 결정적인 영향을 미친다는 것을 알 수 있다. 일반적으로 학업적 자기효능감이 높은 학생의 경우 그렇지 않은 학생들보다 학업상황에서 도전적인 과제 또는 교과를 선택하고 주어진 과제를 성공적으로 수행하고 학업성취도를 증진시키기 위해 많은 노력을 기울이며 어려운 일이 닥쳐도 끝까지 포기하지 않고 지속하는 모습을 보이는 것을 밝혔다.

또한 영어와 관련한 학업적 자기효능감도 학업성취에 있어서 결정적인 영향을 미치는 것으로 나타났다. 그러나 청소년의 영어학습과 관련한 학업적 자기효능감에 관한 연구는 거의 전무하다. 이러한 선행연구 고찰은 앞으로 학업적 상황에서 발생하는 정서구인에 초점을 두어 인지 및 동기변인과의 관련성에 대한 보다 심도 있는 연구가 필요함을 시사한다. 또한 연구도구와 연구대상에 있어서 보다 폭넓은 연구로 다른 정의적 변수를 고려한 학업적 자기효능감 향상을 위한 영어 자기주도학습에 관한 많은 연구가 이루어져야 할 것이다.

# 2장

# 자기주도학습 준비단계

최근 주목을 받고 있는 교육 패러다임은 교수 중심이 아닌 학습자 중심의 자기주도학습이다. 자기주도학습에 있어서 학습자에게 요구되는 가장 중요한 능력은 스스로의 잠재능력을 최대한 이끌어낼 수 있게 만드는 자기주도력이다. 자기주도력이란 학습자 스스로 학습과 관련된 모든 일련의 과정을 계획하고 선택할 수 있는 능력뿐만 아니라 실천을 위한 의지와 실행력 배양까지도 포함한다. 또한 학습의 개념도 단순 지식 습득의 차원을 넘어 '학습 방법을 배우는 것'으로 변화해야 한다. 이렇듯 자기주도학습이란 학습을 선택하는 과정에서부터 실행하고 평가 및 피드백하는 단계까지의 모든 것을 자기 스스로 해야 함을 뜻한다.

그렇다면 자기주도학습에서 가장 중요한 것은 무엇일까? 그것은 자기관리이다. 관리란 원하는 것을 이룰 수 있도록 목표나 방향을 설정하고 계획하며 이를 성취하기 위해서 실행하는 것을 의미한다고 볼 수 있는데, 자기주도학습에서의 자기관리는 교사나 멘토, 부모의 도움을 받아 자신에게 맞는 학습태도, 학습방법, 학습습관을 스스로 형성해 나가는 과정을 말한다. 그렇기 때문에 자기주도학습이라 하여 학원, 과외, 다 그만두고 혼자 공부하면 될 것이라고 생각하는 것은 무리가 있다.

그러므로 자기관리를 잘하기 위해서 신중히 생각하고 행동하며, 과제수행을 위해서 자신이 해야 할 일이 힘들고 어렵더라도 인내하고 목표를 달성하는 힘을 길러야 할 것이다. 또한 일시적인 즐거움을 가져다주는 유혹에 저항할 줄 알며, 자신의 감정을 적절하게 표현하는 것이 중요하다. 본 챕터에서는 자기관리를 잘하기 위한 세부조건으로 시간관리, 목표관리, 환경관리, 유혹관리에 대해 알아보겠다.

## 1. 시간관리

시간이란 '과거로부터 현재를 거쳐 미래로 이어져 가는 크고 작은 사건들의 연속'이다. 그리고 시간관리란 자기관리 기술의 하나로, 효율적으로 일을 처리해 낼 수 있도록 시간을 계획하고 실천하며 평가하고 점검하는 것이라 할 수 있다. 전 세계 지구인들에게는 매일 똑같은 24시간이 주어지지만 이 시간을 어떻게 보내느냐는 오직 자기 자신의 결정에 달려 있다. 이처럼 시간관리에 있어서 중요한 관리 대상자는 바로 자기 자신이며 효과적인 시간관리 원칙 중 하나는 자신에게 중요하면서도 긴급한 것을 먼저 실행하는 것이다.

시간을 관리하는데 있어 가장 중요한 것은 바로 '자기점검'이다. 매일 잊지 않고 점검해야 할 기준을 만들어 자신에게 적용하고 스스로에게 관대해지려는 습성을 없애야만 한다. 사람들이 하는 많은 변명 중에 가장 어리석고 못난 변명이 '시간이 없어서'라는 변명이다. 시간은 우리가 가장 원하는 것이면서도 또한 가장 잘못 쓰고 있는 것이기도 하다.

시간을 효율적으로 사용하기 위해서는 해야 할 일들을 완수하는데 걸리는 시간을 최소화시키는 것이 중요한데, 이를 위해서는 각각의 일을 하는데 걸리는 시간을 정확히 파악하는 것이 우선되어야 한다. 자기주도학습의 경우라면 스스로 배운 것을 익히는 자기주도학습 시간이 하루에 몇 시간이나 되는지를 파악하는 것이 우선이다. 이를 바탕으로 일주일에 몇 시간, 한 달에 몇 시간, 일 년에 몇 시간을 확보할 수 있는지를 파악할 수 있게 된다. 자기주도학습 시간과 낭비되는 시간을 정확하게 파악하려면 하루 24시간의 시간 사용 내역을 기록하는 방법이 효과적이다. 효율적인 시간관리와 효과적인 목표관리를 위해 사용하는 보편적인 학습도구가 플래너이다.

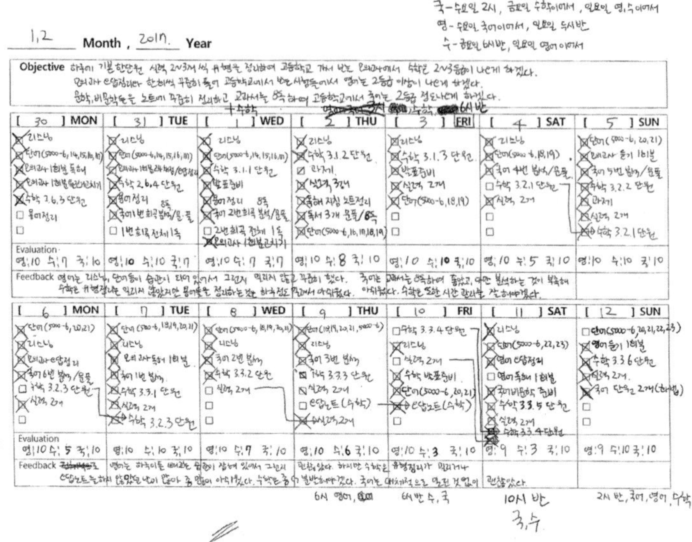

〈그림 II-1〉 플래너 작성 사례

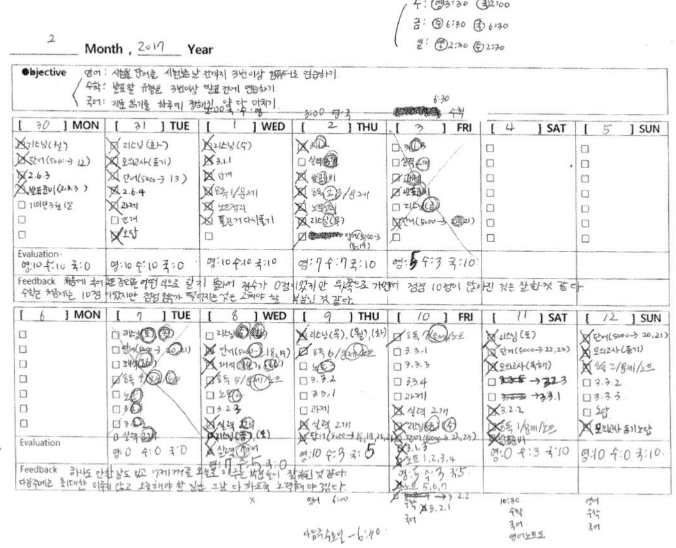

〈그림 II-2〉 플래너 작성 사례

## 1) 시간 계획표 짜기

### (1) 시간 구분하기

① 가용시간 : 학습에 사용 가능한 시간을 말한다.

계획표를 작성할 때 제일 중요한 것은 자신의 공부시간을 알아보는 것이다.

등교하기 전까지의 시간, 자습시간, 쉬는 시간, 점심시간, 하교 후 학원 또는 자율학습시간 등을 먼저 계산한 후에 자신이 공부할 수 있는 시간이 얼마나 되는지를 알아보아야 한다. 실제로 자신이 공부할 수 있는 시간을 계산해 보면 생각보다 공부할 수 있는 시간이 많다는 것을 알 수 있다. 즉, 가용시간이란 잠자는 시간, 밥 먹는 시간은 다 빼고, 순수하게 공부만 할 수 있는 시간을 의미한다.

② 자투리시간 : 아주 작게 남는 시간을 말한다. 즉, 수업이 끝난 후 쉬는 시간, 1교시 수업이 시작되기 전 시간 등을 예로 들 수 있다.

시간이란 돈을 주고 살 수도 없고, 저축할 수도 없으며 되돌릴 수도 없는 누구에게나 하루 24시간, 1주일 168시간, 한 달 720시간, 1년 8760시간의 한정된 양이 주어진다. 또한 우리를 기다려주지도 않으므로 주어진 시간을 어떻게 쓰느냐에 따라 자신에게 의미 있는 시간이 될 수도 있고, 의미 없는 시간이 될 수도 있다.

만약 하루에 15분의 자투리시간을 활용한다면 1년간 책 1권을 쓸 수 있고 조그마한 정원을 가꿀 수도 있고 악기를 하나 배울 수도 있으며 외국어 실력도 중급 정도로 기를 수 있다. 3년간 계속하면 어떤 분야의 전문가가 될 수 있고 40년간 계속하면 책 1000권을 읽게 된다고 한다.

이러한 예를 보더라도 가용시간뿐만 아니라 자투리시간도 계획성 있게 활용한다면 의미 있는 시간이 될 수 있다. 5분의 시간이 남는다면 영어단어 몇 개 정도, 10분이 남는다면 수학문제 몇 문제, 20분이 남는다면 국어 지문 하나 풀어보기 등 자신에게 맞는 과목을 시간에 맞게 배분하여 계획해 놓고 자투리 시간을 의미 있게 활용할 수 있다.

'매일 30분의 자투리시간을 활용한다면 어떠한 변화가 나에게 일어날까?' 를 상상해 보고, 실행해보자.

〈표 II-1〉 나만의 효과적인 자투리시간

| 자투리시간 | 활용사례 | 나의 활용 계획 |
|---|---|---|
| 1분 | 스트레칭 | |
| 3분 | 영어단어 5개 | |
| 5분 | 수학 2문제 | |
| 10분 | 수학 4문제 | |
| 20분 | 국어지문 하나 풀기 | |
| 30분 | 자전거타기 | |

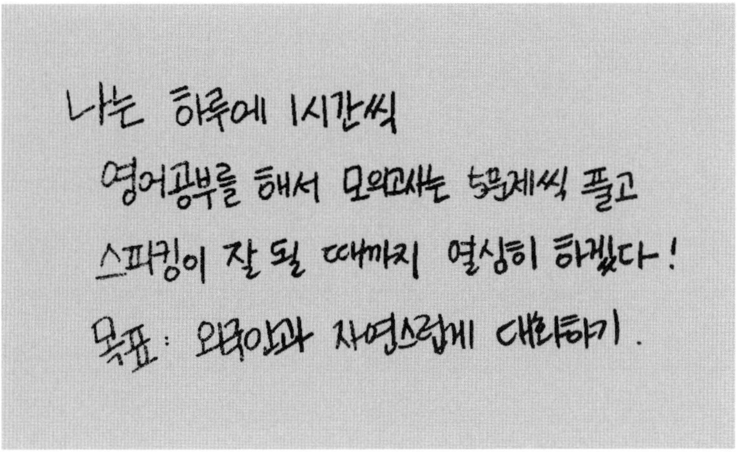
나는 하루에 1시간씩
영어공부를 해서 모의고사는 5문제씩 풀고
스피킹이 잘 될 때까지 열심히 하겠다!
목표: 외국인과 자연스럽게 대화하기.

〈그림 II-3〉 목표관리 사례

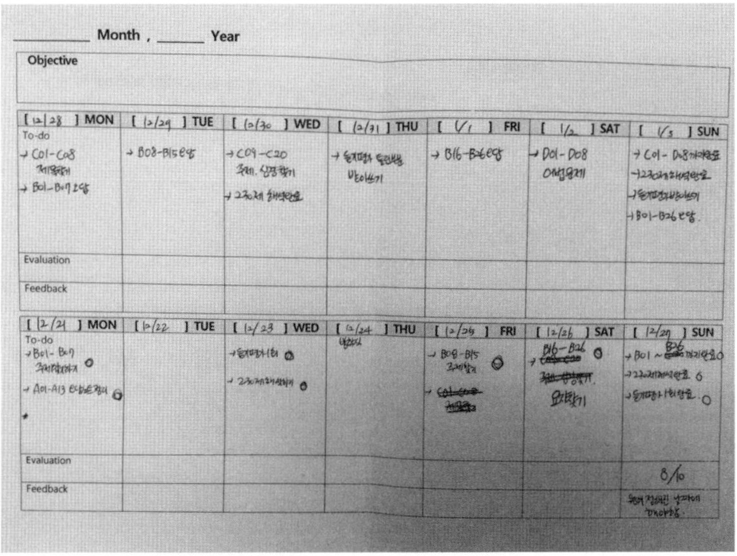
Month , Year
Objective
MON
TUE
WED
THU
FRI
SAT
SUN
To-do
Evaluation
Feedback

〈그림 II-4〉 일주일 플래너 사례

### (2) 나의 시간관리 스타일

시간관리란 시간을 아껴서 만든 과목 및 내용별로 세분하여 계획적으로 사용하는 것이다. 즉, 시간관리는 시간과 자신을 조직적으로 관리함으로써 계획된 방향으로 그리고 순서적으로 공부를 실천해 가도록 돕는 전략을 의미한다. 구체적으로는 자기 공부 스타일을 확인하고 현재 자기 생활을 진단하고 구체적인 일상 활동 계획표를 짜는 등의 활동을 말한다.

나의 시간관리 스타일 알아보기

다음의 문장을 잘 읽고, 나에게 해당되는 문장에 V표 하세요.

| 시간관리 중요도 | | |
|---|---|---|
| 번호 | 문항 | 체크 |
| 1 | 1년 후, 5년 후의 내 모습을 쉽게 상상할 수 있다. | |
| 2 | 중요한 일에는 꾸준히 시간을 들여야 이룰 수 있게 된다. | |
| 3 | 시간은 사용하는 사람에 따라 가치가 다르다. | |
| 4 | 나의 생활 모두에 대한 계획은 세워야 한다. | |
| 5 | 나는 공부나 활동을 하는 데 있어서 먼저 해야 할 것을 정하는 기준을 가지고 있다. | |
| 6 | 계획을 세울 때, 빡빡하게 세우기보다는 여유 있게 세우는 편이다. | |
| 7 | 공부가 잘 되는 나만의 시간을 알고 있다. | |
| 8 | 어떤 일(활동)을 할 때는 일(활동)의 목적을 생각해 본다. | |
| 9 | 공부나 활동의 결과를 점검하는 편이다. | |
| 10 | 날마다 계획을 세우는 시간이 필요하다. | |
| 체크한 문항의 총 개수: 개 | | |

| 시간관리 실천도 | | |
|---|---|---|
| 번호 | 문항 | 체크 |
| 1 | 가능하면 일찍 등교하려고 한다. | |
| 2 | 시간 약속을 철저하게 지키려고 노력한다. | |
| 3 | 시간이 남을 때를 대비하여 두세 가지 할 일을 준비한다. | |
| 4 | 쓸데없다고 생각되는 것을 쉽게 거절할 수 있다. | |
| 5 | 공부를 할 때 스스로 끝내는 시간을 정하는 편이다. | |
| 6 | 나의 일과 관련된 다른 친구들의 시간표에도 항상 관심을 두고 있다. | |
| 7 | 놀다가 멈춰야 되겠다고 마음을 먹으면 잘 멈추는 편이다. | |
| 8 | 공부(일)를 할 때 필요한 학용품이나 물품을 잘 준비하여 활용한다. | |
| 9 | 자투리 시간을 잘 활용하려고 노력한다. | |
| 10 | 하루나 일주일의 시간계획표를 짜서 실천한다. | |
| 체크한 문항의 총 개수: 개 | | |

시간관리 중요도, 시간관리 실천도 각각 3점 이하: 매우 낮음, 4~7점: 보통, 8점 이상: 매우 높음

앞장에 체크한 시간관리 중요도와 실천도를 아래의 그래프에 표시해 봅시다.

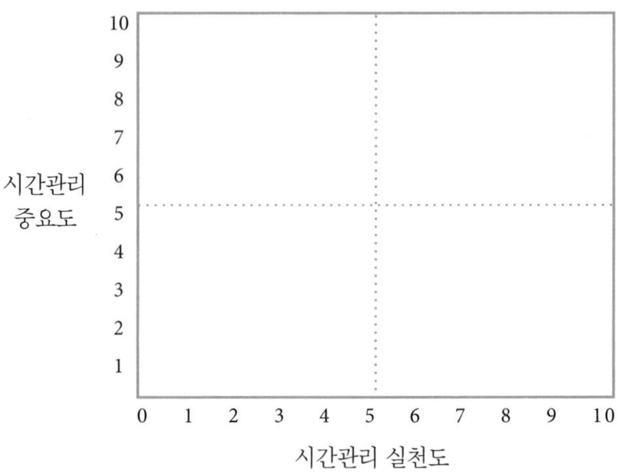


〈그림 II-5〉 시간관리 그래프

**시간관리Tip**

1단계: 일의 중요도를 고려한다.

2단계: 일의 긴급도를 고려한다.

3단계: 일의 중요도와 긴급도 모두를 고려한다.

### (3) 할 일의 '우선순위' 정하기

우리가 해야 할 일들 중에는 중요한 일과 중요하지 않은 일이 있고, 긴급하게 해야 할 일과 그렇지 않은 일이 있다.

① 중요하면서도 긴급한 일 : 예) 숙제, 내일 보는 시험

② 중요하지만 긴급하지 않은 일 : 예) 건강관리를 위한 운동

③ 중요하지 않지만 긴급한 일 : 예) 친구와의 약속

④ 중요하지도 않고 긴급하지도 않은 일 : 예) TV보기

시간관리를 잘한다는 것은 학습자가 스스로 시간을 계획하고 그 목표를 실행하는 과정에서 우선순위를 정하고 자기 강화를 도모하며 결과를 스스로 기록, 평가하는 것을 의미한다. 즉, 무조건적으로 시간을 활용하는 것이 시간관리를 잘하는 것이 아니며, 우선순위에 따라 균형이 있는 계획을 세우고 어려움이 있더라도 의지를 가지고 일을 효과적으로 수행하는 것이 시간관리를 잘하는 것이다. 그러기 위해서는 자기관리가 필요하며 해야 할 일과 하고 싶은 일, 먼저 해야 할 일과 미루어도 되는 일 등을 구분하는 과정이 중요하다.

하루의 시간을 효율적으로 사용하려면 가장 중요한 것이 무엇인지를 잘 판단하여야 하고 그 시간에 집중할 수 있어야 한다. 인생의 길은 주어진 시간들을 어떤 일에 얼마만큼 투자하느냐에 따라 달라진다고 한다. 자신이 인생목표를 향하여 하루하루 주어지는 시간들을 우선순위에 따라 잘 사용한다면 풍요로운 인생살이가 될 것이다.

우선순위를 정한다는 것은 이처럼 해야 할 일들을 순서대로 실행할 수 있도록 4가지로 분류하는 것을 말한다. 4가지 유형을 분류하면 창조형, 연기형, 분주형, 소비형으로 나눌 수 있다.

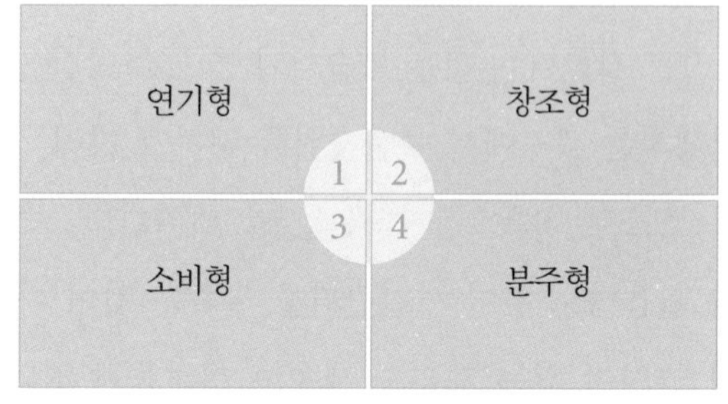


〈그림 II-6〉 시간관리 매트릭스

① 연기형

이 영역에 속하는 사람들은 시간관리의 중요성은 인식하지만 실천이 부족한 사람들, 마음만 먹고 몸이 따르지 않는 사람들로서 생각만 하고 구체적으로 행동하지 않는 사람들이다. 그러므로 노력이 필요한 사람들이라 할 수 있다.

② 창조형

이 영역에 속하는 사람들은 시간관리의 중요성에 대한 인식이 높고, 시간관리에 필요한 원리들을 몸소 실천하는 사람들로서 시간을 잘 관리할 뿐만 아니라 시간을 창조해서 사용하는 사람들이다.

③ 소비형

이 영역에 속하는 사람들은 시간관리의 중요성에 대한 인식과 실천하려는 의지가 모두 낮은 사람들이다. 자신의 시간뿐만 아니라 다른 사람의 시간까지 파괴하며 시간을 무의미하게 보낸다.

④ 분주형

이 영역에 속하는 사람들은 시간관리의 중요성은 높지 않지만 알게 모르게 시간관리 행동을 실행하려고 노력하는 사람들이다. 이들은 무언가 열심히 하려는 노력은 보이지만 효과적으로 일을 처리한다는 느낌이 적게 든다. 따라서 효과적인 시간관리의 구체적인 기술들이 필요하다.

## 2) 시간관리의 기대 효과

자신의 인생목표달성과 삶의 질을 윤택하게 하기 위해 자신에게 주어진 자원으로 시간에 대한 진지한 성찰과 관리가 필요하다는 인식이 중요하다. 시간관리를 잘하는 청소년들은 구체적으로 자기생활을 능동적으로 분석하고 의미 있는 목표를 세우며, 이를 실천할 수 있도록 자기생활과 활동을 통제하고 관리하여 진정한 의미에서의 시간관리를 실천한다. 시간관리의 기대효과로는 학업성취도 향상을 위한 기반 마련, 학업 만족도 향상, 스트레스에 따른 소진 예방, 자기효능감 및 자아개념의 향상으로 인한 긍정적인 삶의 태도와 자신감 향상 등이 있다.

### 3) 시간관리의 장점

① 공부 계획이나 준비를 더 잘 할 수 있다.
② 시간을 낭비하지 않고 효율적으로 공부할 수 있다.
③ 자신이 완수한 일에 대한 만족감이 커진다.
④ 자율성과 책임감이 향상된다.
⑤ 목표의식과 자신감이 생긴다.

### 4) 시간관리를 통한 성과물

① 목표를 더 빠르게 달성할 수 있고 더 우수한 결과를 낼 수 있다.
② 새로운 아이디어를 위한 여유시간을 갖을 수 있다.
③ 늘어난 여가시간으로 자기 자신에게 더 많은 시간을 투자할 수 있다.
④ 자신의 목표를 하나씩 체계적으로 달성하여 인생의 의미와 방향을 찾을 수 있다.

### 5) 효과적인 시간관리

① 플래너 및 공부일기를 활용한다.
② 계획과 실천여부를 포함시키되 항목을 최소화한다.
③ 계획과 실천을 기록하기 전 꿈과 목표를 반드시 가시화한다.

공부에 성공하기 위해서는 현재 보내고 있는 시간을 분석하여 집중이 잘 되는 나만의 시간을 체크하여 집중 공부시간을 정하고, 어려운 과목을 이 시간에 배치하여야 한다. 어느 누구나 24시간 내내 집중할 수는 없다. 그러므로 하루 중에 특별히 집중이 잘되는 시간을 찾아 그 시간에 집중적으로 공부를 한다면 엄청난 효과를 볼 수 있다고 한다. 이와 같은 집중이 잘되는 유리한 시간을 '골드타임' 이라 한다. 조용한 시간, 피곤하지 않은 시간, 배고프거나 너무 배부르지 않은 시간 그리고 TV나 컴퓨터 게임 등의 유혹이 적은 시간이 좋다.

## 2. 목표관리

November Month , 2015 Year

Objective 2학년 1학기 중간고사 실제점수 : 39. 기말고사 실제점수 : 40
2학기 중간고사 실제점수 : 67 기말고사 목표점수 : 90

| | [ ] MON | [ ] TUE | [ 9 ] WED | [ ] THU |
|---|---|---|---|---|
| To-do | | | 8과, 9과, 10과 프린트.<br>단어 암기.<br>10과 프린트 본문 분석.<br>올백 9과, 10과 문제풀이.<br>백발백중 9과 문제풀이.<br>엑스트라 리딩. 예습.<br>엑스트라 리딩 분석. | |
| Evaluation | | | 8/10 | |
| Feedback | | | | |

〈그림 II-7〉 목표관리 예시

목표란 개인이 성취하기 위해 노력하려는 어떤 행동이나 대상에 대한 목적을 의미하며 구체적이면서 도전적일수록 수행가능성이 높아진다.

목표 수립 내용에는 가지고 싶은 것, 되고 싶은 것, 하고 싶은 것 등을 예로 들 수 있다. 학생이 스스로 계획한 것을 실행할 수 있도록 동기부여를 하는 것이 목표수립이다. 이를 구체화하고 집행해 낼 수 있는 능력이 실행능력이다. 따라서 목표는 구체적이어야 하며 행동이 뒤따라야 한다. 구체적인 계획은 이를 유지할 수 있는 책임감, 인내력 그리고 자기 통제력이 필요하다.

목표가 중요한 이유는 첫째, 목표를 세우면 자신이 원하는 것을 명료화할 수 있고 목표를 이룬 모습을 상상할 수도 있다. 둘째, 작은 목표 하나하나를 이루다 보면 자신의 꿈을 이룰 수 있다. 셋째, 목표를 세우면 그것을 이루기 위해 노력하게 되므로 생활의 긍정적인 변화가 있다.

### 코넬대학교 철학과 2학년생 버킷리스트

1985년 코넬대학교 철학과 32명을 대상으로 여러분이 살아가는 동안 이루고 싶은 목표를 적게 하였다. 삶의 목표를 기술한 사람은 모두 20명 정도로 대부분 다섯 개 정도 되는 꿈을 적었고, 그중에는 정원이 딸린 넓은 집에서 살고 싶다, 최고급 벤츠를 사고 싶다, 맛있는 음식을 실컷 먹고 싶다와 같은 유치한 내용도 많았다. 이중에서 살아가는 목표를 진지하게 서술한 학생들은 17명 정도였다. 설문조사에 참가한 남학생은 24명, 여학생은 8명이었다. 당시 설문조사에 성실하게 응한 사람은 32명중 17명이었고, 백지로 내거나 무성의하게 낸 사람은 15명이었다. 2000년 4월 2일 프린스턴대학 고등과학연구소 조사팀은 살아 있는 29명 중 23명의 인터뷰를 시행하였다.

조사결과는 놀라웠다. 29명 중 18명은 사회지도자급 위치에 오른 사람들이었고, 이들 중 버킷리스트를 성실하게 작성했던 사람이 16명이나 됐다.

> 더욱더 놀라운 것은 버킷리스트를 성실하게 작성한 사람들이 그렇지 않은 사람들 보다 사회적 위치가 높았고, 재산은 평균 2.8배 정도 많았다. 90% 정도가 현재 삶에 만족한다고 했고, 이혼 경험 없이 행복한 가정생활을 만끽하고 있었다.*

목표가 있는가, 없는가 하는 것이 매우 중요하다는 것이 입증된 연구는 많다. 코넬대학교, 예일대학교, USA투데이지의 내용은 다름 아닌 '목표를 글로 적으면 이루어진다' 는 내용이 담긴 사례이다.

> 글로 VD(vivid dream)하기를 통해 성공한 사람들 중에는 조지 워싱턴, 이소룡, 비틀스, 스콧 애덤스 등이 있는데 VD(vivid dream)는 생생하게 꿈꾸면 이루어진다는 내용으로 이를 실천하는 구체적인 방법은 첫째, 꿈의 노트를 한 권 마련하라. 둘째, 노트에 꿈을 적

* 강창균·유영만의 〈버킷리스트〉 중에서

는다. 셋째, 적으면서 또는 이미 적은 내용을 소리 내어 읽으면서, 꿈이 이루어진 모습을 생생하게 그린다.*

이처럼 목표가 있느냐 없느냐에 따라 자신의 삶이 바라는 삶이 될 수도 있고, 그렇지 않을 수도 있다. 그런 의미에서 자신의 5년 뒤, 10년 뒤, 20년 뒤를 글로 남겨보자.

5년 뒤 나의 미래

10년 뒤 나의 미래

20년 뒤 나의 미래

---

* 〈꿈꾸는 다락방〉 중에서

## 1) 인생의 꿈과 목표를 찾기 위한 준비단계

### (1) 나의 적성을 발견한다.

적성이란 현재의 능력이라기보다는 장래의 성공 가능성을 말해주는 개인의 잠재능력이다. 인지능력과 성격, 흥미와 재능, 동기와 가치관, 학습과 경험 모두를 파악해야 적성을 알 수 있다. 따라서 개인 스스로가 적성을 발견하고 계발하기 위해서는 지속적인 탐색이 이루어져야 한다.

### (2) 꿈 목록을 만들어본다.

꿈이란 자신이 원하는 것, 이루고 싶은 것, 배우고 싶은 것, 가보고 싶은 곳 등으로 원대한 목표도 좋지만 작은 목표 하나하나 이뤄가면서 큰 꿈을 그리고 꿈에 다가갈 수 있도록 목록을 만드는 것이 중요하다.

### (3) 나의 흥미를 발견한다.

어떤 일에 대하여 이끌리는 마음과 그에 적합한 소질을 발견하는 것이다. 즉, 학교에서 공부를 하면 어느 과목이 재미있고 자신이 어떤 성향이 뛰어난지에 대하여 어느 정도 알고 있는 것이 중요하다.

## 2) 나의 꿈 List 작성하기

① 자신이 이루고자 하는 가슴 뛰는 목록을 적어본다.

② 꿈 List는 이루고 싶은 작은 일부터 자세히 적어보고 하나씩 이루며 성공해간다.

꿈 List 목록

배우고 싶은 것

만나고 싶은 사람

하고 싶은 일

갖고 싶은 것

가보고 싶은 곳

되고 싶은 모습

### 3) 좋은 목표를 세우는 방법

#### (1) 목표를 구체적으로 만들기 위하여 SMART MODEL활용

우리가 목표를 정해놓고 실행하지 못하는 것은 실행 과정을 구체적으로 머릿속으로 그리지 않았기 때문이다. 과정 없는 결과도 없듯이 언제, 어디서, 어떻게 실행할 것인지를 구체적으로 그려 바라보면 그대로 일어난다. 그러므로 목표는 구체적이고 측정 가능할 수 있어야 하며 행동 지향적으로 달성 가능해야 하며 현실적이며 시간을 정하고 있어야 학습자의 변화에 도움이 된다.

목표는 SMART하게

S: 구체적이고 명확하게(Specific)

정확히 무엇을 하려고 하는가?

막연한 목표는 아무 결과도 가져오지 않는다. 그러므로 인생 영역별, 발단 단계별로 세분화해서 목표를 정한다.

M: 측정이 가능하도록(Measurable)

목표달성여부를 어떻게 판단할 수 있는가?

측정할 수 없는 목표는 추상적인 목표가 되기 쉽다. 그러므로 모든 목표는 측정가능하도록 설정해야 한다.

A: 실행이 가능하도록(Achievable)

해낼 수 있는 일인가?

목표는 너무 쉬워도 안 되고, 불가능해서도 안 된다.

처음에는 불가능해 보여도 최대한의 노력을 기울여서 자신의 능력을 향상시켜 달성 가능하도록 한다면 훌륭한 목표라 할 수 있다.

R: 현실적으로(Realistic)

현재의 상황에서 가능한 일인가?

목표가 현실적으로 이루어질 수 있는지를 판단해야 한다.

T: 시간을 정해서(Time-Bounded)

언제까지 목표를 달성할 것인가?

목표에 기한을 정하면 그 기한 내에 목표를 달성할 수 있는 에너지가 생겨서 목표 가능성을 더욱 높여줄 수 있다.

〈표 II-2〉 스마트 모델(SMART MODEL)

| S | M | A | R | T |
|---|---|---|---|---|
| | | | | |
| | | | | |
| | | | | |

**(2) 목표를 정하고 목표를 분명히 하는 것이 성공의 첫걸음**

누구나 목표가 생기면 그 목표를 향해 달려간다. 성취지향적인 사람일수록 실현가능한 것 보다 조금 높게 목표를 세우고, 자기 자신에 대한 평가를 냉정하게 한다.

자기 자신한테 관대하지 않을수록 철저한 성과를 얻을 수 있고, 이로 인해 도전적인 목표를 세우고 실행할 수 있다.

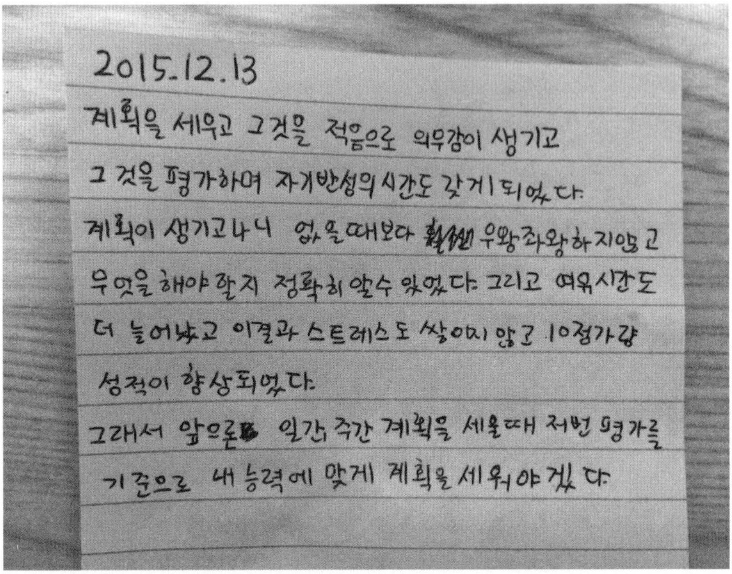

2015.12.13
계획을 세우고 그것을 적음으로 의무감이 생기고
그 것을 평가하며 자기반성의 시간도 갖게 되었다.
계획이 생기고나니 없을때보다 우왕좌왕하지않고
무엇을 해야할지 정확히 알수 있었다. 그리고 여유시간도
더 늘어났고 이결과 스트레스도 쌓이지 않고 10점가량
성적이 향상되었다.
그래서 앞으로 일간, 주간 계획을 세울때 저번 평가를
기준으로 내 능력에 맞게 계획을 세워야겠다.

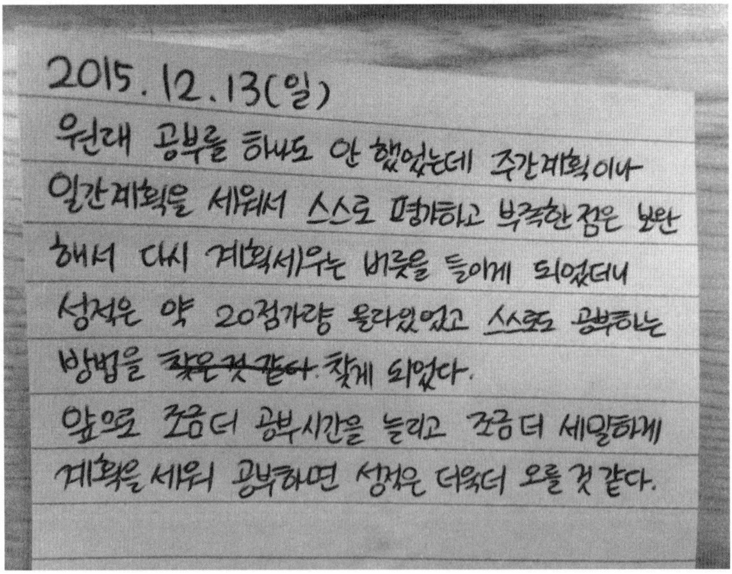

2015.12.13(일)
원래 공부를 하나도 안 했었는데 주간계획이나
일간계획을 세워서 스스로 평가하고 부족한 점은 보완
해서 다시 계획세우는 버릇을 들이게 되었더니
성적은 약 20점가량 올라있었고 스스로 공부하는
방법을 ~~찾은 것 같다.~~ 찾게 되었다.
앞으로 조금더 공부시간을 늘리고 조금더 세밀하게
계획을 세워서 공부하면 성적은 더욱더 오를 것 같다.

〈그림 II-8〉 목표설정 사례

### (3) 목표설정의 원칙지키기

목표는 단기목표부터 장기목표까지 구체적이고 세부적으로 단계별로 올라가야 한다. 시험에 대한 목표를 정한다면 중간고사에는 90점, 기말고사에는 92점, 다음 학기 시험에는 95점으로 조금씩 점수를 높여서 정한다면 지속적인 성취감을 맛볼 수 있을 것이다. 성취감을 한 번 맛보게 되면 새로운 성취감을 맛보기 위해서 또다시 자신이 목표한 일에 도전하게 될 것이고, 이러한 과정이 반복되면 자신의 중·장기 목표를 이룰 수 있게 된다. 명확한 목표가 있는 사람은 가장 험난한 길에서조차도 앞으로 나아가고 아무런 목표도 없는 사람은 순탄한 길에서조차도 앞으로 나아가지 못한다. 공부를 하겠다는 마음을 먹었다면 첫 단계에 생각해야 할 것은 어떠한 목표를 설정할 것인가이다. 목표를 정해 놓고 달려가는 것과 아무런 목표 없이 달려가는 것은 동기와 열정에서부터 차이가 난다. 목표를 설정할 때 주의할 점은 자신의 노력으로 실현 가능한 목표인지, 꿈같은 목표인지를 잘 생각해 보아야 한다는 것이다. 너무 무리한 목표를 세우기보다는 실현 가능한 목표를 설정하여 성취감을 느낄 수 있도록 만드는 것이 가장 바람직한 목표 설정 방법이다.

## 3. 환경관리

학습에 방해되는 요인을 제거하고 자기한테 맞는 적절하고, 쾌적한 환경을 만들어 나가는 것을 말하며 이를 통해 학습 동기를 지속적으로 유지시키면서 학습과정을 관리해 나갈 수 있고, 학습의 능률도 높일 수 있다. 환경관리에는 물리적 환경관리, 신체적 환경관리, 정신적 환경관리, 사회적 환경관리의 4가지 요인이 있다.

### 1) 물리적 환경관리: 공부장소를 선택하는 것에서 시작된다.

(1) 효율적인 학습을 위해 조용한 곳을 찾는다.
(2) 학습만을 위한 책상을 사용해야 한다.
(3) 편안한 의자에 앉아서 학습해야 한다.
(4) 절대로 침대에 누워서 공부하지 않아야 한다.
(5) 집에서는 조용할 때 공부하는 것이 좋다.
(6) 공부가 잘 되는 곳을 정해서 공부하면 집중력과 지구력이 좋아진다.
(7) 공부방 벽지는 산만해지지 않도록 학습자의 성격에 맞게 색깔과 무늬를 고려한다.

파란색 계열

집중력, 자제력, 인내력을 향상시켜주고 청량감을 주는 색으로 집중력이 필요한 공부방을 꾸미기에 적당하다.

#### 녹색 계열

침착, 평온, 자연, 배려 등을 연상시켜주는 색깔로 눈의 피로감을 풀어주고 마음을 편안하게 해준다. 녹색으로만 꾸미기가 부담스럽다면 녹색이 들어간 액자나 소품을 이용하면 스트레스 해소 및 눈의 피로를 덜어주는데 도움이 된다.

#### 붉은색 계열

아이의 성격이 소심하거나 내성적이라면 과감하게 빨간색이나 오렌지색으로 꾸며주는 것도 좋다.

#### 보라색 계열

호르몬의 기능 안정에 도움이 되는 색이므로 침구를 보라색이나 핑크색 계열로 꾸며주면 숙면을 취하는 데 효과가 있다.

#### 화이트 계열

학습 능력이 떨어지는 아이에게 효과가 있다. 화이트나 아이보리 계열로 통일성을 주면 아이에게 안정감을 줄 수 있다.

조명이 너무 밝거나 어두우면 눈의 피로도가 심해져서 집중을 방해한다. 공부방의 조명은 전체적으로 약간 밝게 한다. 기본 조명의 밝기단위를 룩스(LUX)라고 하는데 공부방의 밝기는 500LUX 이상이 되어야 한다. 신체에 맞지 않는 책걸상은 몸의 피로를 가중시킨다. 책상은 알맞은 높이로 하고, 의자는 쿠션감이 있는 딱딱한 것으로 한다. 책상이 어지럽혀져 있으면 시각적으로 집중이 분산되기 쉽다. 필요한 학습도구만 올려놓는다. 책장이 붙어 있는 책상도 산만하게 만들 수 있다. 컴퓨터는 정규 사용시간을 정해서 사용한다. 휴식시간에 TV 시청은 공부에 도움이 되지 않는다. 심신을 안정할 수 있는 경음악을 듣는 것이 좋다. 핸드폰 사용은 계획을 점검하고 평가한 후에 만족감을 느꼈을 때 자신에게 주는 선물로 보상한다.

### 2) 신체적 환경관리

공부할 때 음식을 멀리하고 오전 수업에 집중하기 위해서는 아침밥을 꼭 챙겨먹는다.

충분한 수면시간을 갖되 최소 6시간 이상의 수면을 취하는 것이 좋다. 또한 꾸준한 운동은 필수이다. 공부는 체력 싸움이라는 말이 있듯이 공부를 하다보면 책상에 오래도록 앉아서 해야 하므로 육체적, 정신적 에너지가 많이 소모된다. 따라서 신체적 환경관리란 쉽게 말해서 건강관리를 의미한다.

### 3) 정신적 환경관리

학습자가 슬럼프에 빠졌을 때에는 슬럼프를 탈출할 수 있도록 동기부여가 되는 조언을 해줘야 한다. 주위사람의 기대나 걱정, 관심이 지나치면 스트레스가 될 수 있다. 또한 부정적 사고는 두뇌활동을 억제시키므로 부정적 사고보다는 긍정적 사고를 한다. 그것은 잡념을 조절하고 집중할 수 있게 한다.

공부를 하다보면 각종 스트레스에 시달리게 된다. 따라서 스트레스를 효과적으로 관리하는 방법도 알아야 하는데, 스트레스를 주도적으로 관리하려면 모든 문제들을 '영향력의 원' 안에 두고 해결하려고 노력해야 한다. 여기에서 '영향력의 원'이란 자신의 의지로 통제할 수 있는 사건을 말한다.

### 4) 사회적 환경관리

지나친 교우관계보다는 노력하는 친구들을 사귄다. 이성문제에 대해서는 스스로 판단할 수 있도록 선택권을 준다. 가족 간에는 긍정적인 대화를 유지한다. 이것은 심리적 안정, 사고력 향상, 학업성취에 긍정적인 영향을 미친다. 특히 대인관계에서 오는 문제는 심각한 고민과 스트레스를 가져오기 때문에 공부하는 사람의 일상과 학습에 큰 영향을 미친다. 따라서 문제의 원인을 빨리 찾아서 해결하는 것이 공부에 효과적이다.

### (1) 학습 환경(Check List)

| 학습 환경 점검 | | |
|---|---|---|
| | 항목 | 체크 |
| 1 | 공부방은 내 마음에 맞게 되어 있다. | |
| 2 | 조명은 공부하기에 적당하다. | |
| 3 | 의자나 책걸상은 내 몸에 잘 맞아서 편하다. | |
| 4 | TV나 컴퓨터의 유혹에 빠지지 않는다. | |
| 5 | 공부할 때는 전화나 메시지(카톡 등)를 받지 않는다. | |
| 6 | 엎드리거나 누워서 공부하지 않는다. | |
| 7 | 아침식사는 거르지 않고 꼭 먹는 편이다. | |
| 8 | 공부 자세는 바르게 한다. | |
| 9 | 공부하기 전에 책상 위를 말끔히 치운다. | |
| 10 | 정리를 할 때는 과감히 치운다. | |

### (2) 학습 장애요소 제거하기

① TV는 보이지 않도록 한다.

② 컴퓨터는 공부방에 두지 않는다.

③ 공부 중에는 전화는 꺼 놓는다. 그리고 가급적이면 폴더폰을 이용한다.

④ 침대나 쇼파에 누워서 공부하지 않는다.

⑤ 음악은 독이 되기도 하고 약이 되기도 하기 때문에 선택해서 듣는다.

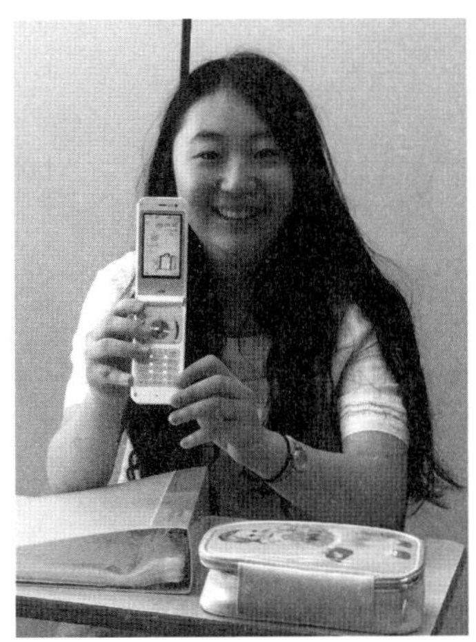

〈그림 II-9〉 폴더폰 이용 사례

### (3) 주변정리하기

① 가능한 한 물품이 보이지 않게 수납하는 것이 집중력에 도움이 된다.

② 책이나 물품 등이 전반적으로 색상이나 크기가 다양하므로 어수선해 보일 수 있다.

③ 학습공간을 최소화한다(학원이나 독서실에서 공부하는 경우의 예).

④ 조명은 각별히 신경 써야 하고 최대한 밝은 것이 좋다.

⑤ 의자가 중요하다. 소재는 시트소재가 미끄럽지 않고 앉는 면이 몸무게를 분산시킬 수 있는 것이 좋다. 높이는 신발을 벗었을 때 등받이에 기대고 깊이 앉아 다리를 직각으로 했을 때 발이 편안하게 바닥에 닿는 높이가 좋다.

〈표 II-3〉 학습 환경의 요소들

| 학습 환경의 영역 | 관리 전략 |
|---|---|
| 기대와 결과 | · 여러분은 '수'를 받도록 기대해야 하며, 목표를 달성하기 위해 노력하고 힘차게 해내야 한다.<br>· 마감 기한 전에 요구되는 것 이상의 노력을 기울인다. |
| 학습 공간 | · 시각적이고 청각적인 혼란이 거의 없는 공부할 적절한 장소를 발견한다.<br>· 너무 안락한 곳은 아니지만 어느 정도의 안락함이 보장되어야 한다.<br>· 책상과 의자 외에 조명기구, 책, 노트, 필기도구, 글을 쓸 종이, 시계 등이 필요하다. |
| 학습 자료 | · 교과서, 종이형태의 산출물, 서류철, 캐비넷, 서류철 서랍, 칼라펜,형광펜과 연필, 노트, 참고 자료 등을 포함하여 필요한 자료를 확실하게 갖춘다. |
| 시간 이용 | · 시간 이용계획을 세운다.<br>· 최근의 수업에서 기록한 것들을 복습한다.<br>· 다음날의 수업준비를 한다.<br>· 세부적인 사항이나 정의를 기술하기 위한 학습카드나 암기노트를 만든다.<br>· 이전에 만들어 놓은 노트기록을 복습할 수 있도록 주요 공부시간을 매일 한두 시간 할애한다. |

# 4. 유혹관리

## 1) 10대 청소년, 스마트폰 보유 비율

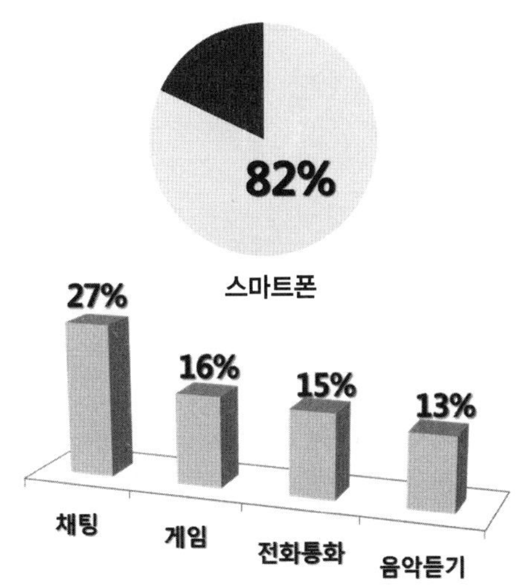


〈그림 II-10〉 청소년 매체이용 실태조사 (여성가족부, 2013.11)

최근 짧은 시간동안 급속도로 발전한 인터넷 기술과 디지털 기기의 발전은 현대인의 여가활동뿐만 아니라 일상생활에서 없어서는 안 될 필수요소로 자리 잡았다. 특히 몇 년 사이 초, 중등학생의 스마트기기 보유율이 증가하고 있다. 통계청(2014)에서 발표한 청소년의 스마트폰 이용률에 대한 통계결과를 보면 2011년 40%에 비해 약 2배가 급증한 80.7%로 나타나 청소년의 스마트폰 사용이 급증하고 있는 추세이다. 이처럼 청소년들의 스마트폰 이용률이 급증하고 있는 이유는 스마트폰이 제공하고 있는 즐거움, 사회적 관계, 도구적 편리성, 문화적 의미 등에 그 원인을 들 수 있다. 한정된 장소에서만 사용이 가능한 컴퓨터와는 달리 시간과 장소에 구애받지 않고 사용할 수 있다. 청소년들은 스마트폰을 통해 다양한 소통의 공간을 만들어 가고 그 안에서 감정을 표출해 가고 정보를 습득하거나 교환하기도 한다.

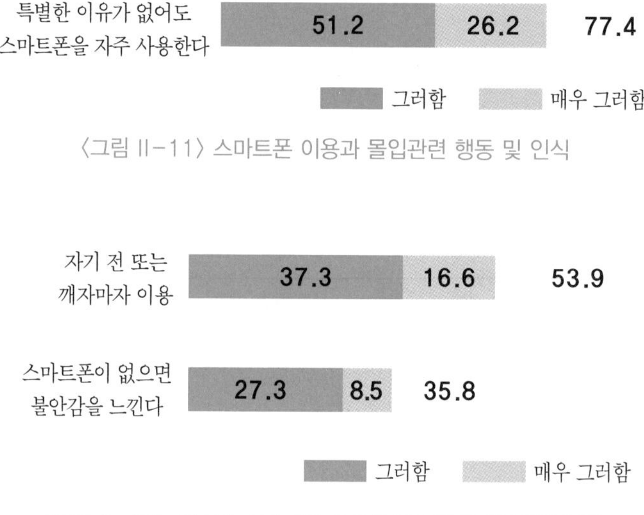


〈그림 II-11〉 스마트폰 이용과 몰입관련 행동 및 인식

〈그림 II-12〉 청소년 스마트폰 중독위험군(한국정보화진흥원)

스마트폰 과다사용으로 인해 청소년들에게 나타나는 문제를 살펴보면 학교생활에 문제가 될 수 있을 정도로 일상생활에 장애를 겪는 것으로 나타났다. 스마트폰 과다사용은 청소년의 자기 통제력을 약화시켜 스마트폰이 없으면 불안을 느끼거나 금단현상을 보이고 있다. 뿐만 아니라 스마트폰 사용 제한에 대한 적대감이 폭력으로 드러나는 등 청소년들의 스마트폰 사용에 대한 부작용이 증

가하고 있다. 스마트폰 집착 정도는 남학생이 11%, 여학생이 19%로 여학생이 집착 정도가 더 심한 것으로 조사되었고 학업성적이 낮은 학생이 높은 학생에 비해 더 심하게 나타났다.

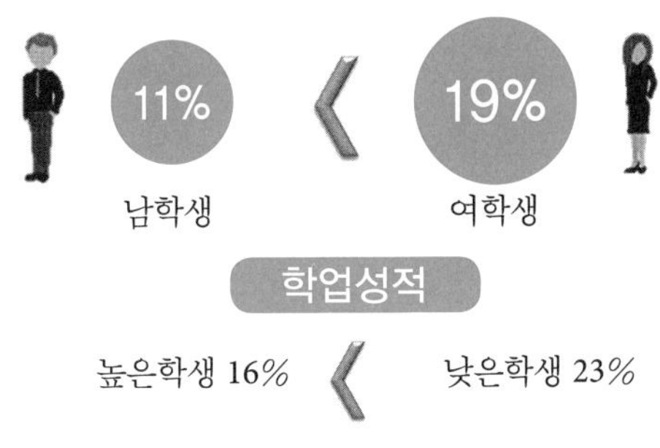


〈그림 II-13〉 스마트폰 집착 정도 심한 비율

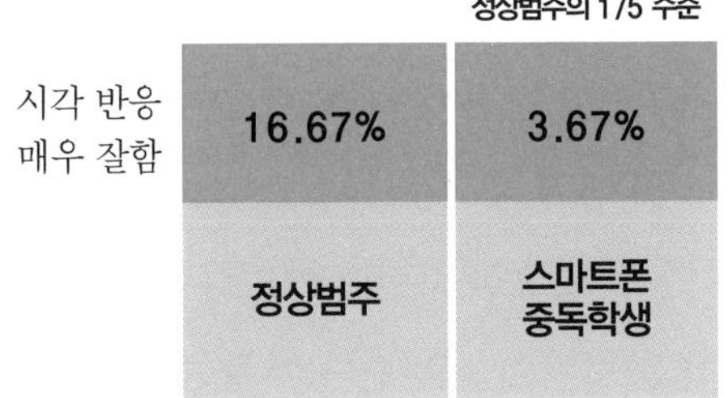


〈그림 II-14〉 인지 능력 검사의 시각반응 비율

청소년의 스마트폰 중독은 성별 차이를 보이는데 여학생이 남학생보다 더 높은 스마트폰 중독을 보였다. 스마트폰 사용시간에서도 여학생이 남학생보다 더 많은 것으로 나타났으며 스마트폰 중독경향성인 병적몰입, 생활장애, 통제상실, 강박증상에서도 여학생이 남학생보다 모두 높았다. 또한 성적과 관련하여 학업성취도가 낮은 학생은 학습의욕이 없고 놀이에 더 흥미를 가지며 수업태도가 바르지 못하고 수업자체에 대하여 심적 부담감이나 권태감을 가지게 된다. 스마트폰 중독수준이 높을수록 학업성취도 결과가 낮게 나왔다는 결과가 있다. 이는 스마트폰 기능 중에 게임, 동영상 등 일방적이고 반복적인 자극은 좌뇌만 자극하고 상대적으로 우뇌기능을 떨어뜨려 ADHD, 틱 장애, 학습장애 등 우측 대뇌의 기능적 이상을 초래하기 때문이라고 한다.

### 2) 유혹관리의 필요성

세계 최고의 초고속 인터넷 통신망을 자랑하는 한국에서 인터넷은 마치 '숨 쉬는 공기'와 같이 우리 곁에 자리 잡고 있다. 인터넷을 통해 다양한 정보를 얻고 모르는 사람과 스스럼없이 대화를 나누고 자신의 의견을 자유롭게 펼치고 게임을 즐기는 등 우리의 생활 속에서 없어서는 안 될 중요한 수단이 되었다. 이처럼 청소년들이 어느 때 보다도 많은 유혹에 시달린다고 볼 수 있다. 정체성이 확립되는 과정에서 많은 가치관의 혼란과 새로운 것에 대한 과도한 호기심을 경험하게 되면 성적저하나 학교부적응 등의 생활변화와 성격변화, 정체성의 혼란, 현실감의 저하, 건강악화, 척추 측만증이나 디스크 등의 신체증상, 언어발달의 지장 등이 나타난다고 한다. 주위의 많은 유혹을 청소년들이 관리한다면 자기조절력과 의지력이 향상되어 충동에 의해 쉽게 행동하지 않고, 일시적 유혹에 빠지는 경우가 줄어들 것으로 본다.

① 인간의 뇌는 태어나는 것이 아니라 만들어진다라는 말이 있듯이 뇌는 유전자와 환경이 빚어내는 조각품이다.

② 뇌는 경험하고 싶어 한다.

: 강력한 뇌 발달 촉진제, 경험 없이 뇌는 완성되지 않는다.

③ 뇌 발달에도 '결정적 시기' 가 있다.

④ 뇌는 돌발을 좋아한다.

: 변화가 없는 정보는 뇌 발달에 무의미하기 때문에 새롭고 돌발적인 자극으로 뇌를 깨워라.

⑤ 도파민과 강화학습 사이클

: 뇌에 부담을 주는 자발적인 학습(성취감, 기쁨 = 도파민)이 가능하다. 그러므로 시간제한을 두고 공부하라.

### (1) 뇌 발달을 망치는 치명적 유혹, TV와 컴퓨터 게임

뇌 발달에 위험천만한 TV는 가급적 멀리해야 한다.

초등학생을 대상으로 디저털 기기를 많이 사용한 아이와 그렇지 않은 아이를 비교, 실험해 봤다. 긍정적인 이미지와 부정적인 이미지를 보았을 때, 아이들의 동공 크기 변화실험이다. 평균보다 디지털 기기를 적게 사용하는 아이는 긍정적인 사진을 보았을 때 보다 부정적인 사진을 보았을 때 동공 크기가 눈에 띄게 커지는 것을 볼 수 있는 반면, 디지털 기기를 많이 사용한 아이는 어떠한 사진에도 동공의 크기에 큰 변화가 없었다. 디지털매체를 많이 접한 아이들은 자극적인 것에 익숙하기 때문에 웬만한 자극에 대한 반응을 보이지 않는 것이다. 따라서 디지털 기기에 빠진 아이들은 정서반응에 약해진다.

### (2) 뇌 소멸의 주원인 스트레스와 우울증

디지털기기 사용이 지나치면 오히려 해가 된다. 중독, 우울증, 반사회적 행동과 내성적인 성격까지 가질 수 있다. 우울증은 생물학적으로 감정을 조절하는 뇌의 기능에 문제가 생겨 유발되는 것이며, 스트레스 등의 외부적인 생활사건, 개인의 성격 등 복합적인 기전이 우울증 발생에 영향을 미친다고 본다. 과학자들은 이 중 뇌의 신경전달물질이 우울증과 연관이 있다고 생각한다. 이에 대한 근거로 다양한 연구들이 진행되었으며 현재에도 활발하게 연구가 계속되고 있다.

### (3) 뇌를 살리는 생활습관

몸이 건강해야 마음이 건강하다는 말이 있듯이, 우리 뇌가 효율적인 기능을 발휘하기 위해서는 세끼를 잘 챙겨먹는 규칙적인 식습관과 운동이 정신작용에 도움이 된다는 연구결과가 끊임없이 나오는 것으로 보아 두뇌도 신체의 일부라는 사실을 생각하면 몸을 건강하게 만드는 일은 두뇌를 건강하게 만드는 일이 되므로 운동은 두뇌발달에 긍정적인 영향을 끼친다는 것을 알 수 있다. 그 외에도 명상이나 웃음치료, 바둑이나 장기 등 놀이를 통해 즐거움을 만끽하는 것이 뇌 건강에 도움이 된다고 한다. 반면에 뇌와 건강에 해로운 술이나 담배보다도 더 해로운 것이 스마트폰이라는 결과도 있다.

### (4) 스마트폰 중독증상

스마트폰의 잘못된 사용, 중독으로 인하여 우리 몸에 악영향이 늘어나고 있는 데 그 중에서 각종 증후군(디지털격리증후군, 손목터널증후군)이 새로운 질병으로 부각되고 있다. 또한 1시간 이상 스마트폰만 보고 있으면 눈의 피로감으로 인해 수면장애 또는 두통과 안구건조증이 생길 수 있다고 한다. 스마트폰의 빠른 움직임을 보면서 어지럼증이나 매스꺼움을 동반하기도 한다. 이밖에도 집중력과 기억력 저하의 원인되기도 한다.

일반적으로 스마트폰 중독증상은 한국정보화진흥원의 청소년 자가 진단 척도 점수를 활용하여 고위험 사용자군, 잠재적 위험 사용자군, 일반 사용자군의 세 수준으로 나누는 것이 보편적이다. 고위험 사용자군은 스마트폰 사용으로 인하여 일상생활에서 심각한 장애를 보이며 스마트폰으로 이루어지는 대인관계가 대부분이고, 현실 생활에서도 습관적으로 사용하게 되며 스마트폰 없이는 한순간도 견디기 힘들어 한다. 이들은 스마트폰 사용으로 인하여 학업이나 대인관계를 제대로 수행할 수 없으며 자신이 스마트폰 중독이라고 느끼고 있다.

잠재적 위험 사용자군은 고위험 사용자군에 비해 경미한 수준이지만 일상생활에서 장애를 보이며, 필요 이상으로 스마트폰 사용시간이 늘어나고 집착을 하게 된다. 학업에 어려움이 나타날 수 있으며 심리적 불안정감을 보이지만 절반 정도는 자신이 아무 문제가 없다고 느낀다. 마지막으로 일반 사용자군은 심리적 정서문제나 성격적 특성에서도 특이한 문제를 보이지 않으며, 자기행동을 관리하고 있다고 생각한다. 주변사람들과의 대인관계에서도 자신이 충분한 지원을 얻을 수 있다고 느끼며, 심각한 외로움이나 곤란감을 느끼지 않는다(한국정보화진흥원, 2011).

### (5) 스마트폰 중독해결방안

① 먼저 자신이 스마트폰 중독이라는 것을 인지해야 한다.

스마트폰 중독 테스트

| | 질문 | 체크 |
|---|---|---|
| 1 | 스마트폰이 옆에 없거나 안 보이면 불안함을 느낀다. | |
| 2 | 화장실 갈 때도 가지고 간다. | |
| 3 | 하루 2시간 이상 스마트폰을 사용한다. | |
| 4 | 스마트폰에 설치한 어플이 20개 이상이다. | |
| 5 | 스마트폰 키패드가 쿼티 키패드이다. | |
| 6 | 스마트폰 자판을 치는 속도가 매우 빠르다. | |
| 7 | 폰의 알림소리에 바로 확인한다. | |
| 8 | 스마트폰의 사용으로 학교성적이 떨어지거나 공부가 손에 잡히지 않는다. | |
| 9 | 가족, 친구들과 함께 있는 것보다 스마트폰을 사용하는 것이 더 좋다. | |
| 10 | 스마트폰을 사용하다가 지적을 받은 경험이 있다. | |
| 11 | 스마트폰을 사용하면서 그만해야지, 하면서 계속한다. | |
| 12 | 자기 전까지 들여다보고 있고, 눈뜨자마자 스마트폰부터 확인한다. | |

| 1~2개 | 양호 | 3~4개 | 위험 |
|---|---|---|---|
| 5~7개 | 중독의심 | 8개 이상 | 스마트폰 중독이 확실하다. |

② 정해진 시간에만 스마트폰을 사용한다.

스마트폰을 일시적으로 사용하지 못하게 하는 어플을 설치한다.

꼭 필요한 때가 아니면 가급적 눈에 보이지 않는 곳에 멀리 둔다.

③ 자신이 스마트폰을 얼마나 사용했는지 인식한다.

어플('넌 얼마나 쓰니?')을 활용하여 스마트폰을 어느 정도 사용하는지 스스로 자각하면 스마트폰 사용을 절제하는데 도움이 된다.

④ 게임이나 어플을 다운받지 않는다.

게임 어플을 지우고 이를 철저히 지킨다.

⑤ 당장 확인해야 한다는 조급증을 버린다.

조금 늦게 답장해도 큰일나지 않는다.

⑥ 강경하게 대처하고 다른 놀이나 취미를 제시한다.

예: 독서, 운동, 블록, 색칠놀이 등 다른 놀이로 유도하고 규칙을 만든다.

특히 규칙적인 운동의 중요성은 아무리 강조해도 지나치지 않는다.

감정, 집중력, 체력, 스트레스가 운동과 밀접한 관계에 있고, 몸이 건강하면 보다 긍정적이고 열정적일 수 있다. 옥스퍼드대 전 심리학 교수 마이클 아가일(Michael Argyle)은 운동을 하면 스트레스와 긴장이 완화되고 분노, 우울, 무기력이 해소되며 활력과 자존감이 올라가고 건전한 신체상이 정립되는 등 효과가 크다고 한다.

⑦ 스마트폰 보관함을 만든다.

⑧ 강제나 억압이 아닌 스스로 조절하는 습관을 길러주도록 하

며 충분히 상의하고 설득한다.

⑨ PC에서 사용하지 않도록 그린i-net 등으로 차단한다.

⑩ 전문가를 찾는다.

# 3장

# 자기주도 학습코칭 단계

## 1. 자기주도 학습코칭의 이해

### 1) 코칭(Coaching)의 개념 및 특징

코치(coach)의 어원은 헝가리의 코치(Kocs)라는 지명에서 유래되었는데 이곳은 15세기경 말이 끄는 마차를 최초로 발명한 곳이다. 그 마차의 이름이 '콕시'(kocsii) 또는 '콕지'(kotdzi)였고, 지금도 영국에서는 택시를 코치라고 부르기도 한다(이희경, 2005: 21-44). 마차의 일종이었던 코치는 승객을 원하는 위치까지 데려다 주는 운송수단이었다. 1840년대 영국에서는 개인교사(tutor)에 대한 별명으로서 코치라는 말을 사용하기도 했는데, 이유는 마차가 승객을 목적지까지 데려다 주듯이 학생을 원하는 목표까지 도달하게 해주는 것이 교사이기 때문이었다(이소희 외, 2008:5-21).

마차에서 유래된 코치라는 개념은 1880년경부터는 스포츠 분야에서 운동선수를 지도하는 매우 중요한 역할을 하는 사람을 지칭하는 용어로 사용되기 시작하였다.

현대적 의미의 코칭은 1980년대에 와서 미국 기업들이 도입하기 시작하면서 본격적으로 확산이 되었다. 코칭이라는 개념은 다양한 분야로 확산되었는데 건강관리, 재정관리, 시간관리 등의 분야에도 접목이 되었다. 이제는 인생과 직업과 같은 광범위한 문제와 관련한 '라이프 코치(life coach)'의 도움을 요청하는 사람들도 늘어났다(Collins, 1991). 이처럼 1980년 미국에서 시작된 코칭의 개념은 캐나다, 호주와 유럽으로 전파되었고 일본, 중국, 홍콩, 싱가포르 등의 아시아 지역으로도 점차 확산되었으며 한국에는 2000년대 초반에 도입되었다.

코칭이라는 개념을 효과적으로 적용하려면 우선 코칭의 정의에 대해서 정확하게 이해해야 한다. 그러나 지금까지 코칭의 정의에 대한 견해가 한가지로 통일되어 있지 않다. 코칭을 어떤 시각으로 바라보느냐에 따라서 견해가 달라질 수 있는데, 도미향(2008)은 코칭을 '개인의 성장과 발전을 지원하여 잠재된 능력을 극대화시켜 자기의 삶을 주도적으로 이끄는 리더로 성장시켜 나가는 파트너십 과정'이라고 정의하였다. 이소희 외(2014)는 코칭을 '개인과 조직이 매일 멋진 삶을 살 수 있도록 지지하는 사랑과 지혜의 대화 시스템'이라고 하였다. 한편 스포츠 분야에서는 코칭을 '선수와 팀의 경기력을 최고 수준으로 끌어올리고 유지하기 위한 과정'으로 본다. 그래서 스포츠에서는 '코치가 주체가 되어 선수들이 운동에 필요한 체력, 기술지도, 인격의 상호교류, 지식이나 체력, 기술, 태도, 철학 등을 효과적으로 습득할 수 있도록 코치가 해야 할 총체적인 행위'를 코칭이라고 보고 있다(김미화 외, 2011: 263-271).

한편 1999년에 국제코칭연맹(ICF: International Coach Federation)과 링키지(Linkage) 회사가 미국에 있는 4,000여 개 기업을 대상으로 실시한 설문조사에서는, 코칭에 대한 정의나 코칭실시 방법, 그리고 코치의 핵심역량 등에 대한 인식에 있어서 응답자마다 상당히 다르게 나타났다(이윤기, 2014). 코칭을 협의의 의미로 정의하는 연구자들은 코칭이란 성과를 개선시키기 위한 성과향상 기법(performance improvement technique) 중의 하나로만 생각한다. 그러나 에버리드와 셀먼(Evered & Selman, 1989: 10-32)은 코칭이란 '헌신적인 파트너십이 형성된 상황에서 생기는 코치와 선수 간의 커뮤니케이션 관계'라고 정의하고 피코치자인 코치이에게 권한을 부여하는 임파워링(empowering)의 중요성을 강조하였다. 그리고 피터스(Peters, 1996: 39-42)가 정의한 코칭이란 '각 개인들을 하나로 묶어 책임감을 강화하고 그들로 하여금 성과를 지속적으로 낼 수 있도록 하는 것'이라고 보았다. 그리고 코치란 '각 개개인들을 서로 완벽한 파트너이면서 공헌자로 여길 수 있도록 격려하는 사람'으로 묘사하였다. 추가적으로 코칭을 성과관리(performance management)를 촉진시키기 위한 하나의 기술로 정의하는 연구도 있다. 피터스와 오스틴(Peters & Austin, 1985: 437)은 서로 관련이 있으면서 각각 다른 역할을 하는 교육(educating), 후원(sponsoring), 대면(confronting)을 조합한 것을 코칭으로 보았다. 그리고 리더십과 비교해서 코칭은 교육, 멘토링, 상담 그리고 성과에 대한 대면을 포함한다고 주장하였다. 콜린스(Collins, 1991)는 '한 개인이나 그룹을 현재 있는 지점에서 그들이 바라는 더 유능하고 만족스러운 지점까지 나아가도록 인도하는 기술이자 행위'를 코칭이라고 보았고, '사람들의 관심사나 재능, 환경 그리고 잠재력에 관련해 더 효율적으로 스스로를 주도하고 관리하는 방법을 배우도록 지원하는 상호적이면서도 집중적인 훈련방식'을 코칭이라고 하였다(Jones, 1995). 휘트모어(Whitmore, 2010)는 코칭을 받는 사람, 즉 코치이 자신의 성과를 극대화하기 위해서 그 자신의 잠재력을 발휘할 수 있도록 가르치는 것이 아니라 스스로 학습하도록 돕는 것을 코칭이라고 하였다(김정애, 2012: 133-158; 조성진, 2009).

코칭의 특성 면에서 가장 많이 비교되는 분야는 상담(counselling)이다. 두 개념이 비슷해 보이지만 코칭은 현재 성장과 변화에 대한 내재적 동기를 가진 건강한 사람을 대상으로 돕는 반면, 상담은 해결되지 않은 과거 문제를 해결하거나 상처받은 사람들의 회복을 돕는 것에 중점을 두는 것이 차이점이다. 이에 대한 콜린스(Collins, 2001)의 의견도 비슷한데 상담가는 문제 해결에 중점을 두지만, 코칭은 가능성에 초점을 둔다는 사실을 강조하였다. 상담은 과거에 받은 정서적, 영적 고통에서 회복할 수 있도록 돕는 것이지만 코칭은 사람들에게 목표를 설정하고 더 나은 미래로의 성장을 돕는 것이라고 하였다. 즉, 상담가는 내담자의 정서나 심리적 상태 등에 관해 전반적으로 돕거나 진단하는 반면 코치는 내담자의 목표

설정 및 문제 해결에 필요한 행동을 취할 수 있도록 지원하는 것이다. 또한 토니(Tony, 2005)는 코칭을 과거의 문제들 보다 더 나은 미래를 창조하는 데 초점을 두어 양질의 삶을 추구하는 것으로 보고 있다. 패트릭과 데보라(Patrick & Deborah, 2007)는 코칭이 사람의 현재 상태를 다루면서 더 바람직한 미래로 인도하는 것이라면, 상담과 치료는 과거와 트라우마(trauma)를 다루는 것으로 보았다. 그리고 코치는 피코치자가 스스로 답을 찾도록 돕지만 상담은 치료자가 답을 가지고 있다는 점을 강조하였다. 결국 상담은 과거의 문제를 회복하는데 중점을 두는 반면, 코칭은 피코치자인 코치이(coachee)의 미래의 성장과 변화에 초점을 둔다고 볼 수 있다.

코칭은 연구자에 따라서 다양한 개념으로 정의되지만 코치이를 성장, 발전하게 하고 잠재능력을 극대화할 수 있도록 도와주는 과정이라는 점에서 공통점을 찾을 수 있다. 코칭의 개념에 관한 연구자별 정의를 요약하면 〈표 III-1〉과 같다.

〈표 III-1〉 코칭의 개념에 관한 연구자별 정의

| 연구자 | 코칭의 정의 |
|---|---|
| 리커트(Likert, 1967) | 리더는 구성원들에게 신뢰를 주며 개방적이고 동기부여 및 직무성과를 높이는 것 |
| 캐츠 엔 코칸(Katz & Kochan, 1985) | 구성원들이 리더의 영향력을 합법적으로 받아들이고 공동목표를 달성하기 위해 리더와 아랫사람들이 협력하는 것 |
| 스토웰(Stowell, 1986) | 코칭의 목표 설정 및 방향제시, 동기부여하기, 가르치기, 피드백하기 및 인간관계를 포함하는 것 |

| 콜린스(G. Collins, 1991) | 한 개인 혹은 그룹을 현재 지점에서 그들이 바라는 만족스러운 지점까지 갈 수 있도록 인도하는 행위 |
|---|---|
| 크레인(Crane, 2002) | 개인적 효율성 향상을 위해서 알고 있는 것을 용기 있게 실천할 수 있도록 돕는 일 |
| 엘링저, 햄린 (Ellinger, Hamlin, 2007) | 조직구성원의 발전과 성장을 도우며 개인역량과 성과를 높일 수 있도록 지지하는 과정 |
| 도미향(2008) | 개인의 잠재력을 극대화시키고 자신의 삶을 주도적으로 이끄는 리더로 성장하게 하는 파트너십 |
| 김상범 등(2009) | 조직의 목표를 달성하기 위해 구성원의 잠재력을 극대화할 수 있도록 지원하는 인지적, 행동적 의사소통 및 활동 과정 |
| 이소희(2011) | 멋진 삶을 위한 지혜와 사랑의 대화시스템 |
| 최정빈(2013) | 개인의 변화와 성장에 관심을 두며, 과거보다는 미래를 계획하고 개인의 변화와 발전을 도모함으로써 자기주도적인 삶을 이끌어 나가는 과정 |
| 한국코치협회 (2014) | 개인과 조직의 잠재능력을 극대화하여 최상의 가치를 실현할 수 있도록 도와주는 수평적 파트너십 |

위의 정의들에서 살펴봤듯이 코칭은 다른 사람의 성공과 발전을 돕는 것으로 다른 사람들에게 영향을 주고 사람들로 하여금 자신의 잠재력을 찾아서 극대화할 수 있도록 돕는 과정이다. 코치와 코치이는 함께 코칭이라는 관계를 통해서 공동의 목표를 가지고 코치는 코치이로 하여금 목표를 이루도록 조력하는 것이다(Haberleither, 2002). 즉, 코칭은 삶을 격려하고 동기를 부여함으로써 그들이 스스로 성장하도록 돕는 것이다.

한편 코칭의 개념은 멘토링 개념과 혼용되기도 하지만 멘토링, 카운슬링 등과 구별된다. 멘토링이란 특정 분야의 선지자로서 다른 사람에게 유용한 지식, 통찰, 전망 또는 지혜를 제공하거나 조언하고 격려하는 것(Hudson, 1999)을 뜻한다. 멘토링은 경험과 지식이 풍부한 멘토가 멘토링을 받는 사람인 멘티(mentee)에게 지도와 조언을 하여 멘티의 실력과 잠재력을 개발하는 것으로 선배나 경험이 많은 사람이 후배의 역할 모델이 되어 지원을 제공하는 것을 뜻한다. 코칭은 성과, 목표, 결과에 초점을 두고 도움을 제공하는 과정으로 코치는 조력자이고 코치이의 성장과 변화에 초점을 둔다. 반면 멘토링은 다른 사람의 발전 과정을 지켜보는 동료의 개념이 포함된다(탁진국 외, 2010).

또한 코칭은 상담과도 구분된다. 상담이란 심리학적인 기술과 교양을 말하는데 문제를 가지고 찾아온 내담자와의 대화를 통해서 상담자가 문제를 해결하도록 조언을 해주거나 내담자 자신이 문제를 해결할 수 있도록 인격적 발달을 돕는다(심리학용어사전, 2014). 상담은 과거의 문제로 상처받은 사람들이 주로 찾고, 내담자의 심리로 들어가서 분석하고 평가하여 답을 주고 치유하는데 초점을 맞춘다. 그러나 코칭은 인간은 모두 자신이 답을 가지고 있다는 전제하에 성장시키고 발전시키는데 초점을 둔다. 코치는 그에 대해 스스로 평가하고 피드백하도록 돕는다.

멘토링과 코칭의 공통점은 둘 다 일대일 관계를 가지며 변화와 발전에 초점을 둔다는 데 있다. 이러한 면에서는 서로 유사해 보이나 멘토링은 학습자가 기술과 안목을 갖게 하는데 더 비중을, 코칭은 코치이 스스로 성장과 변화의 원리를 삶의 모든 영역에 적용시키도록 하는데 비중을 둔다(Law H., Ireland S., & Hussain, Z., 2007).

따라서 코칭은 자신의 목적을 달성하게 하며 그 과정을 더욱 긍정적인 방향으로 돕고, 코치이로 하여금 자신의 잠재능력을 극대화할 수 있게 한다.

코칭의 정의를 살펴보면 미국의 세계 최대 글로벌코치양성전문기관(CCU: Corporate Coach University)에서는 코칭을 '발전하고자 하는 의지가 있는 개인의 잠재능력을 최대한 개발하기 위해 코치가 돕는 과정'이라고 정의하였다. 이 과정은 목표설정, 전략적인 행동 수립, 좋은 결과를 성취하기 위해 강력한 협력 과정이다. 즉, 코칭이란 코치가 코칭을 받는 사람으로 코치이의 개인적 삶의 질을 높이고 직업적 성과를 향상시키도록 돕는 지속적인 파트너쉽인 것이다.

이처럼 코칭은 코치가 원하는 곳으로 가는 것이 아니라 코치이가 원하는 목적지까지 데려다 주는 대화 방법으로 한 사람의 잠재력을 개발하여 탁월한 성취를 이루도록 돕는 것이라고 할 수 있다.

### 2) 코칭 철학

에노모토 히데타케가 '코칭의 기술'에서 제시한 코칭의 철학은 다음과 같다. 첫째, '모든 사람에게는 무한한 가능성이 있다.' 둘째, '필요한 해답은 모두 그 사람 내부에 있다.' 셋째, '해답을 찾기 위해서는 파트너가 필요하다.' 한국코치협회가 제시한 세 가지 코칭철학은 다음과 같다. 첫째, '모든 사람은 창의적이다.' 둘째, '모든 사람은 완전성을 추구하고자 하는 욕구가 있다.' 셋째, '모든 사람은 누구나 내면에 자신의 문제를 스스로 해결할 수 있는 자원을 가지고 있다.' 코치는 이러한 코칭철학을 바탕으로 코치이의 무한한 가능성을 신뢰해야 하며 코치이는 자기 자신의 가능성과 그 가능성을 코치와의 협력 속에서 발견할 수 있다는 신뢰가 있어야 한다.

코칭에 있어서 무엇보다 중요한 점은 자신에 대해 아는 것이다. 자신의 마음속에서 울리는 내면의 목소리에 귀를 기울이고 자신이 보이는 반응을 의식적으로 살피며 어떤 내적 확산이 그런 반응을 보내는지 성찰하라는 의미이다.

### 3) 코칭 대화모델

코칭 대화모델은 정해진 시간에 효과적으로 진행하기 위한 대화 진행 형식이다. 다시 말해 코칭고객을 경청, 관찰, 지지, 격려함으로써 고객 스스로가 문제를 해결하고 목표를 이룰 수 있도록 돕는 모델이다. 코칭 대화모델 중 하나인 GROW 모델은 코치이의 행동에 초점을 두어 문제해결 접근이 쉽고 가장 단순하다는 점 때문에 탁월하다는 평가를 받는 모델이다.

GROW 모델

| | |
|---|---|
| 목표 설정(Goal Setting) | 원하는 목표, 미래의 원하는 것이 이루어진 모습 |
| 현재 상황파악(Reality) | 현실로 원하는 목표와 가장 멀리 있는 지금의 상태 |
| 대안(Options) | 원하는 목표로 가는 과정의 장애물<br>장애물 인식 후 원하는 목표를 이룰 수 있는 가능한 방법들 |
| 의지 확인(Will) | 위에서 찾은 방법을 실행하여 목표를 이루는 구체적인 실행계획 |

## 4) 코칭의 기술

코칭기술은 코칭이라고 하는 특수한 목적을 위해 사용하는 구체적인 행동기술을 의미하며, 코칭을 더욱 효율적이고 효과적으로 진행할 수 있게 한다. 이러한 맥락에서 가장 널리 활용되고 있는 코칭기술은 경청기술, 질문기술, 인정·칭찬하기, 피드백기술이다. 이러한 기술들은 코칭 역량에서도 핵심으로 보고 있다.

이와 같이 코치이의 목표를 달성하기 위해 사용하는 코칭기술에는 라포형성, 공감, 경청, 질문, 칭찬·인정, 피드백 등이 있다. 여기에서는 코칭학회 코칭기술인 경청하기, 질문하기, 정보주기, 인정·칭찬하기에 대해 구체적으로 살펴볼 것이다.

현재 통용되고 있는 대부분의 코칭기술은 크게 커뮤니케이션 기술(communication skill)과 대인관계 기술(interpersonal skill)로 나눌 수 있는데 전자에는 경청하기, 질문하기, 피드백하기 등 코칭

대상과 의사소통을 하는데 필요한 기술들이 포함되고, 후자에는 코칭 대상과의 관계 설정에 필요한 기술과 코치로서 자기관리를 어떻게 할 것인가 등에 관한 테크닉들이 포함된다(조성진, 2008: 127-130). 한편 이희경(2005: 21-44)은 코치와 코치이 간의 신뢰 형성과 코칭의 성과를 촉진시키는 데 필요한 필수태도 기술로서 지지(support), 기대(expect) 그리고 신뢰(trust)를 제시하였다. 그리고 이소희 외(2008: 5-21)는 관계(rapport)형성기술과 칭찬 인정기술을 별도의 코칭기술로 분류하였다.

코칭기술과 관련하여 구체적으로 살펴보면 다음과 같다(이윤기, 2014). 우선 경청(listening)기술은 코치가 코칭을 진행하는 동안 코칭대상이 전하는 메시지를 어떻게 들을 것인가에 관한 것이다. 경청이란 코칭대상의 말은 물론 사실과 감정을 구분하고 코칭대상의 표정속에 담겨 있는 숨은 의미까지 함께 파악하는 것을 말한다. 코치가 코치대상의 이야기를 듣는 과정은 첫째, 귀로 듣는 단계, 둘째, 입으로 듣는 단계 그리고 셋째, 마음으로 듣는 단계로 나눌 수 있는데, 가장 바람직한 것은 마음으로 듣는 세 번째 단계이다. 이 경청기술은 경청의 태도와 강도에 따라 좀 더 세분하여 적극적 경청(active listening), 반영적 경청(reflective listening), 공감적 경청(empathetic listening), 헌신적 경청(committed listening)으로 구분될 수 있다(이소희 외, 2008: 5-21). 이때 코치는 개인의 주관적인 판단 없이 코치이의 말 이외에 행동이나 표현 속에 숨어 있는 감정이나 생각을 알아차리기(calibration)를 통해 경청할 것이다. 즉, 코치이가 말하지 않는 비언어적 표현까지도 이해하고 경청하는 것을 의미한다(이윤기, 2014).

코치들은 질문을 '코칭의 꽃'이라고도 한다. 그만큼 질문이 코칭에서 중요한 비중을 차지하는데(이희경, 2010: 257-277), 사람들은 외부로부터의 지시와 명령에 익숙해져 자신의 내부에 있는 해답을 자각하지 못하여 내부에 해답이 있다는 사실을 모르는 경우가 많다. 따라서 자신 내부의 해답을 스스로 찾기 위해서는 코치의 도움이 절대적으로 필요하다. 자신의 잠재의식 속을 들여다보려면 거울과 같은 역할을 해주는 무엇인가가 필요한데 이 매개체가 바로 코치가 코치이에게 던지는 질문(question)인 것이다. 따라서 코치가 해야 할 일은 코칭대상에게 질문을 던짐으로써 평소에 하지 못했던 생각을 하도록 만드는 일이다. 코치가 할 수 있는 좋은 질문은 코칭대상으로 하여금 상상력을 자극하여 잠재력을 발견할 수 있는 계기를 제공하게 된다. 결국 코치의 좋은 질문은 코칭대상이 스스로 자신의 문제를 해결할 수 있는 좋은 해답을 찾는데 많은 도움을 준다(Peters, 1996: 39-42). 한편 코치가 꼭 연습해두어야 할 질문유형은 개방형 질문, 확대질문, 미래질문, 긍정질문으로 이들은 공통적으로 모든 가능성을 최대한 끌어내는 것을 목적으로 하고 있다는 점이다.

코칭에 있어서 피드백은 코치이의 말과 행동에 대해 코치가 구체적인 표현을 해줌으로써 코치이가 앞으로 해야 할 행동에 대한 동기부여를 하는 것이다. 코칭대상이 어떤 점을 잘하고 있는지 그리고 어떤 점을 수정해야 하는지, 더욱 더 발전하기 위해서 무엇을 해야 하는지에 대해 알려준다. 다시 말하면 코치는 코칭대상의 일반적이고 구체적인 성과, 태도나 행위, 미래의 잠재력에 대해 반드시 피드백을 해준다(백명, 2010).

이상의 내용을 정리하면, 학습코칭의 가장 기초적인 기술은 학습자의 의견을 경청하고 좋은 질문을 던지는 것이라고 할 수 있다.

### (1) 코칭언어와 라포형성

코칭언어란 상대방을 포용하는 언어, 감사의 언어, 칭찬의 언어, 긍정의 언어, 원하는 바를 I message로 말하기, 생각을 말하기, 현재와 미래언어, 선호와 활약의 언어 등을 포함한다. 코칭언어는 코칭에서 사용하는 언어로써 비언어와 언어를 모두 포함한다. 특히 코칭에서는 비언어가 미치는 영향이 크고 언어 사용에 있어서도 중립적 언어, 즉 코치가 자기중심성을 버리고 사실에 입각하되 코치의 가치와 판단이 배제된 언어를 사용해야 함을 의미한다. 다시 말해 섣부른 해석과 판단, 지식, 충고, 비평, 불평, 가정, 제언하지 않는 언어를 말한다. 그러므로 코칭언어는 사실에 입각하되 긍정의 관점에서 이루어지고 부정언어 대신 중립언어를 사용하는 것을 지향한다.

코칭에서 말하는 긍정적 언어란 현상이나 사건을 있는 그대로, 그리고 발전지향적인 방향을 전제로 발전적 잠재력까지 읽어 줄 수 있는 언어기술이다. 이렇듯 효과적인 언어사용과 피드백, 코칭의 성과를 내기 위해서는 긍정에 바탕을 둔 신뢰를 바탕으로 코칭 환경을 만드는 것이 필요하고, 그것은 코칭언어를 통해 더욱 큰 성과를 얻을 수 있다.

▶ 중립언어 사용의 예

| Oh, No 사례 | Oh, Yes 사례 |
|---|---|
| 코치이 : 선생님 컴퓨터하면 안되요?<br>코치 : 아까 많이 했는데 또 하려고? | 코치이 : 선생님 컴퓨터하면 안되요?<br>코치 : 컴퓨터하고 싶구나?<br>컴퓨터로 어떤 것을 하고 싶니? |

▶ 긍정적인 언어의 예

| 긍정적 언어 | 더욱 긍정적인 언어 |
|---|---|
| 잘했구나! | 참 잘했구나! |
| 잘 먹네. | 편식하지 않고 골고루 잘 먹네! |
| 혼자서도 잘 하네. | 스스로 혼자서 실천을 잘 하는구나! |
| 잘 따라 읽네. | 발음을 또렷하게 잘 따라 읽는구나. |

또한 라포형성은 사람들 사이에서 협력을 얻기 위해서는 상호간의 신뢰와 이해를 바탕으로 한 관계 맺음이 필요한데 이 같은 관계를 구축하고 유지하는 비밀이 '라포(rapport)' 이다. 라포는 인간관계에 있어서 신뢰와 조화 그리고 협력하는 것으로 규정되는데, 우리가 의식적으로 시도하지 않아도 자연스럽게 형성되는 것이다.

라포는 18세기 후반에 최면치료에서 치료자와 환자 사이에 발생하는 공감관계를 나타내기 위해 처음 사용했는데, 이후 인간의 커뮤니케이션 전반에서 '의사소통이 꾀하는 친밀한 관계' 를 나타내는 것으로서 사용되고 있다. 특히 상담심리학에서 라포는 내담자와 상담자 간의 관계에 놓여 있는 '상호신뢰와 정서적 친화'의 상태를 말하는데 이런 상태에서 어떤 문제든지 거리낌 없이 허심탄회하게 말할 수 있는 허용적인 분위기나 관계를 만들 수 있다. 이처럼 거의 모든 상황에서 개인 상호 간에 관심이나 편안함, 상호 간의 정서적인 이해 등과 같이 감정을 바탕으로 설명하고 있으며, 그 감정은 부드러움이나 조화로운 관계의 형태로 나타남을 알 수 있다. 그러므로 인간이 타인과 의사소통을 할 때 서로에게 관심을 표명하고 상대방에 대한 믿음을 가지고, 상호 간에 공감이 쌓일수록 심리적 교감의 다리가 놓여진다. 이렇게 공감과 신뢰 등을 바탕으로 코치이가 안정되고 편안한 마음을 느낄 수 있게 하는 과정을 의미하는 용어가 라포이다.

코칭에서 가장 중요한 기술 중 한 가지는 상대방과의 관계성을 형성하고 유지하는 것이다. 관계성이 없으면 고객에게 어떤 가치 있는 것도 이끌어내지 못하며 관계성이 형성되면 기적을 이끌어낼 수도 있다. 따라서 코칭의 모든 단계에서 전반적으로 활용된다.

### 라포형성 기술의 3가지 방법

첫째, 페이싱 (Pacing) : 보조 맞추기

상대방의 외적 표현에 나의 외적 표현을 맞추는 것이며, 상대방의 리듬에 코치의 리듬을 맞춘다.

- 시각: 눈높이를 맞추며, 상대방의 호흡에 자연스럽게 코치의 호흡을 맞춘다.
- 청각: 상대방 목소리의 음조, 고저, 억양, 속도, 강조에 자연

스럽게 보조를 맞춘다.

• 체감각: 상대방의 감정, 움직임의 방향, 체온의 정도 등에 자연스럽게 보조를 맞춘다.

둘째, 미러링(Mirroring) : 거울처럼 따라 하기

상대방이 거울이라고 생각하고 자연스럽게 특징적인 행동을 따라하며, 몸의 높이를 맞추고 상대방의 감정이 상하지 않도록 주의한다.

셋째, 백트래킹(Backtracking) : 추적하기

상대방의 말을 그대로 따라 맞추는 것으로 말을 맞춘다는 것은 곧 상대방의 내적 지도에 맞춘다는 것을 의미한다.

• 순차 백트래킹: 상대방의 감정과 말을 그대로 따라 이야기한다.
• 요약 백트래킹: 상대방의 말을 듣고 요약해서 이야기한다.

### (2) 경청하기

의사소통의 기본은 경청이다. 어떻게 듣는지 어떻게 전달하는지에 따라서 원활한 소통이 될 수도 있고 대화가 단절될 수도 있기 때문이다. 코칭에서의 경청은 나 중심 경청이 아닌 상대방 중심 경청 혹은 직관 경청을 지향하며 본 연구에서는 상대방을 이해하고 공감하기 위한 기술로 이러한 경청기술을 모두 동원하여 코치가 코치이들이 하고자 하는 말과 의미를 끝까지 귀 기울여주고 자신의 의견을 자유롭게 표현하여 학습자의 자아의식과 자존감, 자신감을 향상시키는 데에 도움이 될 수 있도록 한다.

### ① 경청이란?

"말하는 것의 반대가 듣는 것은 아니다.
말하는 것의 반대는 기다리는 것이다."
(출처: 프랜 레츠위보(Fran Lebowitz, 1960))

경청이란 의사소통의 기본 과정으로 상대방의 말에 귀를 기울여 주의하여 듣는 행동을 말한다. 이렇듯 상대의 말을 잘 들음으로써 실제 말 뒤에 숨어 있는 의도나 실제적인 관점, 말하는 사람의 삶 속에 들어 있거나 삶을 배경으로 나타난 사실들을 듣고 보기 위해 전후 관계의 실마리를 놓치지 않고 문맥의 내용을 이해하는 것이다. 이와 같이 적극적 경청을 통해 상대방이 나의 이야기에 깊은 관심과 공감을 나타낼 때 우리는 이해받고 있다는 느낌을 갖게 된다. 이런 점에서 다른 사람의 이야기를 잘 경청한다는 것은 매우 중요한 기술이다.

경청의 개념

• 히어링(Hearing): 청각기관으로 소리를 감지하는 것, 그냥 들리는 대로 듣는 것, 주의를 기울이지 않은 채 단순히 듣는 행위를 말한다.

• 리스닝(Listening): 주의 깊게 듣는 것, 귀를 기울이는 것, 주의를 기울여 듣고 말하는 사람의 얼굴 표정, 소리, 어조의 패턴, 몸짓, 언어, 감정 등을 이해하려고 주의를 기울이는 행위를 말한다.

• 어텐티브니스(Attentiveness) : 상대방의 말과 행동을 들으면

서 친절하고 예의 있는 자세를 보이며, 끊임없이 상대방의 입장에서 듣는 행위를 말한다.

경청이란 마음을 다해 집중하여 듣는 것이고 상대방의 언어적 표현과 함께 그 말 속에 함축되어 있는 의미까지도 듣고 이해하는 수준을 말한다.

② 경청의 3단계 방법

• 1단계 경청 : 주관적 경청

주의력을 우리 자신에게 기울이며 주관적으로 듣는 것을 말하고, 나의 기준과 틀로 상황과 학생을 판단한다. 또한 상대방의 말을 나의 생각의 색깔로 해석해서 들으며, 뭔가 말을 하려고 준비하면서 말을 해주어야 한다는 생각을 한다. 때문에 학생의 의견보다 그에 맞춘 나의 생각이나 의견이 더 중요하여 학습자는 내가 뭔가 잘못 말했나 하는 생각을 하게 된다.

• 2단계 경청 : 상대 중심 경청

타인의 말에 날카로운 집중력을 발휘하며 듣고, 이에 학습자는 공감되고 있다는 생각에 편안하게 말을 하게 된다. 여기에는 말로 나타나지 않는 상대방의 의사표현인 어조, 웃음, 목소리, 말의 속도, 눈물 등 표현된 감정 등을 관찰하는 것을 포함한다. 심지어 사람들이 취한 자세를 통해서도 상대방의 의사를 알 수 있다. 몸을 앞으로 기울이고 상대방에게 집중을 기울여야 한다.

• 3단계 경청 : 직관적 경청

360도 각도에서 다각도로 듣는 것을 의미하며, 감각으로 관측할 수 있는 보는 것, 듣는 것, 냄새 맡는 것, 느껴지는 것 등의 모든 것, 즉 감정적 지각력과 촉각적 지각력에 관한 모든 것을 포함하는 행동이다. 또한 활동적인 것, 무활동적인 것, 상호작용에 관한 것을 모두 포함하는 경청과정으로 때로는 환경적인 듣기라는 말로도 표현된다. 다시 말해서 감정을 잡아내고 바디 랭귀지와 환경에까지 주의를 기울이는, 즉 광범위하게 듣는 것을 말한다.

1단계와 2단계는 기본적으로 말하는 것을 듣는 과정이고, 3단계는 심리 상태와 말의 속도, 힘의 강약뿐만 아니라 모든 감각 기관이 제공하는 것을 집어내는 것이다.

교사는 2단계와 3단계의 경청능력을 발휘할 수 있어야 하며 이를 통해 교사의 직관력이 향상된다.

③ 경청 기술의 종류

경청기술에는 적극적 경청, 공감적 경청 그리고 맥락적 경청이 있다. 첫 번째, 적극적 경청은 말하는 사람의 이야기를 비판이나 판단 없이 그대로 수용하고 그 사람의 감정을 진심으로 이해하려고 노력하는 태도로 의사소통에 참여하는 경청을 말한다.

두 번째, 공감적 경청은 경청하는 과정에서 자신보다는 말하는 사람의 입장과 감정을 이해하고 동감을 표현하는 경청을 말한다. 공감적 경청을 하게 되면 상대방의 닫혀진 상태를 열고 들어갈 수 있고 심리적인 행복감을 얻을 수 있으며, 자신이 쉽게 영향을 받을 수도 있기 때문에 자칫하면 자신이 상처받을 수 있어서 위험부담이 있다.

세 번째, 맥락적 경청은 듣고 이해해야 될 모든 것을 파악하기 위해 말이나 단어 이상의 맥락을 듣는 경청을 말한다.

④ 경청 기술

• 눈 마주치기(Eye contact) : 눈을 마주 보고 한다.

• 끝말 반복(Back Tracking) : 끝말을 반복한다.

• 요약(Summarizing) : 중심단어를 요약하고 상대방이 사용한 단어를 가지고 코칭 언어로 요약한다.

• 따라하기(Mirroring) : 상대방의 행동을 비슷하게 따라 한다.

• 관찰(Calibration) : 눈동자의 움직임, 얼굴 표정, 목소리 톤, 말의 속, 에너지, 몸의 움직임 등을 관찰한다.

경청은 말하는 사람으로 하여금 말하기 쉽게 해줘서 상대방으로부터 호감을 산다. 또한 많은 지식과 정보를 얻을 수 있고 협력을 얻을 수 있다. 상대방을 이해하게 되고 진의를 포착하는 과정을 통해 인격형성에 도움을 받는다. 때문에 적절하게 반응할 수 있어서 사회적으로 성장한다.

### (3) 질문하기

질문하기 기술은 코칭의 꽃이라고 불릴 만큼 강력한 코칭기술로 코칭의 성과를 이끌어내는데 큰 영향력을 발휘한다.

질문은 상대와 함께하고, 스스로 자신을 성장시킬 수 있는 에너지와 행동계획을 낼 수 있는 동기를 부여하며, 질문을 통해서 자신의 내면에 있는 충분한 자원과 역량을 발견하고 새로운 에너지를 충전받을 수 있는 기회를 제공한다(이소희 외, 2014).

이렇듯 좋은 질문은 질문 자체만으로도 자신을 돌아보게 만들 수 있고 자신 안에 내재된 가능성을 찾을 수 있게 만들며 자신이 해야 할 목표와 행동을 생각하게 만든다. 자신이 원하는 것에 대해 더욱 깊이 생각하고 스스로 자신의 문제를 해결할 수 있다는 자신감과 성취감을 느낄 수 있도록 돕는 것이 좋은 질문이다(도미향 외, 2011 : 69-86).

질문의 유형에는 개방질문, 가설질문, 기적질문과 해결질문 등이 있다. 다른 사람의 동기나 감정을 더 많이 알고 싶은 경우에는 자유응답식 질문을 생각해 보는 것이 좋다. 자유응답식 질문은 상대방의 진정한 관심사를 파악하는데 효과적이다. 상대방의 관심사를 알게 되면 당신은 그를 도울 수 있는 더 효과적인 방법을 얻을 수 있다(이상욱, 2008). 이렇듯 질문의 형태에 따라서 서로 다른 다양한 반응을 얻을 수 있기 때문에 코치는 코치이에게 '왜'라는 질문보다 '무엇'이라는 질문을 하는 것이 좋다. '왜'라는 질문은 비난하는 것처럼 들릴 수 있어서 코치이를 변명하게 만들거나 방어적으로 만들 수 있다. 코치이의 사고를 확장시킬 수 있도록 개방형 질문을 던져 코치이로 하여금 자유롭고 폭넓게 사고하고 대답할 수 있도록 해야 한다(김순숙, 도미향, 2014 : 21-43).

① 질문 기술

코칭의 여러 기법들 중 질문 기술은 코칭의 꽃이라고 표현한다. 또한 답을 모르는, 답이 없는 자신의 잠재력을 일깨울 수 있는 강력한 질문은 성과를 도출하는데 큰 영향력을 발휘한다. 질문한 내용에 대해 깊이 생각하게 함으로써 스스로 정확히 문제의 답을 찾게 하기 때문이다. 이렇듯 질문은 상대방이 스스로 생각하게 하고 계획하게 하며 행동을 결단하게 하는 기술이다.

▶ '도로시 리즈(Dorothy Leeds)'의 질문의 7가지 힘

- 질문을 하면 답이 나온다.
- 질문은 생각을 자극한다.
- 질문을 하면 정보를 얻는다.
- 질문을 하면 통제가 된다.
- 질문은 마음을 열게 한다.
- 질문은 귀를 기울이게 한다.
- 질문에 답하면 스스로 설득이 된다.

위와 같이 질문의 힘은 스스로 자신의 자원을 가지고 있으며, 자신이 인생을 창조할 수 있는 온전한 존재라는 코칭 철학의 실현을 돕는 도구라 할 수 있다.

② 효과적인 질문의 유형

효과적인 질문 유형에는 긍정질문, 미래질문 그리고 열린질문이

있다. 긍정질문이란 긍정, 즉 원하는 언어를 사용한 말하기로 요약할 수 있으며 긍정질문을 받았을 때 상대방의 의식은 전혀 다른 방향으로 흐르기 때문에 질문의 폭이 넓게 느껴지거나 어감이 밝게 느껴질 수 있다. 학생이 원하는 점수를 얻지 못했을 경우, 코치가 코치이에게 "어떻게 했더라면 원하는 점수가 나왔을까요?"라고 긍정의 질문을 할 수 있다.

미래질문은 과거보다는 미래에 초점을 두고 있으므로 상대방의 가능성을 이끌어 내기 위해서는 상대방이 지닌 의식을 과거가 아닌 미래로 향하게 해야 한다. 예를 들면 과거에 남자 친구로부터 상처를 받은 여성의 경우를 코칭할 때 "앞으로 또 그런 사람을 만난다면 당신은 어떻게 하고 싶은 가요?"라고 미래+원하는 방향으로 이끌어 가는 것이 좋다.

열린질문은 자율적인 사고를 촉발시키고, 생각하게끔 하는 질문으로 상대방의 욕구가 불분명할 때 분명하게 하기 위해서 사용한다. 예를 들어 "당신이 대학을 간다면 어떤 일이 일어날까요?" "만일 당신이 대학 대신 다른 것을 선택한다면, 그 대안은 무엇인가요?"라는 질문에서처럼 원하는 것을 초점+(plus)확대질문을 하는 것을 의미한다. '만일 대학을 가지 않는다면?' 처럼 부정질문이 아닌 대학 대신 다른 것을 선택할 수 있는 기회가 있다는 것을 전제로 의도를 물어 보아야 한다.

#### (4) 정보주기

정보주기란 말하고자 하는 것을 적절한 시기에 간결하고 중립적인 언어로 바꾸는 것을 의미한다. 정보주기는 변화를 일으켜서 가능성을 열어주는 강력한 도구로써 코칭 과정에서 사용되는 효과적이고 유익한 기술이며 코치와 코치이가 강한 신뢰관계가 형성되어 있을 때 가장 큰 효과를 나타낸다(Coach U, Inc, 2005).

정보주기를 할 때는 필요한 정보가 무엇인지 그중에 가장 중요한 정보가 무엇인지를 파악해야 하고 주려는 정보가 타당한지, 충분한 근거가 있는 것인지도 따져봐야 한다. 정보를 제공할 때는 순서를 정해서 어떤 정보부터 제공할지, 그리고 한 번에 제공할 정보의 양을 정한다.

### (5) 인정 · 칭찬하기

인간은 자신이 노력한 것을 누군가가 알아보고 인정해 주고 칭찬해 줄 때 더욱 더 발전할 수 있다. 자신의 가치를 다른 사람을 통해 발견하게 되며, 칭찬은 인간관계에 있어서 촉매제의 역할을 한다고 할 수 있다(도미향 외, 2011).

인정하기는 구체적인 내용을 예로 들어서 칭찬하는 것이 효과적인데 결과보다는 코치이가 결과물을 얻는 데 들인 시간, 열정 그리고 행동 등과 같은 과정에 초점을 두고 구체적이고 명확하게 칭찬하는 것이 좋다. 또한 학습자들이 칭찬을 받을 때 진정성을 느낄 수 있도록 말해야 하며 인정하기 기술을 사용할 때는 적절한 타이밍이 중요하다.

인정과 칭찬은 좋은 인간관계를 만들어 줄 뿐 아니라 사람의 좋은 자질을 이끌어 내는 놀라운 힘을 갖고 있다(도미향 외, 2011).

이렇듯 코칭기술은 구체적인 행동기술을 의미하며, 학자마다 코칭스킬의 유형이나 정의를 다르게 제시하고 있다.

코칭스킬에 대한 학자들의 다양한 기술은 다음과 같다.

오쓰 외(Orth, Wilkinson & Benfari, 1987: 66-74)는 코칭에 필요한 코칭기술을 관찰기술, 분석기술, 인터뷰기술 그리고 피드백 기술로 분류하였다. 또한, 엘링거(Ellinger), 엘링거와 켈러(Ellinger & Keller, 2003: 435-458)는 코칭기술로 경청기술, 분석기술, 인터뷰기술, 질문기술, 관찰기술, 피드백기술, 기대사항 설정 및 의사소통기술과 지원적 환경조성기술의 8가지를 제시하였다.

로쓰웰과 스레들(Rothwell & Sredl, 1992)은 경청과 효과적 질문이 역량 개발에서 코치가 가장 많이 사용하면서도 가장 중요한 역량이라고 하였다. 정진우(2005)는 코치는 코칭기술 중에서 효과적인 질문하기를 사용하여 코치이의 목표를 더욱 신장시킬 수 있으며 경청과 확고한 말로 잠재력을 발견하고 격려해 주며, 참된 관계를 통해서 동기부여하고 피드백하며 새로운 관점을 제공하여 스스로 문제를 해결할 수 있도록 돕는다고 하였다. 홍의숙(2009)은 코칭기술을 코칭을 위한 관계형성 역량, 즉 코칭 관계력으로 설명하였고, 조성진(2009)은 핵심 코칭스킬로 두 가지를 제시하였다. 첫째, 커뮤니케이션 스킬에는 경청하기, 질문하기, 피드백하기가 포함되고, 둘째, 관계 형성에 필요한 스킬인 대인관계 스킬에는 자기관리 스킬과 직관스킬이 포함된다고 하였다.

따라서 코칭에서 코칭스킬의 핵심은 학습자들과의 신뢰를 구축하고 지속적으로 좋은 관계를 유지하는 것이며, 사람들과 함께 일하는 것을 즐기고 타인들이 목표 달성하는 것을 진정으로 좋아하는 타인 지향적인 성향은 코칭을 성공적으로 이끌어나가는 데 필수불가결한 요소라 할 수 있다(오인경, 2003: 5-25).

① 인정하기

인간은 누구나 인정을 받고 싶은 욕구가 있다. 현실에서 이러한 인정의 욕구를 채우기란 쉽지 않다. 나는 인정받기를 원하는 어떤 일에 대해 상대방이 알아주지 않거나 안다고 해도 그것을 표현하지 않으며 혹은 표현한다고 해도 적절하지 않아 오히려 기분이 상하는 경우가 많기 때문이다. 그래서 코치는 고객이 갖고 있는 인정의 욕구를 파악하여 적절하게 표현하는 인정하기 기술을 갖고 있어야 한다. 따라서 인정하기 기술은 상대가 실제적이고 구체적인 행동을 할 수 있도록 격려하고 지지하는 기술이다.

인정하기 기술에는 동의와 격려가 있다.

▶ 동의(Agreement)

"네. 그렇군요!"
"충분히 동의합니다."
"그 부분은 중요한 것 같아요."

이와 같은 동의의 표현으로 상대방 의견에 동조함을 표현한다.

▶ 격려(Encouragement)

"계속하실까요?"
"그대로 하시면 됩니다."
"당신은 할 수 있습니다."
"나는 믿습니다."
"좋은 결과가 나올 겁니다."

② 칭찬기술

칭찬은 '고래도 춤추게 한다'는 말처럼 고객을 힘나게 하는 주요한 코칭기술이다. 칭찬은 상대방에게 즐거움과 함께 인정받고 권장받는 어떤 행위를 촉진시킬 뿐 아니라 지속시키려는 동기를 부여한다. 즉, 코칭에서 칭찬하기 기술은 코치가 적극적으로 고객의 칭찬거리를 찾아내거나 인지하며 인정과 칭찬의 표현으로 구체화하는 역량이다.

3단계 칭찬법

1단계(사실) : 잘하는 점/ 사실에 대해 칭찬한다.

2단계(근거) : 칭찬의 이유를 2~3가지 정도 이야기한다.

3단계(성품) : 2단계에서 언급된 행동을 하려면 그 사람이 어떤 사람일까를 생각하며 그 특성을 칭찬한다.

◈ 피그말리온 효과

그리스 신화에 피그말리온이라는 젊은 조각가가 추한 자신의 외모에 대한 콤플렉스로 주변 사람들과의 관계보다 스스로의 세계에 갇혀 살았다. 그리고 자신만이 사랑할 수 있는 아름다운 여인을 조각하여 늘 변함없이 대화를 나누고 사랑하게 되었고, 간절히 기도하면 이루어진다는 소식에 조각상이 사람이 될 수 있기를 간절히 기도해 조각상의 여인과 결혼하여 딸 파포스를 낳고 행복하게 살았다는 이야기이다.

이처럼 간절한 열망이 꿈을 이루게 하고 자기 암시의 예언적 효과를 통해 긍정적 사고가 사람에게 미치는 긍정적 영향을 피그말리온 효과라 한다.

◈ 로젠탈 효과

하버드대학 심리학 교수 로버트 로젠탈이 한 초등학교 교사에게 특정 아이들의 이름을 주고 그들의 지능지수가 높기 때문에 공부를 잘할 거라는 믿음을 주었다. 그 아이들은 무작위로 선정된 평범한 아이들이었지만 실제로 학년말 시험에서 상위권의 성적이 나왔다. 이처럼 인간에게 기대와 칭찬, 격려가 갖는 중요성을 입증시킨 이 실험을 통해 나타난 자기 충족적 예언을 로젠탈 효과라 한다.

◈ 플라시보 효과(Placebo effect)

약리학적 비활성약품(증유수)을 약으로 속여 환자에게 투여하였을 때 실제로 병세가 호전되는 효과를 플라시보 효과라 한다. 이와 반대 개념인 노시보 효과(Nocebo effect)가 있다.

칭찬은 높아진 자존감과 자신감으로 자신이 속한 곳에서의 성공을 위해 더욱 헌신하도록 한다. 그리고 높아진 자존감과 자신감이 개인적으로 의미 있는 성과를 지속적으로 내도록 이끈다.

### (6) 피드백기술

피드백의 사전적 의미는 '어떤 행동의 결과가 처음 목적에 부합되는 것인가를 확인, 그 정보를 행위의 원천으로 되돌려 보내어 적절한 상태가 되도록 수정을 가하는 일' 이다. 교육적으로는 '학생들의 학습 결과를 평가하고 그것을 학습지도 방법에 효과적으로 반영하는 일' 로 해석된다.

피드백은 자신을 돌아보게 할 뿐만 아니라 그 경험을 거울삼아 바르게 앞으로 나아가게 하는 힘인 동시에 경청의 기술, 인정, 칭찬, 질문의 기술이라고 할 수 있는 통합적인 성격을 띠고 있다.

① 피드백의 힘

- 이미 잘한 행동과 성과를 더 잘할 수 있도록 촉진한다.
- 부족한 점을 개선하고, 원하는 좋은 성과를 내도록 이끈다.
- 다른 사람을 피드백할 수 있는 태도와 능력을 기른다.

◈ 노먼 빈센트 필의 사례

스스로 특별한 재주도 없고 머리도 좋지 않고 성격도 좋지 않고 내성적이고 겁도 많고 수줍음도 많다고 생각했던 노먼에게 해주었던 졸업식 기념 식사 후 호프만 박사의 피드백이 오늘날의 긍정적 사고의 창시자이며 저명한 저술가이자 연설가인 노먼 빈센트 필이라는 인물을 탄생시켰다.

◈ 호프만 박사의 피드백

"자네, 그거 아나? 난 자네를 믿어. 남다른 소질이 있어. 드러낼 방법만 안다면 말이지. 난 자네가 훌륭한 대중연설가가 될 거라 생각한다네. 하지만 자신을 믿을 수 있어야 해. 열등의식이나 자기 회의에 빠질 필요가 없지. 누구도 그 어떤 것도, 그리고 자네 자신도 두려워 말게. 사랑하네. 이 친구야, 언제까지나 믿는다. 두려워할 것은 하나도 없어, 그러니까 잘 살아봐."
이때부터 아무것도 두렵지도 부끄럽지도 않았고 새로운 인생이 시작되었다고 한다.

출처: 「믿는 만큼 이루어진다」 중에서

② 효과적인 피드백 기술(7가지)

첫째, 그 사람을 부리거나 다루려고 하지 말고, 도움을 주려고 생각해야 한다.

코치가 얼마나 상대를 위하고 도우려는 진심어린 마음이 있는가, 어떤 의도를 품고 있느냐가 중요하다. 즉, 고객을 위해서 집중하는 모습을 보여야 한다.

둘째, 판단하거나 평가하지 말고, 지켜본 행동과 그 영향에 대해 말한다.

평가하기보다는 기술하는 것이기에 관찰한 그대로 명확하게 전달하되 상대방의 방어기제를 풀 수 있는 섬세함으로 말해야 효과적인 피드백이 될 수 있다.

셋째, 진실하고 솔직하게 말한다. 신뢰와 존경을 구축하도록 마음을 쓴다.

상대방의 연령에 맞는 언어를 사용하여야 고객이 이해하기 쉽다.

넷째, 부정적으로 덮어씌우려고 하지 말고 남을 탓하지 말아야 한다.

다섯째, "내 생각에는……"이라는 말로 주관적 견해임을 이해시킨다.

'나 전달법'은 의사소통의 좋은 방법이다.

| 사전 | 사후(나 전달법) |
|---|---|
| "조용히 좀 다녀." | "뛰어다니니까 바닥이 울려서 제 머리가 아프네요." |

'나 전달법'은 위에서 말하는 것처럼 상대에게 직접적이 아닌 간접적으로 생각할 시간을 주는 대화법이다.

여섯째, 그 즉시 혹은 가능한 한 빠른 시간 내에 전달한다.

여러 가지 대안 중에서 무엇을 할지는 상대방이 결정한다. 그러므로 코치는 빠른 시간 내에 구체적으로 피드백해야 효과적이다.

일곱째, 상호학습을 위해 격려한다.

상대방의 에너지를 높이기 위해서는 지지와 칭찬이 효과적이다.

효과적인 피드백은 고객이 자신을 객관적으로 바라볼 수 있게 하며, 변화와 성장을 돕는 소통의 방법이다. 다시 말해 효과적인 피드백을 통해서 사람들은 자신의 잠재가능성을 발견하여 성장할 수 있다.

## 5) 코칭의 모델

코칭은 코칭고객의 말을 경청, 관찰, 격려함으로 코칭고객 스스로 목표를 이루기 위한 문제를 해결할 수 있도록 돕는 대화 모델이다. 코치는 여러 가지 코칭모델 중 자기에게 맞는 것을 선택할 수 있다. 코칭모델이란 일반대화와는 구별되는 전문적인 영역으로 코칭 프로세스의 구조화된 틀이다. 코칭모델이 많이 나타난다는 것은 코칭의 발전과도 비례한다(도미향 외 2014).

CPA 코칭모델(C-PLUS Active Coaching Model)은 도미향 교수가 개발한 모델로서 한국코칭학회 공식 프로그램이다. CPA 코칭 통합모델은 〈그림 III-1〉처럼 코칭 철학인 C-PLUS 코칭 프로그램 그리고 코칭기술과 코칭대화모델인 Active모델이 톱니바퀴처

〈그림 III-1〉 CPA 코칭모델의 방향(출처: 도미향 외, 2014)

럼 맞물려 서로 유기적으로 작용하면서 코칭환경을 만들고 성과를 창출하는 구조로 되어 있다.

C-PLUS 코칭 프로그램의 궁극적 목표는 코칭을 통해 삶에 +(plus) 효과를 창출하여 누구라도 A+의 삶을 살 수 있도록 만드는 것이다. 이를 위해서 사명, 비전, 가치 등을 설정하고 지속적으로 동기부여를 해줌으로써 자신만의 A+ 삶을 살 수 있도록 돕는 구조화된 모델이라 할 수 있다.

C-PLUS 코칭 프로그램은 코칭을 통해 삶을 플러스(+)로 만든다는 의미에서 C-PLUS로 정하였으며 각 스펠링의 첫 자로 시작하는 실행 모델을 제안하였다. 이는 코치가 코칭을 하기 위해서 단계적으로 이끄는 체계적 과정이라고 할 수 있다(〈그림 III-2〉 참조).

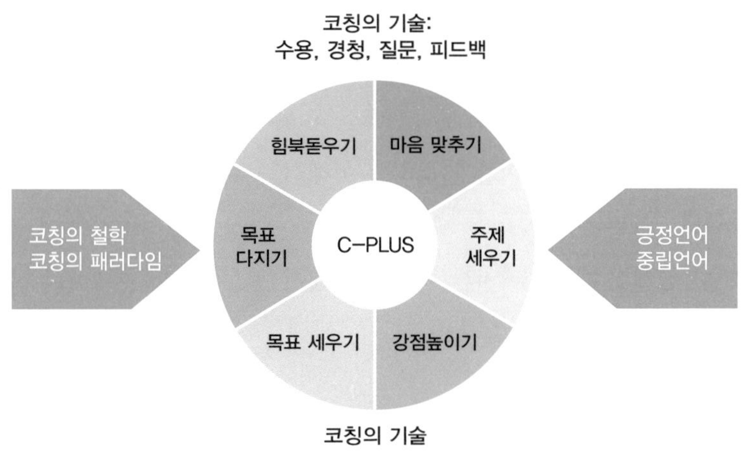


〈그림 III-2〉 CPA 코칭모델(출처: 도미향 외, 2014))

코칭의 목적은 고객의 변화를 가져오는 것이다. 코치가 고객의 변화를 가져올 수 있도록 하는 매개체가 바로 대화이며, 코칭과정은 대화로 시작하여 대화로 마무리되는 과정이다. 이러한 과정을 효과적으로 대화할 수 있도록 하나의 구조된 틀을 마련하여 적극적으로 사용하고 이것을 '코칭모델'이라 한다.

RS 코칭모델(Recognition Self-directed Learning Coaching Model)은 본 저서의 저자인 이수미박사가 개발한 모델로서 자기주도학습코칭 프로그램이다. RS 코칭모델은 코칭기술과 코칭대화모델이 자기주도학습에 적용되어 서로 시너지를 이루면서 학습성과를 극대화시키는 구조로 이루어져 있다.

RS 코칭모델의 궁극적인 목표는 자기주도학습을 실행하는데 있어서 인정(recognition)으로 시작하여 학습대상자의 현 상태를 정확히 진단한 후 계획 및 실행하여 그 효과가 극대화되고 어느 단계에 있는 학습자라도 그 과정이 즐거우며 그러한 과정속에서 작은 성공들을 경험함으로써 끊임없이 동기부여를 해줄 수 있는 모델이라 할 수 있다. RS 코칭모델에서 R은 인정(recognition)의 첫 자로 있는 그대로의 코치이를 인정하고 이해하는 것이 선행되어야 함을 전제로 하는 실행 모델을 제안하였다. 즉, 인정으로 시작하여 계획하고 실행하고 피드백하는 과정을 체계적으로 이끄는 모델이라 할 수 있다.(〈그림 III-3〉참조).

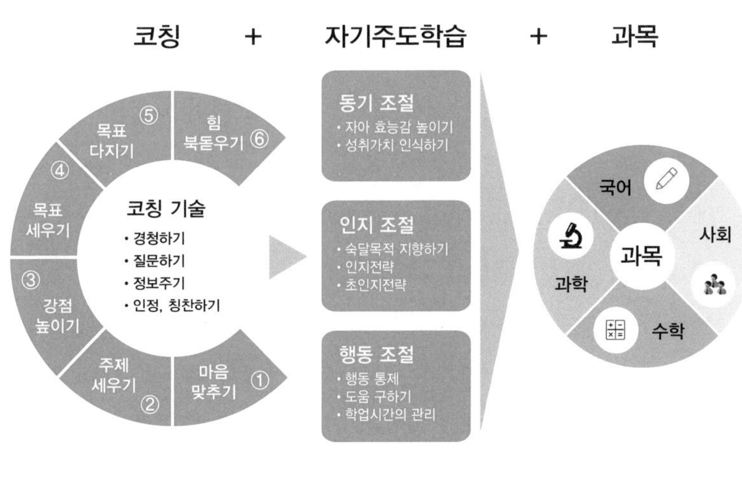


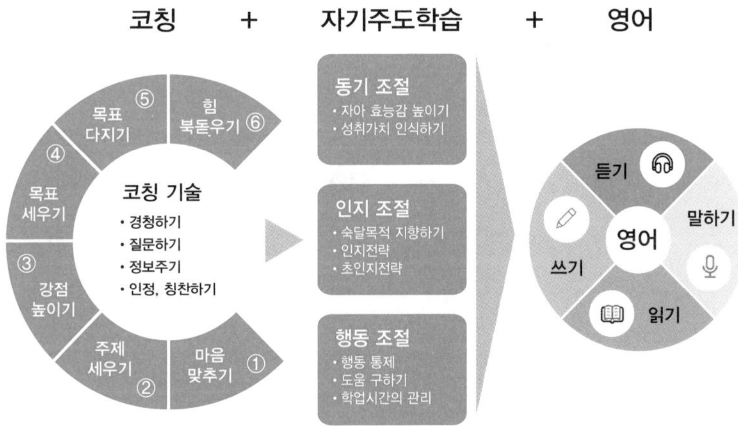


〈그림 III-3〉 RS 코칭모델

### 6) 학습코칭의 개념 및 특징

코칭에 대한 연구는 다양한 분야에서 연구되고 있는데, 그 중 경영학 분야에서 연구된 코칭(오인경, 2003: 5-25; 이화자, 유왕진, 2008: 123-146; Mulec & Roth, 2005: 483-491)의 의미는 조직을 강화하거나 개인의 역량을 극대화하는 데 있다. 코칭에 참여하는 코치이들은 코칭을 통해서 자신을 통제하는데 있어서 효과적일 수 있고 스스로 내적 자신감을 향상시켜서 조직에서 필요로 하는 리더십을 고취시킬 수 있다. 한편 교육학 분야에서의 코칭에 대한 연구(이재덕, 2008: 307-332; Caccia & Paul, 1996: 17-20; Showers & Joyce, 1996: 12-16)는 코칭이 자신감과 자기인식을 갖게 하고 교사 권위를 강화시킨다고 하였다. 또한 학습자가 교사의 전문적 영역에 대해 짧고 격식 없이 피드백하거나 질문하는 것을 통해 자신이 아는 것을 행동으로 옮기도록 돕는 기술로 인식되고 있다(김주연, 2010).

또한 교육계에서도 자기주도 학습코칭, 진로·적성코칭, 비전 스쿨, 꿈 찾기, 커리어코칭, 인성코칭, 부모코칭, 리더십, NLP코칭, 교육관계자 연수, 자기개발코칭 등 코칭을 접목한 프로그램 보급이 증가하고 있고 이를 활용한 교육이 급속히 증가하고 있다(구은미, 2013: 71-89; 김하나, 김혜연, 2015: 59-78). 코칭에 관한 연구는 주로 심리학 분야, 훈련 및 개발 분야, 경영학 분야에서 이루어지고 있다. 1937년부터 2009년까지의 행동과학분야 문헌에 보고된 코칭연구들에 대해 PsycINFO, BSP(Business Source Premier)와 DAI(Dissertation Abstracts International)가 분석한 결과를 보면 1937년에 처음으로 문헌에 보고되기 시작했고, 현재까지 총 518편의 연구가 이루어진 것으로 나타났다. 1995년부터 본격적으로 코칭연구가 진행되었고 2000년 이후에는 425편이 연구보고되었으며, 특히 2005년 이후부터 급격히 증가한 것으로 나타났고, 그 중 156편의 연구에서는 코칭결과를 제시하였다. 하지만 이 중에서도 사례연구(Baron & Morin, 2009: 85-106; Blattner & John, 2005: 3-13; Winum, 2005: 71-89; Orenstein, 2002: 355-374)가 104건으로 대부분을 차지하고, 유사 실험연구는 12편에 불과하였다(Grant, 2009: 18-23). 따라서 앞으로의 연구는 코칭의 효과성을 검증할 수 있는 실증적 연구가 절대적으로 요구되는 실정이다(이선희, 2009: 115-142; Kilburg, 2000).

이처럼 코칭의 영역이 확장되었다는 것은 국내연구를 통해서도 알 수 있다. 1990년부터 2015년까지 20년간의 국내 코칭관련 학위논문과 학술연구논문들을 검색하여 도미향·정미현(2011)의 연구경향 분석틀을 사용하여 분석해 보았는데, 한국코칭학회가 창설된 2005년 이후부터 코칭관련 연구 논문수가 크게 증가하다가 특히 2011년 이후 2015년까지 5년간의 논문수가 2010년 이전 15년간 논문수의 2배가 넘을 정도로 급증하였고 연구 내용도 괄목할 만하게 다양해진 것을 알 수 있었다(윤형식 · 도미향, 2016: 5-33).

교육 분야 중 쳉, 클링거와 쩡(Cheng, Klinger & Zheng, 2007: 185-208)의 연구에서 코칭과 튜터링은 같은 개념으로 인식되고 있었다. 이들은 코칭과 튜터링을 혼용한 개념으로 사용하였다. 따라서 코칭의 개념을 심층적으로 학습코칭과 연관하여 논의할 필요가 있다.

이를 볼 때 자기주도 학습코칭은 학생의 잠재력을 계발하고 학습방법의 자생적 사고를 촉진시키며 코칭기법을 통해 자기주도 학습능력을 갖춘 창의적 인재를 육성하는 프로그램임을 알 수 있다(김종운 외, 2012: 146-165).

따라서 코칭의 기술을 접목한 대화모델을 기반으로 한 커뮤니케이션 스킬을 이용하여 학습자 스스로 의견을 자연스럽게 발표할 수 있도록 동기부여를 주고 신뢰감과 친밀감이 형성되도록 하며, 리더가 토의나 대화로 개입 혹은 중재함으로써 구성원들의 행동이 변화하도록 긍정적인 영향력을 발휘한다. 코칭대화를 통해서 구성원들에게 동기부여를 하고 자발적으로 실천할 수 있도록 지원하고 격려하며, 피드백을 제공하는 것을 코칭프로그램이라 한다(이수미, 2016).

또한 지금까지 코칭 연구는 교육현장에서 구체적인 학습자의 배경과 함께 학습자 특성을 고려한 코칭수업의 유의미성을 반영한 사례를 국내 연구에서는 보기 힘들다(김주연, 2010). 따라서 다양한 교육현장에서 자기주도 학습코칭프로그램을 적용한 효과성을 검증할 필요가 있다.

학습코칭(Learning Coaching)의 용어에 대한 명확한 정의나 개념은 언급되어 있지 않은 실정이다. 학습코칭이란 용어를 국내에서 자주 사용하기 시작한 시점은 자기주도학습이라는 개념이 등장하면서부터이다(Knowles, 1975). 자기주도학습은 특목고와 대학 입시에서 일반 사교육 시장까지 자기주도학습, 학습클리닉, 학습코칭의 열풍을 일으켰다고 볼 수 있다. 자기주도학습에서 중요한 점은 학생 스스로 공부를 할 수 있도록 동기부여를 하면서 공부하는 방법을 알려주어야 하는데, 이때 필요한 것이 바로 학습코칭인 것이다. 즉, 학습코칭이란 '학생에게 자기 자신을 먼저 이해하고 목표설정을 통한 학습동기를 부여하고 학습계획 세우기, 공부계획, 공부방법 알기, 시간전략 등에 대하여 학습자 스스로 고민하고 결정할 수 있도록 도와주는 것' 이라 할 수 있다(노명숙, 2009). 학습코칭이란 '코칭기법과 자기주도학습·관리기법을 결합한 것으로 학습자들이 올바른 자아정체성을 찾고 목표의식을 가지고 스스로 공부하는 열정과 능력을 키워 자립형 인재로 성장하도록 만드는 것' 이다. 요약컨대 학습코칭이란 '학생에게 올바른 정체성을 확립시켜주고 인생목표, 학습목표를 세운 후 그 목표를 이루어갈 수 있도록 돕는 것' 이라고 볼 수 있다.

이러한 학습코칭은 코칭기법과 자기주도학습을 결합한 것으로 볼 수 있다. 기존의 실증주의적 학습 패러다임에서 교사는 학습자에게 있어 권위적이고 지도적인 위치에 서게 된다. 반면에 자기주도학습의 패러다임에서는 교사와 학습자 서로 수평적인 위치에 놓이게 되고 끊임없는 상호작용을 통해서 서로 상대방에 대한 이해와 존중을 할 수 있게 된다. 즉, 교사는 감독관이나 지도자라기보다는 조력자, 정보제공자, 코치의 위치에 서게 되고 그들의 전문성을 활용해 학습자의 어려움을 해결하는 데 도움을 주는 역할을 한다.

## 2. 자기주도학습을 위한 동기코칭

학습자의 행동을 유발하고 방향을 제시하며 유지시키는 내적상태를 동기라 한다. 동기는 내재적, 외재적, 개인적, 환경적 요인들이 포함되며 다양하게 작용된다. 구체적이고 가까운 장래에 이룰 수 있는 목표가 동기를 증가시키고 발달시킨다. 또한 성적을 향상시키기 위해서는 일단 공부를 하려는 동기, 즉 학습의욕을 가지는 것이 필요하다. 학습의욕이 생겼다면 목표에 근거한 전략을 세우는 것이 필요한데 같은 능력을 가지고 같은 시간을 투자하여 공부를 한다고 해도 '학습전략' 에 따라서 효율성에 차이가 나기 때문이다. 전략이 없다면 많은 시간을 공부에 투자해도 내가 원하는 결과가 나오지 않기 때문에 공부에 대한 흥미도가 점점 떨어지게 되는 것이다. 그렇기 때문에 학습에 대한 흥미가 생길 수 있도록 학습전략을 세우는 것이 중요하다.

학습전략을 세웠다 하더라도 실행력이 뒷받침되지 않으면 실패할 확률이 높다고 할 수 있다. 실행력이라는 것은 자신의 행동들을 제어하고 공부에 필요한 환경과 시간을 잘 관리하여 효율적으로 공부하는 능력이다. 이 실행력은 학생일 때도 필요하지만, 성인이 되어서도 꼭 필요한 능력 중 하나이다. 그러므로 학습에서의 동기는 개인마다 다른 요인이 작용되서 나타나며 흥미가 중요한 영향을 끼친다. 자기주도학습을 성공적으로 이끌어내려면 내적 요인, 즉 스스로 하고자 하는 마음에 의한 동기부여가 가장 효과적인 방법이다. 내적인 동기를 키우기 위해서는 자신이 원하는 것에 대한 구체적인 '꿈' 과 주변의 격려, 칭찬에 의한 '성취감의 경험' , 자신이 할 수 있다고 믿는 '자신감' 이 필요하다.

학습자가 학습을 통해 만족을 경험할 수 있는 것은 내적인 즐거움 때문일 수도 있고, 외적인 보상 때문일 수도 있다. 어떠한 동기에 의한 것이든 만족스런 학습결과는 더 강한 학습동기를 갖게 한다.

다음 설문은 평소에 여러분이 어떻게 공부하는지를 알아보기 위한 것이다. 각 문항은 옳고 그른 답이 없다. 문제를 잘 읽고 자신의 생각이나 습관과 가장 가깝다고 생각하는 것에 V표 하라.

〈표 III-2〉 학습동기 설문지

| 문항 번호 | 문항내용 | 전혀 아니다 | 아닌 편이다 | 그런 편이다 | 매우 그렇다 |
|---|---|---|---|---|---|
| 1 | 나는 다른 사람들이 내 생각에 대해 어떻게 생각할지 신경이 쓰인다. | | | | |
| 2 | 나는 공부가 즐겁다. | | | | |
| 3 | 나에게 있어서 성공이란 다른 사람들보다 공부를 더 잘하는 것을 의미한다. | | | | |
| 4 | 숙제를 하다가 모르는 문제가 생겨도 나는 혼자 힘으로 문제를 해결한다. | | | | |
| 5 | 나는 성적이 남들보다 뛰어나야겠다는 생각이 없다.(R) | | | | |
| 6 | 나는 내가 해야 할 공부의 목표를 누군가가 확실히 설정해 주는 것이 좋다. | | | | |
| 7 | 새로운 것을 배울 수 있다면 나는 성적보다는 공부하는 과정에 만족한다. | | | | |
| 8 | 공부를 하다가 호기심이 생기면 나는 그 문제를 해결하고 넘어가야 한다. | | | | |
| 9 | 어려워서 실패할 확률이 있는 공부보다 쉽고 성적을 잘 받을 수 있는 공부가 좋다.(R) | | | | |

| | | | | | |
|---|---|---|---|---|---|
| 10 | 내가 공부에 흥미를 느끼고 있는지를 중요하게 생각한다. | | | | |
| 11 | 나는 다른 사람들이 나를 우수하다고 봐주기를 원한다. | | | | |
| 12 | 나는 접해 보지 못한 새로운 문제에 도전하는 것을 즐긴다. | | | | |
| 13 | 내가 공부하는 가장 중요한 이유는 좋은 성적을 받기 위해서다. | | | | |
| 14 | 나는 단순하고 쉬운 문제보다 복잡하고 어려운 문제를 푸는 과정에서 흥미를 느낀다. | | | | |
| 15 | 나는 스스로 공부 계획을 세우고 실천하는 과정이 좋다. | | | | |
| 16 | 나는 내 성적에 대한 다른 사람들의 평가에 신경 쓰지 않는다.(R) | | | | |
| 17 | 나는 새로운 것을 배우는 동안 실수하는 것이 두렵지 않다. | | | | |
| 18 | 나는 공부를 잘 했을 때 얻을 수 있는 보상 때문에 공부에 대한 의욕이 생긴다. | | | | |
| 19 | 나는 공부하는 동안 몰두를 잘 한다. | | | | |
| 20 | 나는 공부를 잘 해서 내 주위 사람들을 기쁘게 해주고 싶다. | | | | |

### 학습동기 설문결과표 (R은 역 채점 문항)

| 동기 분류 | 문항번호 |
|---|---|
| 내재적 동기 | 2, 4, 7, 8, 10, 12, 14, 15, 17, 19 |
| 외재적 동기 | 1, 3, 5(R), 9(R), 11, 13, 16(R), 18, 20 |

### 1) 핵심역량

교사의 동기전략을 위한 핵심역량을 살펴보면 다음과 같다.

**(1) 지속적으로 동기부여를 돕는다.**

동기부여는 5가지 단계를 거치게 되는데 첫째, What's: 동기부여는, 둘째, In: 무언가를 결정함으로써, 셋째, It: 내가 얻을 이익은 무엇이며, 넷째, For: 잃을 것은 무엇인지를 고려하는, 마지막 Me: 과정을 통해 이루어진다. 사람은 무엇을 하고자 하는 욕구에 의해서 활동하며 의도하는 목표로 향하게 되는 것이다. 이처럼 동기(Motivation)를 부여한다는 것은 말 그대로 '어떤 행동이 일어나게 하는 힘'을 돕는 것인데 교사는 어떤 행동이 일어나길 기대하며 힘이 생길 수 있도록 지속적으로 조력해야 한다.

**(2) 공부할 이유와 목표가 분명해야 학생 스스로 공부하는 자기주도 학습이 가능하다.**

꿈을 이루기 위해서, 성공하기 위해서 공부를 해야 한다는 말은 학생들의 입장에서 납득하지 못할 수 있다. 공부란 인생을 살아가면서 배워야 하는 사실, 경험, 학습 등 학생 스스로가 진정한 이유에서 공부를 할 수 있도록 그 필요성을 알려주어야 한다. 시험을 잘 보기 위해서, 좋은 대학을 가기 위해서, 좋은 직장을 얻기 위해서는 좁은 의미의 공부하는 이유라고 할 수 있다. 그렇다면 목표를 분명하게 해주는 공부하는 이유에는 어떤 것이 있을까? 공부는 덕을 쌓아가는 과정이며 꿈을 이루기 위해 하는 것이고, 유익한 지식과 경험을 얻고 인생의 풍요로움을 만끽하기 위해서일 것이다.

**(3) 동기부여는 '학습목표' 와 '꿈' 설정을 통해 이루어진다. 따라서 교사는 목표설정을 도움으로써 공부를 하고 싶은 동기가 생기도록 돕는다.**

'동기' 는 행동을 시작하고 방향을 제시하며, 노력을 지속하게 하는 행동의 원동력이다. 이러한 동기 중에서 학습과 관련된 동기를 학습동기 혹은 학업동기라 부르는데, 일반적으로 학습동기는 학습목표를 달성하기 위해 공부하도록 하는 원동력을 의미한다. 학생들에게 이러한 학습동기는 학습목표를 달성하기 위해서 도전하고 지속적으로 노력하고자 하는 힘의 근원이라고 할 수 있다. 이처럼 동기부여는 자동차와 기차를 움직이게 하는 에너지와 같다. 에너지가 없으면 움직일 수 없는 것처럼 꿈과 목표를 정하고, 학습목표를 효과적으로 달성할 수 있도록 지지하는 역할을 가정에서는 부모님이 학교에서는 선생님이 해야 한다.

## 2) 귀인이론(attribution theory)

귀인이론이란 학생들이(Bernard weiner) 어떤 일에 성공했을 때 혹은 실패했을 때 그 원인이 무엇이라고 생각하는가를 찾아내기 위해 추론하는 과정을 설명하는 이론이다. 성공이나 실패의 원인이 자신의 노력이나 능력 등의 내적 원인이라고 생각하는 경우와 우연한 결과나 운 등의 외적 원인이라고 생각하는 경우가 있고 이들은 후속행동에 차이를 가져온다.

학생들이 특정 행동을 한 이유를 상황적인 측면에 의한 것이라고 귀인하는 것을 상황적 귀인이라 하고, 학생들 개인의 내적 혹은 기질적 측면에 의한 것이라고 귀인하는 것을 기질적 귀인이라 한다. 이처럼 귀인이론이란 성공이나 실패에 대하여 자신의 행동에 대한 원인을 귀속시키는 경향성에 대한 이론이다. 이와 같이 행동을 결정짓는 여러 가지 지각원인을 3개의 분류차원(정서적 반응, 지각된 귀인, 모델의 응용가능성)으로 만들어 지각원인들의 속성을 구분함으로써 귀인이론을 체계화하겠다. 다음은 귀인이론을 구성하고 있는 능력, 노력, 과제난이도 그리고 운에 대하여 알아보겠다.

◈ 귀인이론의 사례

영어시험에 100점을 맞은 학생이 좋은 점수를 얻을 수 있는 원인을 능력, 노력, 과제난이도, 운 등으로 돌릴 수 있다.
능력: "난 원래 머리가 좋으니까 100점을 맞은 거야."
노력: "수업시간에도 집중해서 필기도 열심히 하고 꾸준히 예습, 복습도 했더니 점수가 잘 나왔어."
과제난이도: "이번에는 선생님께서 문제를 쉽게 냈어."
운: "찍었는데 운 좋게 100점이 나왔네."

위의 사례에서처럼 자신의 학습결과에 대한 원인을 어디에 귀속시키는지를 주의깊게 살펴볼 필요가 있으며 이는 동기에 중요한 시사점을 준다.

### 3) 동기전략

학습자들이 학습의욕을 불태우기 위해서는 동기부여, 목표설정, 자기탐색 과정이 필요하다. 그렇다면 어떻게 학생들을 새로운 학습에 참여하도록 동기화할 것인가?

▶ 패턴을 없애라!

교사가 일정한 패턴을 가지고 지도를 하게 되면 처음에는 긴장할지도 모르나 익숙해지면 호기심이 떨어지며 집중하지 않게 된다. 우리가 매일 보는 횡단보도의 신호등의 색깔 순서조차도 헷갈릴 수 있다.

#### (1) 호기심을 자극하라!

호기심은 아동과 성인 모두에게 매우 강한 학습동기가 되므로 새롭거나, 복잡하거나 좀 특이한 위협에 의해 자극된다.

#### (2) 학습과제의 적절성을 고려하라!

학습과제가 학생들의 흥미와 관련될 때 동기화되기 쉽다. 흥미와 인지수준에 적절한 목표의 설정과 학생들의 요구와 가치를 충족시켜 줄 수 있는 과제 등을 유지하는 것이 중요하다.

#### (3) 자기효능감을 갖도록 격려한다.

동기유발의 또 하나의 근원은 과제수행과 결과인데 자신에 대한 믿음으로부터 온다. 작은 성공경험이 자신이 무엇인가 해냈다는 자기효능감을 갖게 하고 완성 경험, 간접적 경험, 부모나 교사에 의한 언어적 격려, 불안과 두려움이 극복된 편안한 상태와 같은 생리적 상태 등을 들 수 있다.

#### (4) 기대와 만족을 감안해야 한다.

스스로 설정한 도전적인 목표를 달성했다고 상상해 보자. 어려운 과정이 있었으나 자신감을 갖게 되고 커다란 만족감을 얻게 된다.

### 4) 켈러의 학습동기의 4가지 조건

켈러(1983)는 동기에 대한 이해와 동기의 요소를 수업에 어떻게 체계적으로 통합시키는가의 문제에 대해 학습동기를 위한 4가지 조건을 제시하였다.

ARCS: 주의집중(Attention), 관련성(Relevance), 자신감(Confidence), 만족감(Satisfaction)

#### (1) 주의집중(Attention)

학습이 효과적이기 위해서는 학습자의 주의력이 필요하다. 학교에서 선생님이 학생들을 가르칠 때 가장 먼저 하는 것이 바로 학생들의 주의를 집중시키는 일이듯이 '주의집중'은 학습을 위해 가장 먼저 이루어져야 하는 조건이다. 아무리 완벽하게 설계된 수업이라 할지라도 학습자가 교수자의 말에 귀를 기울이지 않는다면 수업 자체가 무의미하기 때문이다. 따라서 교수자는 학습자가 수업에 집중할 수 있도록 계속해서 학습자의 호기심을 자극해야 한다. 학습자가 호기심을 가지고 학습에 주의집중할 때 비로소 제대로 된 학습이 이루어진다.

### (2) 관련성(Relevance)

뭔가를 학습할 때 학습자들은 가장 먼저 '내가 이것을 왜 배우는가?' 에 대한 해답을 구해야 한다. 사람들은 보통 무엇인가를 할 때 그 일을 하는 목적을 가진다. 인간이 하는 활동 중 하나인 학습도 내재적으로 어떠한 의도와 목적을 가지게 된다. 만약 학습에 뚜렷한 목적이 없고 학습자들이 그것을 배워야 할 이유를 찾지 못한다면 학습은 자연스레 지루하고 쓸모없는 것으로 여겨진다.

학습 동기 이론에서의 관련성이란 결국 사람들이 왜 어떠한 것에 끌리는지에 대한 설명이다. 그리고 그 관련성은 위에서 언급한 것처럼 행위의 목적이 가지는 매력과 가치에 비례한다. 수업의 목적이 더 매력적이고 가치 있어 보일 때 사람들은 그것에 끌리게 된다. 즉, 목적이 자신과 더 잘 부합할수록 큰 동기를 얻는 것이다.

### (3) 자신감(Confidence)

학습에 있어서 자신감은 매우 중요하다. 만약 어떤 과제를 수행하는데 있어 자신감이 높은 학습자와 그렇지 않은 학습자 간에는 어느 정도의 차이가 나게 될까? 켈러의 학습 동기 이론에서의 자신감은 바로 학습 결과에 대해 학습자가 기대하고 있는 것을 나타내는 척도이다. 즉, 학습자가 자신의 성공에 대해 얼마나 확신을 가지고 있느냐가 학습자의 자신감을 좌우한다는 것이다. 당연히 학습 성공에 대해 높은 기대감을 가지고 있는 학습자일수록 자신감은 높아지게 된다.

#### (4) 만족감(Satisfaction)

학습자들은 자신이 수행한 것을 토대로 학습의 결과에 대해 만족할 수도 있고 불만족할 수도 있다. 만족감은 학습의 초기에 직접적으로 동기를 유발하지는 않으나 학습자가 학습에 대한 동기를 유지시킬 수 있게 만들어주는 요소이다. 또한 이전에 수행했던 학습에 대한 만족감은 다음 학습에 대한 기대와 동기의 밑바탕이 된다. 만족감은 특히 내재적 동기에 강력한 영향을 미치게 되는데 학습자는 이를 위해 외재적 보상을 적절히 이용할 수 있어야 한다.

### 5) 동기가 학습에 미치는 영향

동기는 학습의 가장 기본적인 요소이다. 또한 동기 없이는 제대로 된 학습의 결과를 기대하기 힘들다. 일반적으로 사람들은 무언가를 배울 때 학습에 대한 동기를 바탕으로 자신의 의지를 행동에 옮기게 된다. 가령 A라는 사람이 유명한 피아니스트의 훌륭한 연주를 듣고 난 다음 자신 또한 그렇게 피아노를 쳐보고 싶다고 생각한다면 그는 피아노 학습에 대한 동기를 갖게 된 것이라 할 수 있다. 그러나 동기 없이 학습을 시작할 경우 학습자는 금세 학습에 대한 흥미를 잃어버리게 되거나 그 학습을 회피하려고 할 수도 있다. 자신이 그것을 왜 배워야 하는지 이해하지 못하기 때문이다. 따라서 교수자는 성공적인 학습을 위해서 교수-학습 과정 자체가 학습자의 동기를 유발할 수 있도록 주의를 기울여야 한다. 즉 학습을 성공시키는 데 필요한 요인인 효율성, 효과성, 매력성 중 동기는 매력성과 밀접한 관련을 갖고 있다고 볼 수 있다.

---

동기유발을 위한 TIP

• 주의집중을 유지하기 위하여 호기심, 탐구하는 태도, 다양한 수업방식을 활용한다.

• 개인의 목적달성을 포함하여 개인적 욕구들을 충족시킬 수 있는 학습활동을 한다.

• 자신감을 형성시키는 것이 중요하다. 교사의 긍정적 기대가 자신감을 향상시키는데 중요한 역할을 한다.

• 학습과정에서 학생들에게 칭찬과 격려를 아끼지 않는다.

동기유발을 위한 특정한 프로젝트를 일정기간 진행하는 것도 도움이 된다. 예를 들어 아프리카 어린이를 돕기 위한 영어동화책 출판을 목표로 팀을 구성하고 학생들 스스로 계획하고 모임을 주관하도록 한다. 동화책 제작과정에서 의견조율하고 협력하며 자기효능감과 성취감을 느낄 수 있는 좋은 동기부여의 사례가 된다.

36
COLORS

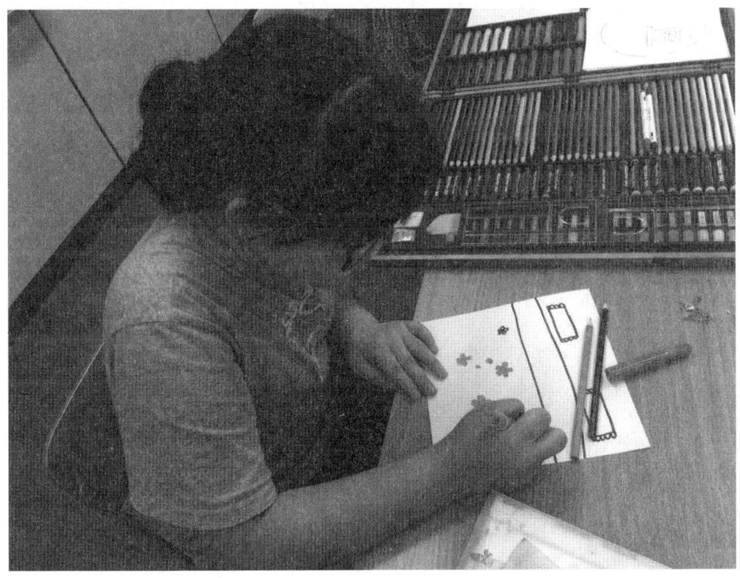

〈그림 III-4〉 영어동화책 제작을 통한 동기부여 코칭 사례

## 3. 긍정심리학 코칭

긍정심리와 코칭의 관계를 보면 긍정심리학은 코칭에 지식을 제공하고 코칭 작업 기준을 높이고 코칭 도구를 개선하게 도와준다. 실제로 긍정심리학은 온갖 분야의 코치들이 관심을 갖고 유용하게 사용할 도구를 다수 제공해왔다.

긍정심리학은 코칭의 새로운 척도도 제공한다. 강점, 낙관주의, 삶에 대한 만족, 업무스타일 등 코칭과 직접적인 관계가 있는 다양한 주제를 측정하는 척도가 있다. 긍정심리학 코칭에서 코칭세션은 그 자체로 인간관계와 성취에 대한 아이디어와 통찰을 수확할 수 있는 비옥한 토양이라고 할 수 있다. 그러므로 긍정심리학의 중요성을 인식하고 고객이 "무엇을 잘 할 수 있을까?"에 대한 답을 제시할 수 있다(벤딘, 2009).

## 1) 긍정심리학이란?

긍정심리학은 인간의 행복과 성격의 강점에 초점을 두고 있다.

1998년 미국심리학회 회장 마틴 셀리그먼 박사에 의해 창설 이후 발전되었으며 긍정심리학에서 인간은 누구나 행복 수준을 보다 높은 수준으로 향상시킬 수 있다고 본다.

### (1) 행복: 긍정심리학 코칭의 첫 번째 기초는 행복이다.

행복이란 "외부의 조건과 우연한 행운보다는 개인의 잠재된 재능과 특성을 찾아 연습함으로써 개발될 수 있는 삶의 습관이자 기술이다."라고 이해할 수 있다.

즉, 목표를 어떤 식으로 설정하는가도 매우 중요하다.

"살찌면 안 돼."

"시험 볼 때 불안해하지 말자."

"아프고 싶지 않아." 등 부정적인 결과를 피하려는 목표는 마라톤에 도전한다거나 건전한 언어습관을 기르려는 등의 긍정적 목표보다 좌절될 가능성이 높다. 코치는 목표가 어떤 식으로 행복에 영향을 미치는지 잘 알아야 고객의 장단기 목표 설정을 효과적으로 도울 수 있다.

**(2) 성격적 강점: 두 번째 기초는 성격적 강점이다.**

① 개인의 강점에 주목하라.

그리스 신화의 영웅에서 마틴 루터 킹 목사에 이르기까지 인류 역사에 등장하는 위대한 인물은 모두 자신의 강점을 최대한으로 발휘한 사람들이었다.

② 결점을 보완하기보다 강점을 강화하는 게 훨씬 효과적이다.

연구 자료 및 도구를 이용하여 고객의 강점을 발견하고 그들에게 유용한 지침을 알려주어야 한다.

③ 강점을 최대한 활용할 수 있도록 돕는다.

클라이언트의 강점을 밝혀내는 것만으로는 충분하지 않다. 대범하고 탐구적인 기질을 가졌다고 해서 성공이 보장되는 건 아니기 때문이다. 강점을 구체적으로 살펴보고 적재적소에 사용하는 법을 배워야 한다.

**(3) 긍정심리학 코칭에서 주의할 점**

즉흥적인 판단이나 직감에 의존하여 코칭이 진행되지 않도록 유의한다. 근간이 되는 이론을 배운다. 연구에서 도출해낸 통계와 실증 자료는 매우 중요하므로 보편적 원리를 충실히 익혀야 독창적이고 특수한 개입방법도 만들어 낼 수 있다.

## 2) 행복과 긍정성을 활용하라.

### (1) 행복의 역할

① 행복이 하는 역할은 강력하다.

② 행복한 사람은 수명이 길다.

③ 결혼생활을 지속할 가능성이 높다.

④ 돈도 많이 번다.

⑤ 직장상사나 고객으로부터 높은 평가를 받는다.

⑥ 병가를 내는 횟수가 적다.

⑦ 이타적이고 창조적인 특성을 보인다.

⑧ 학업성취도가 높다.

⑩ 행복습관은 가정뿐만 아니라 공부에서도 좋은 영향을 미친다.

◈ 행복의 역할에 대한 세 가지 연구의 공통점

첫 번째는 데보라 대너의 긍정적인 기술이 많은 수녀일수록 오래 살았다는 연구결과이다.
두 번째는 행복심리학의 창시자인 에드 디너와 긍정심리학의 창시자인 마틴 셀리그먼의 공동연구결과이다.
세 번째는 소냐 류보머스키팀의 연구이다. 행복한 사람은 자기 성찰이나 반추의 경향이 덜하고 주변 사람의 성공을 보며 자신을 비하하거나 적대적인 경쟁의식에 빠지는 경우도 드물다.

행복의 역할에 대한 이 세 가지 연구를 종합한 행복한 사람들의 세 가지 공통점은, 첫째는 행복을 유지하기 위해 긍정적인 사고 습관을 갖고 있고, 둘째는 신체적으로 건강하며, 셋째는 정원사가 화초를 가꾸듯 그들은 인간관계에 정성을 다한다. 즉, 인간관계를 효율적으로 관리한다는 점이다.

**◈ 행복한 사람들의 공통점**

행복지수를 측정하고 상위권과 하위권 집단을 관찰했다. 행복한 사람과 불행한 사람의 차이는 무엇일까? 경제력, 사회적 지위, 직장상사와의 관계일까? 결론은 풍성한 인간관계에 있다.

행복으로 인한 긍정적 감정들은 궁극적인 목표일 뿐 아니라 또 다른 목표를 향한 자원이 된다. 긍정심리학 이론가 라브 프레드릭슨은 긍정적 감정들이 진화한다고 주장했다. 긍정적 감정은 부정적 감정과 정반대의 기제로 작용하는데 두려움이나 분노, 슬픔, 걱정이 행동에 대한 선택 범위를 제한한다면 긍정적 감정은 이와 반대로 선택의 범위를 확장시킨다. 또한 긍정적인 사람은 타인에게 관심을 기울이고 창의적이며 학습하는데 적극적이다.

**▶ 긍정심리학 코치를 위한 행동지침**

• 행복이론을 당신의 코칭에 적용해보라.

• 행복과 관련한 평가도구를 코칭 현장에서 어떻게 활용할지 생각해보라.

• 클리이언트와 어떤 방식으로 행복에 대해 이야기할 것인지 생각해보라.

### (2) 행복선택하기: 목표와 관계 그리고 긍정적 사고방식

카바너는 목표라는 개념이 너무도 중요하기 때문에 판에 찍혀 나오는 쿠키처럼 진부한 공식으로 전락해서는 안 된다고 했다. 목표를 구체화하고 목표에 의미를 부여하는 심리과정을 이해하는 것이야말로 코치의 임무라고 한다. 이것을 목표중심 코칭이라 할 수 있으며 목표설정을 돕는 과정에서 SMART 기법을 활용하면 된다. 이때 코치는 고객의 자원을 살피고 그것이 목표와 얼마나 관련되는지 검토함으로써 우리는 좀 더 현실적인 목표를 정할 수 있다.

삶의 의미를 만들고 체계화하는데 목표가 중요한 역할을 하긴 하지만 그 이면에는 역기능이 있다. 목표가 세워지고 임무가 주어질 때 공황상태에 빠지는 경우도 흔하다. 이런 현상을 에바 포메란츠 연구팀은 '목표투자에 따른 심리적 부담'이라고 하였다. 그러나 목표를 수행하는 과정에서 클라이언트가 어느 정도의 불안감을 느끼는 것은 자연스럽고 유익한 현상이다.

#### 긍정심리학 코치를 위한 행동지침

- 자신의 목표에 관해 생각해보라.
- 목표와 관련하여 코칭을 체계화할 수 있는 방법을 찾아보라.
- 목표 수행에 뒤따르는 불안감에 대해 생각해보자.
- 관계를 살펴보자.
- 긍정적인 사고방식에 대해 생각해보라.

## 3) 강점을 개발하라.

### (1) 강점을 활용하는 코칭

강점이란 한 가지 일을 완벽에 가까울 만큼 일관되게 처리하는 능력이다. 다시 말해서 자신이 가진 능력들 중에서 가장 효율적인 능력, 즉 똑같은 시간을 투자하더라도 가장 좋은 성과를 얻을 수 있는 능력을 말한다. 그러므로 강점은 약점을 고치는 것이 아니라 강점을 잘 관리하는 것이다.

강점계발을 위한 강점전략은 그것 자체로 활성화되는 특징이 있다. 따라서 실제로 약점을 보완하기보다는 강점을 사용하도록 해야 한다. 이것은 동기화되기 쉽게 만들어 주며 더 큰 보람과 흥미를 느끼도록 해준다.

◈ 피터슨과 셀리그만의 성격적 강점 규정하기

- 강점은 사고와 행동, 감정 전반에 걸쳐 명확하게 드러나야 한다.
- 강점은 그것 자체로 혹은 다른 요소를 활성화하면서 성공적인 삶에 기여해야 한다.
- 강점은 바람직한 결과를 이뤄낼 뿐 아니라 그 자체로도 윤리적인 가치를 지녀야 한다.
- 자신의 강점이 타인의 강점을 방해해서는 안 된다. 오히려 통합적으로 상승작용을 해야 한다.
- 강점을 강화시키는 사회적 제도나 관습 등이 있다.
- 보편적인 합의가 이뤄져야 한다. 다시 말해서 사람들의 강점이 하위개념 등으로 나뉠 수 없다.

### (2) 긍정심리학과 강점과의 관계

강점은 단순히 더 좋아하는 정도를 가리키는 것이 아니라 몰입을 이끌어 내는 근본적인 힘이다. 또 한 가지로 한정되는 것이 아니므로 평생에 걸쳐 이루어야 할 과제이고 스스로 찾아가는 여정이라면 더욱 그러하다. 포괄적인 의미에서 강점은 삶에 대처하거나 나와 다른 이의 삶을 성취해 가는 데 도움을 주는 것이라고 기술할 수 있다. 강점은 성격적 특성에 고정되는 것이 아니라 개인의 문화에 깊게 뿌리내린 역동적, 상황적 과정을 계발하는 것이다. 또한 인간의 강점은 환경 및 처한 상황에 상호작용하는 등 매우 의존적이다. 인간의 가장 중요한 능력은 변화에 적응하는 능력이다. 강점은 문제를 해결하거나 목표를 성취하는 데 필요한 많은 자원과 기술이 적용되는 능력과 관계가 있다. 그러므로 적응적인 강점은 문제를 해결하거나 일반적인 과제를 완수하는 데 낙천적이거나 좋은 장치를 사용하여 개인적으로 다르게 능력을 사용하는 것을 말한다.

### (3) 강점코칭 포인트

강점들은 개인이나 상호적으로 모두 유익하게 작용하며, 그것 자체로 가치를 지닌다. 이러한 긍정심리학은 서양학자들이 만들어 낸 학문임에도 성품과 가치, 덕목을 중요시하여 동양철학에 대해서도 관심이 깊다. 그래서 이 24가지 덕목을 살펴보면 동양적 덕목도 굉장히 많이 있음을 알 수 있다.

이 강점과 장점(VIA) 분류체계에 따르면, 우선 6가지 핵심 덕목이 있다.

핵심덕목으로는 지혜, 자애, 용기, 절제, 정의, 초월이다. 핵심덕목 안에 있는 세부 덕목은 24가지로 나누어진다.

**VIA : 강점과 장점 분류 체계**

1. 지혜: 새로운 정보를 습득하고 활용하는 능력
① 창의성 ② 호기심 ③ 학구열 ④ 통합적 관점(지혜) ⑤ 개방적 사고

2. 용기: 반대에 부딪혔을 때 의지를 지속시키는 능력
① 용맹성 ② 인내성(끈기) ③ 완결성(진실성) ④ 열정(활력)

3. 자애: 대인관계를 맺고 유지하는 능력
① 사랑하고 사랑받을 수 있는 능력 ② 친절 ③ 사회지능

4. 정의: 공동체 안에서 바람직한 상호작용을 지속하는 능력
① 구성원 의식(시민정신) ② 공정성 ③ 리더십

5. 절제: 극단을 견제하는 능력
① 용서/자비 ② 겸손/겸허 ③ 신중함 ④ 자기통제력(자기조절)

6. 초월: 완결을 향해 통합하려는 능력
① 감사 ② 감상력 ③ 유머 ④ 영성 ⑤ 낙관성

(출처: http://www.viacharacter.org/survey/Account/Register)

자신의 대표강점을 삶의 현장에서 활용할 때 행복을 얻게 된다고 한다. 즉, 대표강점을 발견하고 날마다 계발함을 통해 각 강점

을 강화함으로써 행복에 이르는 것이다.

자신의 대표강점 찾기는 '강점과 덕성 검사'를 통해 확인할 수 있다.

각 문항 당 5점 척도로 표시하세요. 각각의 질문들은 사람들이 갖고 싶을 만한 덕목을 반영하고 있습니다. 그러나 단지 자신과 비슷하다고 생각되는 항목에만 답해야 합니다. 정직하고 정확하게 표시하세요.

〈표 III-3〉 강점과 덕성 검사

| 번호 | 문항내용 | 거의 그렇지 않다 | 가끔 그렇다 | 보통이다 | 자주 그렇다 | 항상 그렇다 |
|---|---|---|---|---|---|---|
| 1 | 나는 무언가 재미있는 일로 언제나 바쁘다. | 1 | 2 | 3 | 4 | 5 |
| 2 | 나는 재미로 비소설 장르의 책들을 읽는 것을 아주 좋아한다. | 1 | 2 | 3 | 4 | 5 |
| 3 | 나는 모든 사람의 의견을 듣는 것은 가치 있는 일이라고 믿는다. | 1 | 2 | 3 | 4 | 5 |
| 4 | 나는 독창적으로 생각하는 사람이다. | 1 | 2 | 3 | 4 | 5 |
| 5 | 나는 사람들을 기분 좋게 하기 위해서 무슨 말을 해야 할지 알고 있다. | 1 | 2 | 3 | 4 | 5 |
| 6 | 다른 사람들은 내가 현명한 사람이라고 생각한다. | 1 | 2 | 3 | 4 | 5 |
| 7 | 나는 용감한 사람이다. | 1 | 2 | 3 | 4 | 5 |
| 8 | 나는 과제를 완수할 때까지 결코 멈추지 않는다. | 1 | 2 | 3 | 4 | 5 |
| 9 | 나는 언제나 약속을 지킨다. | 1 | 2 | 3 | 4 | 5 |
| 10 | 나는 친구들을 위해서 작은 호의를 베푸는 것을 정말 좋아한다. | 1 | 2 | 3 | 4 | 5 |
| 11 | 내게는 마치 자신의 일인 것처럼 나의 감정이나 안녕에 신경 써주는 사람들이 있다. | 1 | 2 | 3 | 4 | 5 |
| 12 | 나는 집단의 일원일 때 최상의 수준으로 일한다. | 1 | 2 | 3 | 4 | 5 |
| 13 | 나는 어떤 사람이든 상관없이 모두 동등하게 대우한다. | 1 | 2 | 3 | 4 | 5 |

| | | | | | | |
|---|---|---|---|---|---|---|
| 14 | 리더로서 나는 각 개인을 격려하고, 그들의 조화를 추구한다. | 1 | 2 | 3 | 4 | 5 |
| 15 | 나는 사탕이나 과자가 바로 내 앞에 있더라도 절대 과식하지 않는다. | 1 | 2 | 3 | 4 | 5 |
| 16 | 나는 언제나 말하기 전에 먼저 생각한다. | 1 | 2 | 3 | 4 | 5 |
| 17 | 나는 내가 특별한 사람인 양 행동하지 않는다. | 1 | 2 | 3 | 4 | 5 |
| 18 | 나는 아름다운 것들을 볼 때면 깊은 감명을 받는다. | 1 | 2 | 3 | 4 | 5 |
| 19 | 적어도 하루에 한번은 내가 받은 축복들을 헤아려본다. | 1 | 2 | 3 | 4 | 5 |
| 20 | 나는 언제나 밝은 면을 본다. | 1 | 2 | 3 | 4 | 5 |
| 21 | 나는 영적인 사람이다. | 1 | 2 | 3 | 4 | 5 |
| 22 | 나는 원한을 품는 일이 거의 없다. | 1 | 2 | 3 | 4 | 5 |
| 23 | 나는 다른 사람의 하루를 웃음으로 밝혀줄 수 있는 기회를 환영한다. | 1 | 2 | 3 | 4 | 5 |
| 24 | 나는 내가 하는 일을 사랑한다. | 1 | 2 | 3 | 4 | 5 |
| 25 | 나는 나의 삶이 아주 흥미롭다고 생각한다. | 1 | 2 | 3 | 4 | 5 |
| 26 | 나는 굉장히 다양한 종류의 책들을 읽는다. | 1 | 2 | 3 | 4 | 5 |
| 27 | 나는 나의 중요한 결정들에 대해서 충분한 근거를 가지고자 노력한다. | 1 | 2 | 3 | 4 | 5 |

| 28 | 내 친구들은 내가 새롭고 색다른 아이디어들을 많이 가지고 있다고 말한다. | 1 | 2 | 3 | 4 | 5 |
|---|---|---|---|---|---|---|
| 29 | 나는 다른 사람들이 무엇을 느끼는지를 잘 감지한다. | 1 | 2 | 3 | 4 | 5 |
| 30 | 다른 사람들에게 말하지 않을지도 모르지만 나는 스스로를 지혜로운 사람이라고 생각한다. | 1 | 2 | 3 | 4 | 5 |
| 31 | 나는 강한 반대에 부딪혀도 내 입장을 굽히지 않는 편이다. | 1 | 2 | 3 | 4 | 5 |
| 32 | 나는 시작한 일은 언제나 끝마친다. | 1 | 2 | 3 | 4 | 5 |
| 33 | 나는 정직이 신뢰의 근간이라고 믿는다. | 1 | 2 | 3 | 4 | 5 |
| 34 | 나는 기운이 없어 보이는 사람들을 격려하기 위해서 무척 애쓴다. | 1 | 2 | 3 | 4 | 5 |
| 35 | 나는 다른 누군가의 삶에서 가장 중요한 사람이다. | 1 | 2 | 3 | 4 | 5 |
| 36 | 나는 내 집단의 구성원이나 동료를 지지한다. | 1 | 2 | 3 | 4 | 5 |
| 37 | 내게는 모든 사람의 권리가 똑같이 중요하다. | 1 | 2 | 3 | 4 | 5 |
| 38 | 나의 강점 중 하나는 사람들이 서로 다르더라도 협력해서 일을 잘할 수 있도록 돕는 것이다. | 1 | 2 | 3 | 4 | 5 |
| 39 | 나는 자제력이 아주 강한 사람이다. | 1 | 2 | 3 | 4 | 5 |
| 40 | 나는 매번 행동하기 전에 미리 결과에 대해서 주도면밀하게 생각해본다. | 1 | 2 | 3 | 4 | 5 |
| 41 | 나는 내가 성취한 것들에 대해서 결코 떠벌리지 않는다. | 1 | 2 | 3 | 4 | 5 |
| 42 | 나는 다른 사람들이 알아차리지 못하고 지나치는 아름다움을 볼 줄 안다. | 1 | 2 | 3 | 4 | 5 |

| | | | | | | |
|---|---|---|---|---|---|---|
| 43 | 나는 아주 감사를 잘 표현하는 사람이다. | 1 | 2 | 3 | 4 | 5 |
| 44 | 도전해야 할 것들이 많음에도 불구하고 나는 언제나 미래에 대해 희망적이다. | 1 | 2 | 3 | 4 | 5 |
| 45 | 나는 나의 종교의 이념들을 실천한다. | 1 | 2 | 3 | 4 | 5 |
| 46 | 나는 결코 복수하려고 하지 않는다. | 1 | 2 | 3 | 4 | 5 |
| 47 | 나는 다른 사람들을 즐겁게 만드는 능력을 가지고 있다. | 1 | 2 | 3 | 4 | 5 |
| 48 | 나는 날마다 새로운 내일이 기다려진다. | 1 | 2 | 3 | 4 | 5 |
| 49 | 나는 많은 관심사들을 가지고 있다. | 1 | 2 | 3 | 4 | 5 |
| 50 | 나는 늘 독서를 한다. | 1 | 2 | 3 | 4 | 5 |
| 51 | 나는 언제나 찬성과 반대의 관점을 비교한다. | 1 | 2 | 3 | 4 | 5 |
| 52 | 나는 언제나 일에 있어서 새로운 방법들을 생각해낸다. | 1 | 2 | 3 | 4 | 5 |
| 53 | 나는 주제에 따라 매우 합리적인 사람이 될 수 있다. | 1 | 2 | 3 | 4 | 5 |
| 54 | 나는 삶에 대한 성숙한 관점을 가지고 있다. | 1 | 2 | 3 | 4 | 5 |
| 55 | 나는 대중적이지 않은 견해를 공개적으로 표현하는 것을 주저하지 않는다. | 1 | 2 | 3 | 4 | 5 |
| 56 | 나는 장애물이 있을지라도 일을 완수한다. | 1 | 2 | 3 | 4 | 5 |
| 57 | 내 약속은 믿을 만하다. | 1 | 2 | 3 | 4 | 5 |
| 58 | 나는 다른 사람들을 행복하게 만드는 것을 정말 좋아한다. | 1 | 2 | 3 | 4 | 5 |

| | | | | | | |
|---|---|---|---|---|---|---|
| 59 | 나는 언제나 내 삶 속에서 사랑의 존재를 느낀다. | 1 | 2 | 3 | 4 | 5 |
| 60 | 나와 의견이 같지 않을 때조차도 내 집단의 리더들을 존중한다. | 1 | 2 | 3 | 4 | 5 |
| 61 | 나는 모든 사람에게 기회를 준다. | 1 | 2 | 3 | 4 | 5 |
| 62 | 효율적인 리더가 되기 위해서 나는 모든 사람을 똑같이 대우한다. | 1 | 2 | 3 | 4 | 5 |
| 63 | 나는 어떤 상황에서도 즐거운 마음을 가지려고 노력한다. | 1 | 2 | 3 | 4 | 5 |
| 64 | 숙고하는 것은 내 본성의 일부분이다. | 1 | 2 | 3 | 4 | 5 |
| 65 | 나는 다른 사람들의 관심을 별로 끌고 싶어 하지 않는다. | 1 | 2 | 3 | 4 | 5 |
| 66 | 나는 영화에서 묘사된 아름다움 때문에 말문을 잃을 때가 종종 있다. | 1 | 2 | 3 | 4 | 5 |
| 67 | 나는 내가 삶에서 받은 것들에 대해 감사하게 느낀다. | 1 | 2 | 3 | 4 | 5 |
| 68 | 나는 미래에 어떤 일이 일어나기를 원하는지에 관해 명확한 그림을 가지고 있다. | 1 | 2 | 3 | 4 | 5 |
| 69 | 나는 내가 가진 신념을 지지한다. | 1 | 2 | 3 | 4 | 5 |
| 70 | 나는 용서하고 잊어버리는 것이 최선이라고 믿는다. | 1 | 2 | 3 | 4 | 5 |
| 71 | 나는 무슨 일을 하든 간에 약간의 유머를 곁들이려고 한다. | 1 | 2 | 3 | 4 | 5 |
| 72 | 나는 활력이 넘친다. | 1 | 2 | 3 | 4 | 5 |
| 73 | 나를 흥분시키는 다양한 활동들이 많이 있다. | 1 | 2 | 3 | 4 | 5 |
| 74 | 나는 진정한 평생학습자이다. | 1 | 2 | 3 | 4 | 5 |
| 75 | 나는 비판적으로 생각하는 나의 능력을 가치 있게 여긴다. | 1 | 2 | 3 | 4 | 5 |

| | | | | | | |
|---|---|---|---|---|---|---|
| 76 | 나는 일을 하는 새로운 방법들을 생각하기를 좋아한다. | 1 | 2 | 3 | 4 | 5 |
| 77 | 어떤 상황에서도 나는 적응할 수 있다. | 1 | 2 | 3 | 4 | 5 |
| 78 | 나는 사물을 볼 때 전체의 큰 그림을 볼 줄 안다. | 1 | 2 | 3 | 4 | 5 |
| 79 | 나는 힘들 때에도 나의 신념을 결코 굽히지 않는다. | 1 | 2 | 3 | 4 | 5 |
| 80 | 나는 포기하지 않는다. | 1 | 2 | 3 | 4 | 5 |
| 81 | 나는 내 가치관에 충실하게 행동한다. | 1 | 2 | 3 | 4 | 5 |
| 82 | 나는 다른 사람들의 행운을 마치 내 일인 것처럼 기뻐한다. | 1 | 2 | 3 | 4 | 5 |
| 83 | 나는 다른 사람에게 사랑을 표현할 수 있다. | 1 | 2 | 3 | 4 | 5 |
| 84 | 나의 집단이 내린 결정들을 존중하는 것이 내게는 중요하다. | 1 | 2 | 3 | 4 | 5 |
| 85 | 나는 언제나 옳고 그름을 분별하여 정도를 지킨다. | 1 | 2 | 3 | 4 | 5 |
| 86 | 내 친구들은 언제나 내가 강하지만 지지하는 리더라고 말한다. | 1 | 2 | 3 | 4 | 5 |
| 87 | 나는 단기적으로는 기분 좋게 만들지라도, 장기적으로 나쁜 영향을 끼치는 것들을 결코 원하지 않는다. | 1 | 2 | 3 | 4 | 5 |
| 88 | 나는 매우 신중한 사람이다. | 1 | 2 | 3 | 4 | 5 |
| 89 | 나는 겸손이 나의 가장 뚜렷한 특징 중 하나라는 얘기를 들어왔다. | 1 | 2 | 3 | 4 | 5 |
| 90 | 나는 언제나 환경 속에서 자연의 아름다움을 깨닫는다. | 1 | 2 | 3 | 4 | 5 |
| 91 | 내 인생을 바라볼 때, 나는 감사할 일들을 많이 발견한다. | 1 | 2 | 3 | 4 | 5 |

| 92 | 나는 내가 스스로 세운 목표들을 성취하게 될 것이라는 것을 안다. | 1 | 2 | 3 | 4 | 5 |
|---|---|---|---|---|---|---|
| 93 | 나의 신념이 내가 누구인지를 만들어 준다. | 1 | 2 | 3 | 4 | 5 |
| 94 | 나는 복수하려고 하는 일이 거의 없다. | 1 | 2 | 3 | 4 | 5 |
| 95 | 나는 뛰어난 유머감각을 가지고 있다. | 1 | 2 | 3 | 4 | 5 |
| 96 | 나는 그날의 가능성들에 대한 흥분감과 함께 잠에서 깬다. | 1 | 2 | 3 | 4 | 5 |
| 97 | 나는 어떤 상황에서도 무언가 재미있는 것을 발견할 수 있다. | 1 | 2 | 3 | 4 | 5 |
| 98 | 나는 새로운 것을 배울 때 무척 신난다. | 1 | 2 | 3 | 4 | 5 |
| 99 | 나는 건강에 좋은 음식들을 먹는데 아무런 거부감이 없다. | 1 | 2 | 3 | 4 | 5 |
| 100 | 새롭고 이색적인 아이디어를 생각해 내는 것이 나의 강점 중 하나다. | 1 | 2 | 3 | 4 | 5 |
| 101 | 나는 여러 가지 사회적 상황 속에서 자신이 어떻게 처신해야 하는지를 알고 있다. | 1 | 2 | 3 | 4 | 5 |
| 102 | 사람들은 내가 "나이보다 현명하다"고 얘기한다. | 1 | 2 | 3 | 4 | 5 |
| 103 | 나는 부정적인 결과들이 있을지라도 내가 믿는 것을 옹호한다. | 1 | 2 | 3 | 4 | 5 |
| 104 | 나는 내가 하기로 결정한 것을 고수한다. | 1 | 2 | 3 | 4 | 5 |
| 105 | 다른 사람들은 내가 그들의 비밀을 지킬 것이라고 믿는다. | 1 | 2 | 3 | 4 | 5 |
| 106 | 나는 다른 사람들에게 친절하게 대하는 것을 즐긴다. | 1 | 2 | 3 | 4 | 5 |

| | | | | | | |
|---|---|---|---|---|---|---|
| 107 | 나는 다른 사람들의 사랑을 받아들일 수 있다. | 1 | 2 | 3 | 4 | 5 |
| 108 | 나는 내가 속한 집단의 이익을 위해서 나 자신의 이익을 기꺼이 희생한다. | 1 | 2 | 3 | 4 | 5 |
| 109 | 나는 누군가를 좋아하지 않을 때조차도 그 사람을 공정하게 대우한다. | 1 | 2 | 3 | 4 | 5 |
| 110 | 리더로서 나는 모든 집단 구성원들을 행복하게 만들려고 노력한다. | 1 | 2 | 3 | 4 | 5 |
| 111 | 나는 적정한 몸무게를 유지하는 것이 언제나 가능하다. | 1 | 2 | 3 | 4 | 5 |
| 112 | 나는 늘 신중하게 선택한다. | 1 | 2 | 3 | 4 | 5 |
| 113 | 사람들은 내가 겸손하기 때문에 내게 매력을 느낀다. | 1 | 2 | 3 | 4 | 5 |
| 114 | 나는 다른 사람들이 당연하게 생각할 수도 있는 인생의 단순한 것들에 대해서도 경외심을 갖는다. | 1 | 2 | 3 | 4 | 5 |
| 115 | 나는 매일 깊은 감사를 느낀다. | 1 | 2 | 3 | 4 | 5 |
| 116 | 나는 기분이 울적할 때면 언제나 내 삶에서 좋은 것들에 대해서 생각한다. | 1 | 2 | 3 | 4 | 5 |
| 117 | 나의 신념들이 내 삶을 중요하게 만든다. | 1 | 2 | 3 | 4 | 5 |
| 118 | 나는 다른 사람에게 또 다른 기회를 기꺼이 주는 편이다. | 1 | 2 | 3 | 4 | 5 |
| 119 | 나는 유머감각이 탁월한 것으로 알려져 있다. | 1 | 2 | 3 | 4 | 5 |
| 120 | 사람들은 내가 열정으로 가득 차 있다고 말한다. | 1 | 2 | 3 | 4 | 5 |

점수 : 나와 매우 유사하다 5 나와 유사하다 4 보통이다 3 나와 다르다 2 나와 매우 다르다 1

| 1번 | | 25번 | | 49번 | | 73번 | | 97번 | | | 호기심 |
|---|---|---|---|---|---|---|---|---|---|---|---|
| 2번 | | 26번 | | 50번 | | 74번 | | 98번 | | | 학구열 |
| 3번 | | 27번 | | 51번 | | 75번 | | 99번 | | | 개방성 |
| 4번 | | 28번 | | 52번 | | 76번 | | 100번 | | | 창의성 |
| 5번 | | 29번 | | 53번 | | 77번 | | 101번 | | | 사회지능 |
| 6번 | | 30번 | | 54번 | | 78번 | | 102번 | | | 지혜 |
| 7번 | | 31번 | | 55번 | | 79번 | | 103번 | | | 용감성 |
| 8번 | | 32번 | | 56번 | | 80번 | | 104번 | | | 끈기 |
| 9번 | | 33번 | | 57번 | | 81번 | | 105번 | | | 진실성 |
| 10번 | | 34번 | | 58번 | | 82번 | | 106번 | | | 친절성 |
| 11번 | | 35번 | | 59번 | | 83번 | | 107번 | | | 사랑 |
| 12번 | | 36번 | | 60번 | | 84번 | | 108번 | | | 시민정신 |
| 13번 | | 37번 | | 61번 | | 85번 | | 109번 | | | 공정성 |
| 14번 | | 38번 | | 62번 | | 86번 | | 110번 | | | 리더십 |
| 15번 | | 39번 | | 63번 | | 87번 | | 111번 | | | 자제력 |
| 16번 | | 40번 | | 64번 | | 88번 | | 112번 | | | 신중성 |
| 17번 | | 41번 | | 65번 | | 89번 | | 113번 | | | 겸손 |
| 18번 | | 42번 | | 66번 | | 90번 | | 114번 | | | 감상력 |
| 19번 | | 43번 | | 67번 | | 91번 | | 115번 | | | 감사 |
| 20번 | | 44번 | | 68번 | | 92번 | | 116번 | | | 낙관성 |
| 21번 | | 45번 | | 69번 | | 93번 | | 117번 | | | 영성 |
| 22번 | | 46번 | | 70번 | | 94번 | | 118번 | | | 용서 |
| 23번 | | 47번 | | 71번 | | 95번 | | 119번 | | | 유머 |
| 24번 | | 48번 | | 72번 | | 96번 | | 120번 | | | 열정 |

| | | |
|---|---|---|
| 지혜 | 창의성 | 새로운 업무방식에 대해 고민한다. 당신은 더 좋은 방법을 생각할 수 있음에도 기존의 방식만을 고집하는 것에 결코 만족하지 못한다. |
| | 호기심 | 당신은 모든 것에 대해서 호기심이 있다. 당신은 언제나 질문을 하고 모든 주제와 화제에 매혹된다. 당신은 탐험하고 발견하는 것을 좋아한다. |
| | 학구열 | 당신은 수업으로든 독학으로든 새로운 것을 배우기를 좋아한다. 당신은 언제나 학교, 독서, 박물관 등 배움의 기회가 있는 곳이라면 어디든 좋아한다. |
| | 통합적 관점 (지혜) | 사물을 전체적으로 조망할 줄 알며, 주변인들이 지혜롭다고 생각하여 조언을 구한다. 타인과 자신이 납득할 수 있는 세계관을 가지고 있다. |
| | 개방적 사고 | 오직 확실한 증거에 따라서 결정을 내리며, 충분히 생각하고 모든 측면에서 검토한다. 당신은 당신의 생각을 바꾸는 것이 가능하다. |
| 용기 | 용맹성 | 당신은 위협, 도전, 고통 등에 의해 위축되지 않는 용감한 사람이다. 당신은 반대에 부딪히더라도 무엇이 옳은지 분명하게 말하며, 자신의 신념에 따라 행동한다. |
| | 인내성 (끈기) | 당신은 시작한 일을 끝마치기 위해서 열심히 일한다. 당신은 일을 할 때 대단한 집중력을 보이며, 과제를 완수하는 것에서 큰 만족감을 얻는다. |
| | 완결성 (진실성) | 당신은 정직한 사람으로서 진실을 말하며, 성실하고 진솔한 방식으로 당신의 삶을 살아간다. 당신은 견실하며 가식적이지 않다. |
| | 열정 | 무엇을 하든 흥분과 활기를 가지고 다가간다. 당신은 어떤 것이든 어중간하게 하거나 건성으로 하는 법이 없다. 당신에게 있어 삶은 모험이다. |

| | | |
|---|---|---|
| 자애 | 사랑 | 다른 사람들과의 관계를 소중하게 생각하며, 사랑을 형성하고 유지할 수 있다. 당신이 가장 친하다고 느끼는 사람들도 역시 당신과 가장 친하다고 느낀다. |
| | 친절 | 당신은 다른 사람들에게 친절하고 관대하며 아무리 바빠도 부탁을 들어준다. 당신은 다른 사람, 심지어는 잘 모르는 사람을 위해서도 좋은 일을 하는 것을 즐긴다. |
| | 사회지능 | 당신은 다른 사람들의 감정을 민감하게 알아차린다. 각기 다른 여러 상황에서 무엇을 해야 할지 알고 있으며, 다른 사람들을 편안하게 만들어주는 방법을 알고 있다. |
| 정의 | 구성원 의식<br>(시민정신) | 당신은 한 집단의 성실한 구성원이다. 당신은 충성스럽고 헌신적인 팀원이며, 언제나 자기 몫을 해내고 집단의 성공을 위해서 열심히 일한다. |
| | 공정성 | 당신은 자신의 사적인 감정으로 다른 사람들에 대한 결정을 흐리지 않는다. 당신은 모든 사람에게 기회를 준다. |
| | 리더십 | 집단이 과제를 완수하도록 격려하고 집단의 조화를 이루어낸다. 당신은 다양한 활동들을 체계화하고 그 활동들이 잘 진행되고 있는지를 확인하는 일을 잘 한다. |
| 절제 | 용서<br>(자비) | 당신은 자신에게 잘못을 저지른 사람에게도 관대하며, 언제나 사람들에게 두 번의 기회를 주려고 한다. 당신의 신조는 복수가 아니라 자비이다. |
| | 겸손<br>(겸허) | 자신의 장점이나 성취에 대해 절제된 평가를 하는 태도이며, 자신의 실수와 한계를 인정하고 균형적인 관점으로 바라보는 것이다. |
| | 신중함 | 당신은 조심스러운 사람이며, 언제나 신중하게 선택한다. 당신은 나중에 후회할 만한 말이나 행동을 하지 않는다. |
| | 자기통제<br>(자기조절) | 당신은 당신의 감정과 행동을 의식적으로 조절한다. 당신은 당신의 식욕과 감정이 당신을 통제하도록 하지 않는다. |

| | | |
|---|---|---|
| 초월 | 감사 | 당신에게 일어나는 좋은 일들을 알아차리며 그것들을 당연하다고 생각하지 않는다. 또한 친구들이나 가족들에게 그러한 감사하는 마음을 표현한다. |
| | 감상력 | 당신은 자연에서부터 예술, 수학, 과학, 일상의 모든 경험에 이르기까지 삶의 모든 영역에서 아름다움, 탁월함, 능숙함을 인식하고 감상한다. |
| | 유머 | 당신은 웃고 장난치는 것을 좋아한다. 당신은 다른 사람들을 미소짓게 하는 것을 중요하게 생각한다. 당신은 모든 상황의 밝은 면을 보려고 노력한다. |
| | 영성 | 당신은 우주의 고귀한 목적과 의미에 대한 강하고 일관된 믿음을 가지고 있다. 당신은 더 큰 계획안에서 어디에 속하는지를 알고 있으며, 당신의 신념이 당신의 행동을 결정한다. |
| | 낙관성 | 당신은 미래에서 최고가 되길 기대하며 그것을 성취하기 위해 노력한다. 당신은 당신이 미래를 통제할 수 있다고 믿는다. |

강점찾기 코칭은 이게 진짜 나다운 것이라는 자신감이 생기며 처음 습득한 이후부터 급속하게 발전한다. 더 계발하기 위해 새로운 방법을 계속 익히고 싶어지고 그 강점을 활용할 수 있는 방법을 여러 면에서 생각한다. 발휘하는 동안 의욕이 샘솟는데 그 강점을 활용할 때 자신을 제어하기 어렵다.

이때 코칭 포인트는 분류체계에 포함된 강점에 대해 다양한 문화권의 사람들이 그 타당성을 인정했지만 자신의 강점을 공개적으로 말하는 것에 대해서는 차이를 보였다. 그러므로 긍정심리학 코치들은 클라이언트가 보다 편안함을 느낄 수 있는 환경을 조성해 주어야 한다.

아리스토텔레스는 삶의 궁극적인 목적이 '행복'에 있다고 하였다. 근래에 사람들이 생각하는 성공의 개념은 경제력과 행복을 연관지어 부를 축적하고 사회적 지위를 높이는 것에 그치지 않고 행복까지 느낄 수 있어야 성공한다고 생각한다. 인간은 누구나 행복해지기를 원하며 자신의 잠재능력을 계발하고 발휘함으로써 성장하려는 욕구를 지니는 존재, 자신의 삶을 끊임없이 개선하기 위해 노력하는 존재라고 본다. 낙관적인 사람은 자신의 역경을 일시적으로 얼마든지 극복할 수 있는 것으로 받아들여서 다른 사람들과 자신 또한 기분 좋게 해주고 긍정적인 자아상을 심어주기 때문에 낙관적인 사람은 효과적이다. 또한 긍정심리학은 개인이 무엇을 잘하는지에 주목하고 그것을 가정과 학교 및 직장에서 최대한 발휘할 수 있게 유용한 지침을 제공한다. 그렇기 때문에 긍정심리학은 코치가 해오던 일을 과학적인 언어로 설명할 뿐 아니라 그것이 왜, 누구에게나 효과적일 수 있는지를 체계적으로 이론화했다. 이것이 우리가 긍정심리학 코칭에 주목하는 이유이다.

## 4. 감정코칭

### 1) 감정이란?

어떠한 사건이나 일에 대하여 일어나는 느낌이나 기분이다. 감정에 대해 브리태니커 사전에는 주관적 경험, 표출된 행동, 신경

화학적 활동이 종합된 극도로 복잡한 여러 가지 현상을 일컫는 말이라고 표현하였다. 감정은 매우 빠른 속도로 대상에 다가가거나 물러서는 등의 행동을 취하도록 한다.

감정은 생존에 필요한 메시지와 신호를 가지고 인간을 움직이게 하는 힘을 가지고 있다. 또한 각각의 감정은 각자 독특한 신체 반응을 유발한다고 한다. 예를 들면 분노는 무언가 변화가 필요할 때 느껴지는 감정이며, 두려움은 신체적 혹은 정신적 상해의 위협이 있다고 느껴질 때 느끼는 감정이다. 이렇듯 감정은 선호판단에 깊이 개입하여 무엇을 우선으로 할 것인지를 결정하고 그것을 어떻게 수행하는 것이 좋을지를 결정하는데 결정적인 역할을 한다.

### (1) 감정을 잘 다루는 아이가 행복하다.

감정을 잘 수용하고 대처할 줄 알면 자아 성장감이 높아지며, 대인관계나 문제해결 상황에서 유연하게 대처할 수 있다고 말한다. 즉, 자신을 사랑하고 존중하려면 먼저 자신에 대해 잘 알고 있는 그대로 수용할 줄 알아야 한다. 쉽게 말해 자신의 감정을 잘 만나야 한다. 감정을 잘 만난다는 것은 기쁘고 행복한 감정은 물론 화, 슬픔, 두려움, 공포와 같은 감정조차도 수용하되 궁극적으로는 감정, 생각, 행동이 조화와 균형을 이루는 것을 뜻한다.

행복하면서도 성공한 사람들은 지능이 높거나 학교성적이 우수하거나 부유한 가정에서 자란 사람이 아니라 정서지능이 높은 사람이다. 이러한 정서지능은 타고난 것보다 후천적으로 노력을 통해 높일 수 있다. 그러나 외동아이가 많고 극심한 경쟁 사회에서

부모와 자녀가 지속적으로 스트레스받으며 살다보니 아이들의 감정을 잘 만나고 처리하는 연습을 할 기회가 많지 않은 것이 현실이다(다니엘 골먼 박사의 연구).

**(2) 감정에 솔직한 아이로 키우자.**

자기 감정에 솔직한 부모가 아이 감정도 잘 안다. 예를 들어 부모가 다른 사람을 미워하는 감정을 '나쁜 감정' 이라 생각하면서 그런 감정이 생길 때마다 안간힘을 쓰며 부정하고 눌러 왔다면, 아이가 미움의 감정을 표출할 때 편안하게 받아들이고 공감할 수 있을까? 입으로는 "그래, 밉고 싫었을 수 있어"라고 말해도 마음으론 "그런 감정을 느끼면 안 돼"를 말하고 있을 것이다. 이렇듯 아이의 감정을 읽고 공감해 주려면 먼저 부모 자신의 감정부터 인식해야 한다.

- 나도 모르는 내 감정의 근원, 초감정 알기
- 내 안에 있는 '초감정' 이해하기
- 자기 안에 있는 아이를 깨워라.
- 감정을 숨기지 말고 있는 그대로 느껴라.
- 감정과 친해지는 연습하기

더불어 부모가 아이의 감정에 공감하고 아이가 부정적 감정을 극복할 수 있도록 이끌 때 자녀 스스로 자신의 감정을 잘 관리하게 된다. 또한 부모가 자신을 잘 이해해주고 있다고 느끼게 되고 이러한 반응으로 부모와 자녀는 그들의 관계에 지지와 애정이라는 유대를 형성할 수 있다.

## 2) 감정코칭이란?

감정코칭이란 감정을 삶의 자연스러운 부분으로 인정하고 자녀의 모든 감정은 수용하되 그 행동은 바람직한 방향으로 선도하는 양육방식을 말한다.

### (1) 감정코칭이 필요한 이유는 무엇일까?

아이들이 환경에 잘 적응하고, 행복한 삶을 살아가기 위하여 개발하여야 할 필수적인 요인이 지적능력임은 부인할 수 없다. 그러나 정보화 구조의 사회에서 컴퓨터 등 각종 기계, 매체와의 교류가 많아지면서 타인과의 대화는 점점 사라지고 관계가 단절되는 현대사회에 감성의 필요성이 점차 요구되고 있다. 따라서 많은 연구들에서는 지적 능력을 보다 중요시하고 있다. 지적 능력의 개발과 수행을 원활하게 도와줄 수 있는 능력으로 정서 또는 정서지능의 중요성을 지적하고 있다. 하지만 감정이 인간의 사고와 행동을 조절하여 환경과의 관계를 확립, 유지하거나 변화시키고 인간의 사회적응력은 높인다는 관점에서 감정에 대한 새로운 인식과 관심이 높아지고 있다.

양육자인 어머니가 자녀의 감정에 반응하는 태도는 자녀의 감정발달에 일차적인 지대한 영향을 미친다. 때문에 부모가 자녀의 감정을 있는 그대로 인정하며 위로해주고 자유롭게 표현할 수 있도록 지지적 반응태도를 보이면 그들의 자녀는 감정을 긍정적으로 조절할 수 있고, 감정이 일어나는 상황에서 자신의 요구와 다른 사람의 요구에 대해 이해할 수 있다는 점이다.

감정코칭을 받은 아이는 자기조절이 가능하고 자기감정을 이해할 수 있기 때문에 사회적 지능이나 정서적 지능이 높고, 학교에서의 주의 집중력과 학업성과가 높아 사회에서 유능한 능력을 발휘한다. 그리고 화가 났을 때 조차도 스스로를 조절하는 능력이 뛰어나 어떤 자극에도 더 민감하게 반응하지만 금세 안정을 되찾을 수 있다. 생리학자들은 '미주신경조절력' 이라 부르는 '스스로를 달래는 신경학적인 능력' 을 갖추고 있어, 만족을 지연시킬 수 있는 인내심을 갖고 있고 충동조절을 더 잘하며 불평은 덜하고 행동상의 문제가 거의 없으며 다른 아이들과 더 나은 관계를 맺으며 전염성 질병에도 강하다고 한다.

### (2) 감정코칭 5단계

가트맨(Gottman)은 감정코칭을 어떤 특별한 재능이나 지식을 가진 전문가만이 아니라, 모든 부모와 교사들이 활용할 수 있도록 쉽게 감정코칭을 5단계로 체계화하였다. 그러므로 감정코칭 5단계에 대해 살펴보도록 하겠다.

첫째, 감정코칭 1단계 : 감정을 포착한다.

아이가 감정을 보일 때 하는 것으로 행동보다 감정을 잘 감지하고 포착할 수 있어야 한다. 아무리 오랜 시간을 보냈더라도 특별한 노력을 기울이지 않으면 놓치기 쉬워 행동 속에 숨은 감정을 포착하고 아이가 느낄 수 있도록 감정을 코칭해 주어야 한다. 얼굴표정에 나타나는 감정에는 분노, 경멸, 혐오, 공포, 기쁨, 흥미, 슬픔 등 보편적인 일곱 가지 감정이 있지만 그 외의 수많은 이차적인 감정들을 아동의 표정을 보고 다양한 감정을 읽는 연습을 먼저 해야 한다. 아이의 감정을 포착하기 위해서는 먼저 감정을 단정 짓지 말고 직접 물어보고 대화를 통해서 확인하는 과정이 중요하다.

둘째, 감정코칭 2단계 : 강한 감정을 표현할수록 좋은 기회다.

아이가 감정을 보일 때는 아이와 심리적으로 연결하고 아이가 성장하도록 도울 수 있는 기회이다. 키우던 동물이 죽었을 때, 성적이 좋지 않았을 때, 따돌림을 당했을 때, 창피를 당했을 때, 감정을 강하게 느낄 때, 아이가 감정의 홍수 상태에 빠지게 되면 평소에도 이성적으로 생각하기 어려운 청소년들이 논리적으로 생각하기가 더 어려워진다. 이때 감정코칭을 하게 되면 감정을 좀 더 천천히 이해하면서 안점감을 느끼게 되고 자신의 감정을 존중받고 이해받는다고 느껴 안심이 되면서 여유롭게 생각하고 판단하면서 바람직한 대안을 생각할 수 있게 된다. 아이가 과격한 반응을 보이거나 무반응을 보인다면 부드럽게 반응하여 안전감을 느끼게 해야 하며 아이의 편이 되어주는 '변호사' 역할을 해야 한다. 한편 강한 감정은 부정적 감정만 가리키는 것이 아니다. 긍정적인 감정도 강하게 느낄 수 있다. 누군가를 열렬히 좋아할 때, 깊이 바라던 일이 이뤄졌을 때, 뜻밖의 기쁜 소식을 들었을 때 등 이때도 감정코칭을 해주면 서로 신뢰하는 우호관계를 만들 수 있게 된다.

셋째, 감정코칭 3단계 : 감정을 들어주고 공감한다.

아이의 이야기를 들어주고 수용해 주고 감정에 공감해 주면서 능동적으로 개입하는 단계로 경청과 공감이 핵심이다. 잘 들어주고 있는 그대로 받아들여주는 것, 즉 감정은 받아주고 행동에는 제한을 둔다.

상대의 감정을 받아들이고 공감해 주며 다가가는 대화는 감정코칭의 핵심이며 스트레스를 낮추고 대화를 나눌 여지가 생긴다.

수용, 경청, 공감을 잘하려면 교사나 양육자가 자신의 감정과 생각을 먼저 알아차려야 한다. 문제 해결에 급급하지 말고 아이의 감정이 여러 겹이 있을 수 있음을 이해하여 열린 질문으로 탐색해야 한다.

넷째, 감정코칭 4단계 : 감정에 이름을 붙인다.

아이들은 자기 마음속에 일어나는 알 수 없는 복잡한 감정들에 대처하고 안정을 찾고 싶어 한다. 그런데 그 감정이 무엇인지 모르면 대책이 없다. 그래서 감정에 이름을 붙이면 불확실한 감정이 명료화되어 논의하기가 쉬워지고 대처법을 찾기가 쉬워진다.

감정에 이름을 제대로 붙이려면 먼저 감정코칭 3단계에서 충분히 아이의 이야기를 듣고 공감해야 한다. 아이가 대화를 거부할 때는 감정을 그대로 비춰주고 기다려야 하며 성급하게 아이의 감정을 단정 지어서는 안 된다.

다섯째, 감정코칭 5단계 : 바람직한 행동으로 이끈다.

감정코칭의 마지막은 아이들이 해결책을 찾도록 이끌어 주는 것이다. 교사나 양육자가 나서서 해결책을 제시하지 말고 질문을 해서 아이가 스스로 해결책을 찾도록 이끄는 것이 중요하다. 아이들에게 질문을 할 때는 '왜' 대신 '무엇'과 '어떻게'로 질문하는 것이 좋다.

훈계나 답이 아니라 바람직한 행동을 하기 위해서 어떻게 하면 좋을지를 묻는 것이다. 아이가 도저히 해결책을 생각해 내지 못하는 경우라면 조심스럽게 제안해도 된다.

감정코칭은 문제를 해결하는 것이 아니라 긍정적이고 신뢰할 수 있는 인간관계를 형성하는 기술이다. 즉 문제를 해결해 나갈 수 있는 기본을 마련하는 것이라 할 수 있다.

## 3) 나는 어떤 유형의 교사, 부모인가?

부모나 교사가 정서적으로 똑똑한 아이를 키우기 위해서는 부모나 교사 자신의 감정 대응방식을 이해하고 이것이 아이에게 어떤 영향을 미치는지 파악하는 것이 가장 중요하다. 가트맨(Gottman)은 감정대응방식 유형을 네 가지로 나누었다.

### (1) 축소전환형

아이의 감정을 중요하지 않거나 대수롭지 않게 취급하고, 감정에 무관심하거나 무시한다. 그리고 부정적 감정이 빨리 사라지기를 바라며, 아이의 감정을 무마하려고 전형적으로 기분 전환할 거리를 제공한다. 또한 아이의 감정을 비웃거나 경시할 수 있고, 아이의 감정은 비합리적이기 때문에 그다지 중요하지 않다고 생각한다. 때문에 아이가 부모와 의사소통하려고 노력하는 내용에 별 관심을 보이지 않고, 자기 자신과 다른 사람의 감정을 인식하는 능력이 부족할 수 있다. 그러므로 아이의 감정을 불편해하거나 두려워하거나 걱정하거나 짜증을 내거나 상처를 입거나 또는 어쩔 줄을 몰라 매우 당황해한다. 더하여 감정의 의미 자체보다는 어떻게 하면 그 감정을 잊어버릴까에 초점을 맞추며 감정적으로 통제가 불가능한 것을 두려워하고 부정적 감정은 해로워서 독이 된다고 믿는다. 또한 아이와 함께 문제를 해결하지 않고 그저 시간이 가면 대부분의 문제가 해결된다고 믿는다.

이런 유형의 양육 방식이 아이에게 미치는 영향을 살펴보면 아이는 자신의 감정이 옳지 않고 부적절하며, 타당하지 않다고 느끼게 된다. 자기가 상황을 느끼는 방식 때문에 자신이 본질적으로 옳지 않다고 생각할지 모른다. 이런 아이는 감정을 조절하는 것을 어려워한다.

#### (2) 억압형

아이의 감정표현이 옳고 그른지 판단하고 비판하며 부정적 감정은 억제해야 한다고 믿고, 아이가 부모를 조종하기 위해 부정적 감정을 사용한다고 믿어 부모 자식의 기 싸움으로 이어지게 만든다. 그러므로 부정적 감정은 성격이 나쁘다는 것을 반영한다고 믿는다. 또한 아이에게 한계를 정할 필요성을 지나치게 의식하고 바른 기준이나 행동에 순응할 것을 강조하며 아이의 행동이 옳던 그르던 상관없이 감정을 표현한 것을 꾸짖거나 매로 다스리거나 벌을 준다. 그리고 감정은 사람을 약하게 만들기 때문에 아이는 정서적으로 강인해야 한다고 믿는다. 때문에 부정적 감정 중, 특히 슬픔은 마구 휘두르면 안 되는 것으로 보고 권위에 대한 아이의 복종에 관심을 갖는다.

많은 행동이 축소전환형의 행동과 같지만 차이점이 있다면 좀 더 부정적이라는 점이다.

이런 유형의 양육 방식이 아이에게 미치는 영향은 축소전환형 양육방식과 같은 결과를 가져온다.

### (3) 방임형

아이의 모든 감정 표현을 거리낌 없이 받아주고 행동에 대한 지침을 제공하지 않으며 감정과 문제해결방법에 대해 아이를 가르치지 않고 부정적 감정을 경험하는 아이를 위로한다. 또한 지나치게 관대하며 한계를 정해주지 않고, 아이가 문제를 해결하도록 돕지 않는다. 때문에 부정적 감정에 있어서 감정을 이겨내는 것 외에 할 수 있는 일은 없다고 믿어서 감정을 분출하면 모든 것이 해결된다고 믿는다.

이런 유형의 양육방식이 아이에게 미치는 영향은 감정을 조절하는 법을 터득하지 못한다. 집중력이 부족하고 친구를 사귀기거나 다른 사람들과 사이좋게 지내는 것을 어려워한다.

### (4) 감정코치형

아이의 부정적 감정은 부모자식 간의 친밀도를 높일 기회를 제공한다고 생각하고, 슬퍼하거나 화를 내거나 두려워하는 아이와 시간을 보내는 것을 참을 수 있다.

그리고 아이의 감정을 파악하고 그것에 초점을 맞춰 대응하는 일이 의미 있다고 생각하여 인내심을 보인다. 더하여 아이의 부정적 감정의 세계가 양육방식의 중요한 영역이라고 생각하여 놀리거나 무시하지 않는다. 또한 아이의 감정표현에 당황하거나 걱정하지 않아 어떤 행동을 취해야 하는지 잘 안다. 그러므로 감정코치형은 아이의 감정을 존중하며 감정적인 순간을 다음과 같은 기회로 본다.

- 아이의 말에 귀를 기울일 기회
- 위로의 말과 애정으로 공감대를 형성할 기회
- 아이가 자신이 느끼는 감정에 이름을 붙이도록 도울 기회
- 감정 조절에 대한 지침을 제공할 기회
- 한계를 정하고, 수용 가능한 감정표현이 무엇인지 가르칠 기회
- 문제해결 기법을 가르칠 기회

이런 유형의 양육방식이 아이에게 미치는 영향을 살펴보면 아이는 자신의 감정을 신뢰하게 된다. 또한 감정을 조절하고 문제를 해결하는 방법을 터득한다. 자긍심이 높고 학습능력이 뛰어나며, 다른 사람과의 관계도 원만하다.

## 5. 무기력한 아이를 위한 코칭

### 1) 무기력이란?

무기력이란 심리학적 의미로는 '자발적으로, 적극적으로 행하지 않는 것' 혹은 '현저하게 의욕이 결여되었거나 저하된 경향'을 말한다. 사회가 고도로 발달하면서 무기력을 야기하는 원인도 늘고 있다.

#### (1) 학습된 무기력이란?

사고, 감정, 행동의 결핍으로 인하여 학습자가 능동적으로 어떤 과제에 대하여 행동하거나 의지를 갖지 않고, 감정이입을 하지 않는 상황 또는 아무리 노력해도 성공할 수 없을 것이라고 느끼게 되는 것을 의미한다.

학습된 무기력에는 두 가지 요소가 있는데 첫째는, 주의집중의 결핍, 즉 인지, 정서와 관련된 결핍이 존재하는가이다. 둘째는, 주어진 과제나 자극에 대하여 학습자가 나타내는 반응과 결과가 목적성을 갖고 있는가이다. 이 두 가지 요소는 학습된 무기력이 학습자 내에서 존재하고 있는가를 판단할 수 있는 기준이 된다.

#### (2) 학습된 무기력의 원인

한 가지 원인에 의하여 발생한다기보다는 여러 요인들이 복합적으로 작용하여 발생된다. 다음은 학습된 무기력을 발생시키는 다양한 원인에 대하여 살펴보고자 한다(신기명, 1992).

첫 번째는 지나친 실패경험이다. 무기력한 아이들은 연속된 실패경험을 통해 효력기대를 감소시켜 무기력 형성의 가장 큰 원인으로 언급된다.

두 번째는 자기 통제성 결여이다. 통제성은 자신의 의지로써 감정이나 행동을 통제하고 자신의 노력으로 결과를 얻었다고 여기는 것을 말한다. 무기력한 아이들은 자기의 힘으로는 도저히 되지 않으며, 외부의 힘에 의하여 행동이 통제된다고 생각하며 소극적이고 무기력하게 되기가 쉽다.

세 번째는 정서적 부적응이다. 정서적으로 불안정하고 불안을 강하게 느끼기 때문에 행동이 느려지고 억제되어 자발적으로 움직이려고 하지 않는 상태가 된다.

네 번째는 지적 능력의 과부족이다. 지적 능력이 부족하거나 지적 능력이 지나치게 높아서 학교에서의 학습활동에 전혀 흥미가 없으며 적극적으로 수업에 참여하지 않는 경우가 발생한다.

다섯 번째는 신체적 결함이다. 신체적 조건이 좋지 않아 학습에 지속적으로 몰두할 수 없게 되는 것을 말하는데, 육체적인 문제만으로 무기력이 발생하는 일은 드무나, 신체적인 문제는 무기력하게 되는 데 방아쇠 구실을 할 수도 있다.

여섯 번째는 외적요인이다.

무기력의 원인이 아이들 내부에서만이 아니라, 아이들을 둘러싸고 있는 환경에 의해서도 찾아볼 수 있다. 학교 요인을 살펴보면 학습내용에 대한 흥미와 관심, 학급 분위기, 친구들과의 인간관계,

교사와 학생 간의 인간관계 등을 언급해 볼 수 있다.

마지막으로 무기력의 생리학적 영향이 있다. 생리학적으로 교감신경과 부교감신경 기능의 불균형에서 생길 수도 있다.

## 2) 무기력한 아이들의 증후

첫째, 일반적으로 매사에 몰두하지 못하고 소극적이며 학습활동 이외의 스포츠나 취미활동에 있어서도 수동적 태도를 보여 의욕장애와 동기부여 저하를 나타낸다.

둘째, 반두라(Bandura)는 사람이 어떤 행동을 취하려고 할 때에는 결과기대나 효력기대를 갖고 행동을 하기 때문에 자기가 한 행동의 결과를 예측할 수 없는 상황을 자주 경험하게 되면 성공에 대한 기대감이 낮아져 효과적인 활동을 할 수 없게 된다고 한다.

셋째, 앤드류(Andrew)와 디버스(Debus)는 무기력한 학생들은 학습 면에서 뿐 아니라 매사에 의욕이 없으며 어떤 한 가지 과제를 끈기 있게 해결하지 못하는 지속성의 결여를 나타낸다고 한다.

넷째, 참을성과 문제 해결력이 부족하여 그 결과 조금만 어려운 일에 부딪혀도 쉽게 포기하거나 회피하려고 하여, 욕구 불만을 참아내는 힘이 저하되는 현상을 나타낸다.

다섯째, 타인의 슬픔이나 기쁨에 대해서 또한 자신의 감정이나 정서에 대해서도 무감동함을 보여 공감능력의 부족을 나타낸다.

여섯째, 자기 소유의 물건을 잘 분실하거나 주변정리가 잘 안되거나 지각을 자주하는 것과 같이 활동성의 저하를 나타낸다.

## 3) 무기력한 아이, 어떻게 코칭할까?

아이가 무기력한 행동을 보이게 되면 아이를 있는 그대로 수용하고 이해해야 한다. 아이가 무엇 때문에 무기력해졌을까? 아이가 진정으로 원하는 것은 무엇일까? 즉, 자기 수용이 가장 먼저 되어야 한다. 이 아이들은 말로는 자신과 세상에 무관심하듯 하지만, 실제로는 세상으로부터 좌절과 패배감을 더 이상 맛보기 싫을 만큼 자신에 대한 자신감이 없기 때문이다. 아주 작은 부분이라도 인정해주면서 이들과 소통을 시작해야 그들도 조심스럽게 자신의 모습을 분명하게 보여줄 것이다. 인정은 칭찬과 달리 있는 그대로의 모습을 격려하고 지지하는 것만으로도 인정받는 사람이 자신의 존재감을 느낄 수 있는 좋은 방법이다. 우리에게 보이는 '당연한 일' 도 그들에게는 '최선을 다하는 일' 이라는 인식에서부터 출발하면 어떨까 한다.

학습된 무기력 극복방법을 세 가지로 정리하면 다음과 같다.

첫째, 작은 성공 경험 늘리기

아주 쉬운 목표부터 시작해서 난이도를 높여가며 달성하는 훈련을 한다.

둘째, 낙관주의 습관 만들기

긍정의 언어로 사고하는 훈련을 한다.

셋째, 실패를 두려워하지 말자.

"700번의 실험은 결코 실패가 아니었다. 나는 단지 전구가 만들어질 수 없는 700가지 사례를 발견한 것뿐이다."라고 말한 에디슨은 전구를 발명하였다.

## 6. 두뇌유형별 코칭

### 1) 뇌(Brain)의 이해

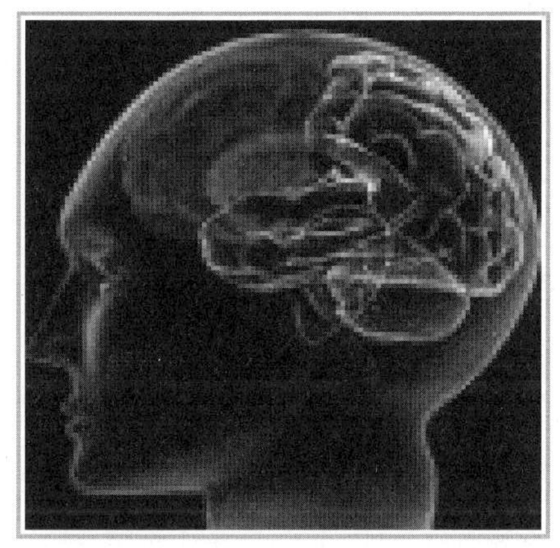

인간의 두뇌는 약 250,000,000개의 뇌량이라는 신경섬유 덩어리로 연결되어 있는 양반구가 있고 각기 후두엽, 측두엽, 두정엽, 전두엽의 4엽으로 되어 있다. 두뇌의 각 반구는 정보를 특수하게 처리하는데, 논리반구(보통 좌뇌)는 세부 사항, 언어 분석, 언어 처리, 직선적 패턴을 다루며 형태반구(보통 우뇌)는 이미지, 리듬, 정서, 직관을 다룬다. 보통 우뇌는 4세~7세 사이가 성장 고조기이

고, 좌뇌는 7세~9세 사이가 성장 고조기이다. 보통 양반구의 전문화가 완전히 이루어지는 시기는 9세~12세 사이이다.

인간은 본래 양뇌를 모두 사용하는 학습자로서 학습 문제에 접근하는 자기 자신만의 독특한 양식이 있으며 이러한 양식은 양반구를 이용하는 방식에 따라 달라진다. 학습과제에 따라서는 특정한 전략이 더 유용하게 이용되기도 하지만 학습자의 학습활동이 이루어지기 위해서는 양뇌가 서로 공유하고 협조해야만 한다. 따라서 학습자의 우뇌와 좌뇌, 즉 양뇌의 교류를 격려하는 전략의 학습을 하게 한다면 두뇌에 부응하는 학습이 될 수 있다.

### 2) 뇌 발달

뇌의 발달과 학습영역은 매우 깊은 관련이 있다. 학습을 함에 있어서 이러한 뇌의 발달을 고려하지 않는다면 발달 시기에 알맞는 적절한 교수·학습이 이루어질 수 없다. 따라서 학습자의 연령과 그에 맞는 뇌의 성장과 발달에 적절한 자극과 그에 따른 뇌의 활성이 필요하다.

조기교육이나 지나친 선행학습은 학습의욕상실과 스트레스로 이어질 수 있고 심하면 뇌 발달 장애를 일으킬 수 있으므로 적기교육이 필요하다.

### 전뇌의 성장과 발달에 따른 학습

0세~3세는 전뇌 발달 단계이다. 전뇌가 골고루 발달하는 것으로 태어날 때 뇌는 성인의 25%에 달하다가 생후 1년 내에 급성장한다. 또한 고도의 정신활동을 담당하는 전두엽, 측두엽, 두정엽, 후두엽이 골고루 발달하는 시기이므로 다양한 영역의 정보를 왕성하게 전달받을 수 있도록 하는 것이 두뇌발달의 기초가 된다.

3세~6세 사이는 전두엽 발달 시기이다. 종합적 사고와 고도의 정신기능을 담당하는 전두엽이 본격적으로 발달하는 시기이다. 전두엽은 인간의 종합적인 사고의 기능과 인간성, 도덕성, 종교성 등의 최고의 기능을 담당한다. 이 시기에 예절교육과 인성교육 등이 다양하게 이루어져야 성장 후에도 인간성이 좋은 아이가 될 수 있다.

6세~12세는 측두엽과 두정엽이 발달한다. 언어를 담당하는 측두엽, 수학적, 물리적 사고를 담당하는 두정엽이 발달하는 시기이다. 가운데 부분인 두정엽과 양 옆의 측두엽의 발달이 활발해지는 시기로 입체적, 공간적인 인식기능과 언어교육에 중점을 두는 것이 좋다. 또한 측두엽은 언어, 청각기능을 담당하는 곳이므로 외국어 교육을 비롯하여 말하기, 듣기, 읽기, 쓰기 교육이 효과적으로 이루어질 수 있게 한다. 그리고 공간적, 입체적인 사고 기능을 담당하는 두정엽도 이때 발달한다.

12세 이후는 후두엽이 발달하는 시기이다. 이때 시각적인 기능을 담당하는 후두엽이 발달된다. 또한 이 시기는 보는 기능이 발달해서 자신과 타인의 차이를 선명하게 알게 되고 자신의 외모를 꾸미려고 노력하는 시기로 시각이 발달하는 시기이다.

너무 일찍 외국어를 가르치거나 반대로 사춘기 이후 너무 늦게 시키면 효과가 떨어질 수가 있고 이 시기(6~12세)에 외국어 교육이 적기이며 고전과 명작들을 많이 읽게 하면 국어실력이 향상된다.

### 3) 학생파악

가장 먼저 학생 성향을 파악하되 두뇌유형별 특징으로 쉽게 파악하고 이해할 수 있다.

〈표 III-4〉 두뇌 유형별 특징

| 좌뇌의 특징 | 우뇌의 특징 |
|---|---|
| 말과 계산 등 논리적인 기능 | 음악, 그림 등 이미지를 떠올리는 기능 |
| 이름 기억, 단어 사용 등 언어적 학습에 유리(언어능력 우수, 영어소통 X) | 얼굴 기억, 경험 등 비언어적이며 활동적인 학습에 유리(공감대화 능력 우수) |
| 논리적인 사고로 문제해결 | 직관(즉각적 상황파악)적 판단에 의해 문제해결 |

| 추리를 통한 학습, 수학학습에 유리 (수리능력 우수) | 기하학적 학습, 공간적 시각적 과정을 통한 학습에 유리(부작용: 외모에 관심) |
|---|---|
| 이성적, 사실적이며 현실적인 것 선호 반복적인 학습에 유리 | 감정적, 창조적이며 새로운 것 선호 반복적인 학습에 불리 |
| 논리적, 분석적, 추상적, 상징적 사고 | 창의적, 직관적, 구체적, 예술적 사고 |

### 좌뇌형 학생

Feeling에 살고 Feeling에 죽는다. 감수성이 풍부하고 사교적이다.

- 창의성, 인간관계 능력, 공간지각 능력이 탁월하다.
- 감정이 앞서고 다혈질, 논리보다 직관으로 의사를 결정한다.
- 지속적인 학습계획, 학습관리가 도움이 될 수 있다(학습코치 필요).
- 예) 기업가(CEO), 예술가, 연기자, 정치인, 종교인, 디자이너

### 우뇌형 학생

공부 잘하고 한 우물을 파고 논리적이고 합리적이다.

- 언어논리력, 수리논리력, 지적 능력 탁월하다.
- 창의성, 상상력, 인간관계 능력이 부족할 수 있다.
- 거시적인 목표 제시로 동기부여가 될 수 있다(컨설팅필요).
- 예) 과학자, 교수, 변호사, 회계사, 의사, 연구원, 기술자, 공무원

나는 좌뇌형일까? 우뇌형일까?

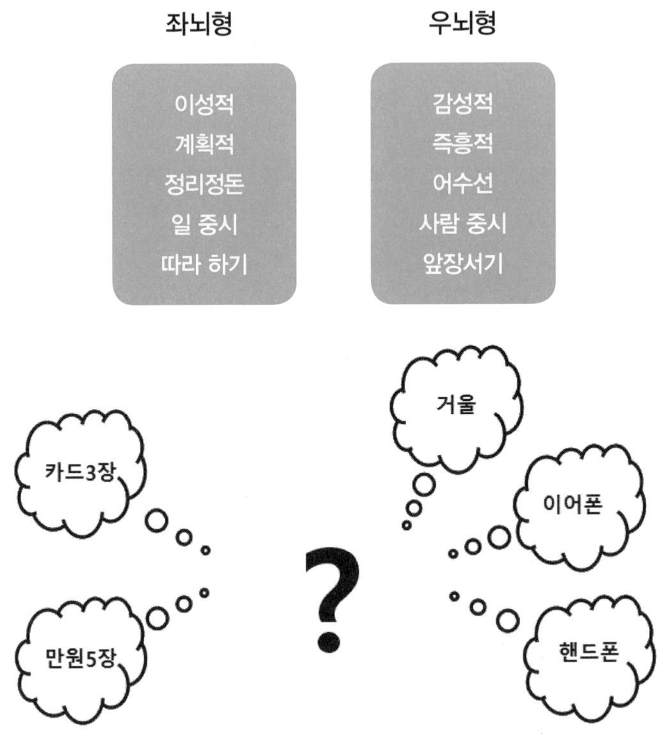


간단한 예로 위의 그림에서 보는 바와 같이 자신의 가방안에 무엇이 있는지 정리정돈이 잘 되어 있고 잘 기억도 하고 있다면 좌뇌를 많이 사용하는 유형으로 볼 수 있다.

좌뇌는 학습에 있어서 수학, 언어, 과학, 저술, 논리적 학습의 기능을 주로 담당한다. 즉, 정보를 쪼개서 분석하는 기능을 한다. 그리고 우뇌는 음악, 미술, 조각, 무용, 사물의 지각, 환상과 같은 예술적이며 직관적인 학습 기능을 담당한다. 또한 좌뇌형은 표현에 있어서 자기중심적이며 맺고 끊기가 정확한 편이고 논리적이다. 이러한 좌뇌형에게는 칭찬과 격려가 효과적이다. 반면에 우뇌형은 타인중심이며 표현에 있어서 두루뭉술하고 예술감각이 뛰어나다. 이러한 우뇌형에게는 스킨십을 해주는 것이 효과적이다.

## 4) 좌뇌와 우뇌에 따른 학습전략

| 자기 중심<br>맺고 끊기 정확<br>논리적<br>칭찬, 격려 | 타인 중심<br>두리뭉실<br>예술 감각<br>스킨십 |
|---|---|

### (1) 우뇌를 위한 솔루션

우뇌가 우세한 경우 음악을 듣거나 그림을 보거나 어떤 이미지를 떠올리는 기능이 발달되어 있다. 언어면에서는 비언어적 기능과 경험적, 활동적 학습에 익숙하다. 문제해결은 직관적으로 하고, 유머스런 생각과 행동을 하는 등 창의적이며 학습은 공간적, 기하학적 학습을 한다.

이러한 우뇌아를 위해서는 배운 것을 발표하게 하기, 음악 활동은 2시간만 하기, 엄마나 아빠가 같이 참여해 주기, 시간 중심의 스케줄 짜기 그리고 움직이면서 공부하는 것 허용하기 등이 도움이 된다.

▶ 기분파 우뇌형 아이들은 잔소리가 아닌 분위기와 환경을 만들어 주세요.

### (2) 좌뇌를 위한 솔루션

좌뇌는 말을 하거나 계산하는 식의 논리적 기능을 관장한다. 언어면에서는 언어적 기능이 발달하고 이름을 잘 기억하며 언어적 정보의 학습에 익숙하다. 문제해결에 있어서는 분석적, 논리적 그리고 체계적인 방법으로 문제해결을 한다.

학습을 할 때는 논리적 추론을 통한 학습이나 수학학습에 익숙하다. 이 경우에는 공부하기 전 5분간 집중력 놀이하기, 객관적이고 구체적으로 칭찬해 주기, 스스로 시간표 짜게 하기, 시각적인 자료를 이용하기 그리고 복습위주로 공부하게 하는 것이 좋다.

▶ 공부시간, 약속시간을 잘 지키는 좌뇌형 아이는 좀 더 넓게 바라보는 시각이 필요해요.

# 4장

# 진로적성코칭 단계

성공한 직업인의 대부분은 어렸을 때부터 자신의 재능과 적성이 무엇인지 알았고, 미래에 대한 확실한 목표도 가지고 있었다. 예를 들면 박태환, 스티브 잡스, 반기문, 장한나, 에디슨, 앙드레 김, 파브르 같은 사람들이다. 대부분의 인간은 일생을 살아가면서 하나 이상의 직업과 접하게 되고 그 직업을 통하여 자신의 가치를 높이며 행복하고 보람된 삶을 추구한다. 행복한 삶을 살기 위해서는 직업의 선택이 매우 중요하며 더욱이 21세기는 세계화, 정보화 시대이므로 다양화, 세분화, 전문화된 직업 세계를 올바로 이해하여 개인의 적성, 흥미, 소질 등에 알맞는 진로를 선택해야 한다.

성공한 삶을 살기 위해서는 개인이 갖고 있는 여러 가지 특성(능력, 흥미, 성격, 건강, 적성, 소질 등)에 맞는 직업을 선택하는 것이 중요하기 때문에 진로를 선택해야 하는 시기에 있는 청소년들에게 적절한 진로지도와 정보를 제공함으로써 타고난 잠재력을 발견해내고 적성과 흥미, 인성 등에 알맞은 진로(직업)를 선택할 수 있도록 해야 할 필요가 있다. 이렇게 청소년 스스로 진로를 결정하고 선택할 수 있도록 도움을 주기 위해서는 청소년에 대한 이해가 있어야 한다.

## 1. DISC행동유형별 코칭

### 1) 나의 성격과 강점 이해하기

사회심리학자 레빈(Lewin, 1951)은 인간의 행동을 개인이 처한 환경(environment)과 그의 고유한 성격적 특성(personality)과의 함수관계로 설명하고 있다.

$$B = f(P \cdot E)$$

B: 행동(behavior), P: 성격(personality), E: 환경(environment)

'성격(personality)'이란 개인의 선천적인 특성, 기질, 삶 전반에 걸쳐 나타내는 내적 에너지를 말한다. 이것은 비교적 어린 시절의 초기 경험으로부터 형성되어 쉽게 변하지 않으며 전 생애에 걸쳐 지속적으로 나타난다. 반면에 '행동(behavior)'은 성격과 달리 특정한 환경 안에서 반응하는 개인의 외적인 특성이라고 할 수 있다. 그렇기 때문에 행동은 반드시 성격과 일치하지 않을 수 있다.

또한 행동은 처한 환경에 따라 다소 유동적인 성향을 가지고 있기 때문에 한 개인을 이해하기 위해서는 특정 환경 안에서의 반응, 즉 인간의 행동에 주목해야 한다.

### ◈ DISC 행동유형의 유래

유형론의 초기 연구가인 히포크라테스에 의해서 시작되었고 1920년대 콜롬비아대학의 윌리암 마슨 박사가 DISC 네 가지 행동유형 모델을 개발하였다. 사람들의 행동상태를 연구하였는데 사람에 따라 타고난 성격유형이 다르다고 보았으며 성격유형분석 모델은 주도형(D), 사교형(I), 안정형(S), 신중형(C)으로 나누었다. 네 가지 유형 중 2~3가지 유형이 복합적으로 나타난다.

### 성격유형을 알면 좋은 점

- 나의 행동유형과 나의 강점을 발견하고 이를 활용할 수 있다.
- 다른 사람들의 행동을 이해하고 관계향상에 도움이 된다.
- 나와 다른 사람의 장·단점을 알고 적절하게 행동할 수 있다.
- 다른 사람들과 갈등을 해소하고, 좋은 관계를 맺을 수 있다.
- 자신의 성격유형에 맞는 학습방법을 찾는데 도움이 된다.
- 내 성격에 맞는 직업을 선택하는데 도움이 된다.

### DISC성격유형의 특징

- 성격유형은 좋고 나쁨이 없다.
- 사람들 간의 차이 역시 좋고 나쁨이 없다.
- 단지 다를 뿐이다.

## 2) DISC행동유형의 4가지

### (1) 주도형(D형: Dominance)

주도형의 사람들은 일반적으로 자기주장이 강하고 독립적이며 적극적인 행동파이다. 항상 빠르게 움직이고 다른 사람을 동기부여 시키고 새로운 일을 만들어 내며 도전하고 시도하며 이를 통한 구체적인 결과를 성취하는 것을 원한다. 이들은 높은 자신감을 가지고 있기 때문에 단호하고 신속하고 변화를 지향하며 항상 미래를 내다볼 뿐만 아니라, 상대적으로 다른 사람의 지나친 간섭을 싫어한다.

장점: 강력한 리더십을 발휘한다. 이들은 결과를 얻기 위해 장애를 극복하고 이를 적극적으로 해결하며, 매우 높은 자율성을 바탕으로 능동적이고 진취적이며 주도적으로 행동한다. 이들의 탁월한 리더십과 추진력은 복잡한 문제를 효과적으로 해결하며 종종 높은 성취를 촉진한다. 빠른 의사결정, 도전정신, 위험의 감수, 명료한 자기주장, 추진력, 독립적 행동, 결과의 추구 등이 장점이다.

단점: 적극적이고 공격적인 행동은 타인에게 때로는 냉정하고 독불장군처럼 비춰진다. 지나치게 완고하거나 조급하게 행동할 수 있으며 세세한 것을 간과하고 충동적으로 행동할 수 있다. 문제해결 상황에서 주도권이 없는 경우에는 쉽게 포기하거나 회피하는 경향을 보인다.

### (2) 사교형(I형: Influence)

사교형의 사람들은 사람 중심적이며 사물이나 세상을 보는 관점이 낙천적이며 감수성이 강하다. 오랜 시간 심각한 고민에 빠져 있는 경우가 없으며, 모든 일에 열정적이며 항상 다른 사람들을 즐겁게 해주며 매력적인 방법으로 다른 사람들에게 영향을 준다. 쉽게 사람들과 친해지는 자유분방한 사고를 가지고 있고 사회활동에 참여하는 것을 좋아한다. 때로는 감정적인 자극에 따라 산만하고 조급하게 행동하는 것처럼 보인다.

장점: 사람과 상황에 대해 낙관적이기 때문에 친화력, 열정력, 적응력, 융화력, 긍정적인 태도를 지니며 사람들 사이에서 분위기 메이커라고 할 수 있다. 이들은 사람들의 미묘한 감정의 변화를 잘 읽고 반응하며 쉽게 공감한다. 같이 울어줄 만큼 뛰어난 공감의 소유자이기도 하다. 변화와 사물에 대한 다양한 관심과 자유로움은 다른 사람들이 갖지 못한 이들의 장점이라 할 수 있다.

단점: 너무 많은 참견, 산만함, 조급함, 비체계성, 비조직성, 혼자 있지 않으려는 태도 등을 들 수 있다. 반복적인 일에 쉽게 싫증을 느끼기 때문에 자제력이 부족하여 끝까지 마치지 못하고 포기하는 경우가 많다.

사교형들은 자유주의자이기 때문에 이들에게 고정된 일정이나 엄격한 시간제약은 하나의 구속에 속한다. 사소하고 복잡한 일에 흥미를 느끼지 못하며 그로 인해 부주의한 행동과 실수를 저지르기도 한다.

### (3) 안정형(S형: Steadiness)

안정형의 사람들은 사람과의 관계를 중요시하고 오래 그 관계를 지속한다. 대신 느리고 게으르며 변화를 싫어하는 성향이 있다. 과제수행을 위해 다른 사람과 협력적으로 일하는 것에 주된 목표를 둔 사람들로서 안정과 안전에 대한 기본적 욕구를 가지고 있으며 언제나 조화롭고 균형감 있는 환경을 조성하려 한다. 또한 소유욕이 강해서 그들과 같이 일하는 집단, 그들의 클럽 그리고 특히 그들의 가족에 대해서 강한 애착을 가지고 있다.

장점: 다른 사람들에게 지원을 아끼지 않으며 조화롭고 원만한 관계를 유지하며 온화함, 부드러움, 진지한 배려 등으로 매우 꾸준하고 성실하며 인내심이 있다. 또한 안정적인 감정 상태를 유지하며 쉽게 흥분하거나 화를 내는 감정의 기복이 거의 없다. 더하여 양보, 타협, 순응, 중재 등의 행동을 하므로 팀 지향적으로 움직이게 된다.

단점: 다른 사람과의 의견 충돌이나 갈등을 지나치게 피하려 하기 때문에 자기주장이 강한 사람들의 요구나 압력에 쉽게 양보하고 희생하는 경우가 발생한다. 이러한 행동은 우유부단한 모습이나 소극적으로 비춰지게 되고 스스로 감정적 상처를 초래하며 소극적인 태도, 불명확한 의사표현 등은 다른 사람들에게 오해를 불러일으킬 수도 있다.

### (4) 신중형(C형: Conscientiousness)

신중형의 일반적인 특성은 치밀하고 논리적이며 비판적이고, 겸손하며 성실하고 무엇을 하든지 자기 능력을 다하여 최선을 다한다. 그들의 말은 언제나 사실에 입각해 있고 논리적이며 진지할 뿐만 아니라, 다른 어떤 유형보다 상황에 대한 분석능력이 뛰어나고 어떤 의견에 대해 모순점이나 의문점을 쉽게 찾아낸다. 또한 업무 수행 시 주로 논리적 근거나 데이타(data), 정확한 숫자와 도표 등을 선호하며 일의 품질과 원인에 관심을 많이 가지고 있으므로 "왜 그러죠?", "어떤 근거인가요?"라고 자주 묻는 경향과 함께 늘 생각이 많고 진지하기 때문에 턱에 손을 올리고 있거나 팔짱을 끼고 혼자 생각하는 장면이 자주 목격되기도 한다.

장점: 정확성, 논리성, 명확성, 일관성, 체계성, 신중함, 원인탐구, 주의 깊은 의사결정으로 표현할 수 있고 늘 정확성을 추구하기 때문에 수시로 사안들을 검토하고 분석하며 과정과 절차에 있어서도 매우 계획적이고 치밀하며 꼼꼼한 모습을 보인다.

단점: 어떤 행동들이 지나치게 된다면 완벽주의적인 태도나 결벽증을 보이기도 하며 자신과 타인에 대해 높은 기대를 가지고 있어 기대에 못 미치는 경우에는 자신과 타인에 대해 매우 비판적인 행동을 할 수 있다. 신중한 태도로 인해 오랜 시간을 소요하며 기회를 놓치는 일이 빈번하다.

### 3) 학습 행동유형에 따른 학습전략

기질에 따른 학습법을 이해하게 되면 코치가 코치이를 코칭하는데 있어서 큰 도움이 된다. 그렇다면 각 유형별로 공부를 더 잘하기 위해 필요한 것은 무엇일까?

### (1) 'D'형 학생

매일 해야 할 일의 순서와 계획을 세우자. 공부할 때는 필기하고 밑줄치고 한 번 더 생각하고, 시험 후에는 반드시 검토를 하자. "이 정도면 됐어"라는 생각을 경계하자. 때로는 싫은 일도 책임감을 갖고 하려 하고, 자신의 멋진 미래를 위해서 공부하자.

학습형태로는 역할극, 토론, 발표, 협동학습 등을 활용하면 도움이 된다.

### (2) 'I'형 학생

꾸준하게 하는 것이 중요하다. 눕지 말며, 미루지 말고 당장 실행하는 습관을 들이자.

수업 전에는 반드시 예습을 하고 모르면 망설이지 말고 질문하자. 내 공부를 위해서 친구나 선생님을 적극적으로 활용하자. 또한 미래의 안정을 위해서 공부하자.

학습형태로는 관찰학습, 탐구학습, 낱말 맞추기 등을 활용하는 것이 좋다.

### (3) 'S'형 학생

나만을 위해 큰 꿈을 꾸며, 경쟁할 상대를 만들자. 공부할 때는 내 방법만을 고집하지 말고 서두르지 않으며 과정을 즐기면서 미래의 업적을 위해 공부하자. "이런 건 시험에 안 나와."라는 생각을 경계하고, 시험 후 반드시 세밀하게 검토를 하자.

학습형태로는 자료수집, 실험실습, 체험학습 등이 좋다.

### (4) 'C'형 학생

일의 우선순의를 정하고 실천할 수 있는 수준의 계획을 세우자. 공부할 때는 너무 꼼꼼하게 보기보다는 빠르게 2번 이상 보며, 실수를 두려워하지 말고 실수를 통해 배우자.

한 가지 과목만 너무 붙잡고 있지 말고 과목을 정해서 돌아가며 공부하자. 또한 자신의 가치 있는 삶을 위해 공부하자.

학습형태로는 논술 및 마인드맵 등이 효과적이다.

검사실습-설문지를 작성해 보세요.

### DISC 행동유형 검사

1. 10개의 문항이 있고 1문항 당 4개의 문장이 있어요.
2. 학교나 가정에서 어떻게 행동하는지 생각해 보세요.
3. 학습하고 과제를 할 때 어떻게 하는지 생각해 보세요.
4. 나의 행동과 생각에 가장 가까운 문장부터 4점을 주세요.
5. 각 문장에는 반드시 하나씩의 4, 3, 2, 1이 있어야 합니다.

### 계산 및 기록

1. 응답지에서 같은 기호에 적혀 있는 숫자끼리 더해서 점수의 합계를 구하세요.(◎, ◇, ■, △)
2. 집계표의 총합은 200점이 되어야 합니다.

### DISC행동유형 검사지

이 검사는 여러분이 일상생활에서 행동하는 유형을 알아보기 위한 것입니다. 여러분이 공부를 하는데 어떤 행동유형으로 접근하는지를 알아보고 여러분에게 맞는 공부유형을 생각해 볼 수 있는 검사입니다. 나아가 보다 재미있고 능률적으로 공부할 수 있게 하기 위한 것입니다.

이 검사에는 정답이 없으며 누가 얼마나 잘하고 못하는지를 판단하는 것이 아닙니다.

각 물음을 잘 읽고 평상시 자신의 느낌과 생각을 솔직하게 답해 주시면 됩니다.

다음 문항에서 나와 가까운 하나를 선택하시오

1.
◎ 나는 주로 나서는 것을 좋아한다.
◇ 나는 새로운 일하기를 좋아한다.
ㅁ 나는 다른 사람 돕기를 좋아한다.
△ 나는 일을 정확하게 하는 것을 좋아한다.

2.
◎ 내 방은 먼저 내게 허락을 받아야만 들어올 수 있다.
◇ 내 방은 정신이 없고 지저분하다.
ㅁ 내 방은 나만의 공간이다.
△ 내 방은 매우 정돈이 잘 되어 있다.

3.
◎ 나는 규칙에 대해 항상 옳은지 따져 볼 필요가 있다고 생각한다.
◇ 나는 규칙이 가끔은 없는 게 낫다고 생각한다.
ㅁ 나는 규칙이 사람들을 안전하게 해준다고 생각한다.
△ 나는 규칙이 세상을 공평하게 만드는 데 필요하다고 생각한다.

4.
◎ 다른 사람들과 함께 있을 때, 나는 대개 리더를 맡는 편이다.
◇ 다른 사람들과 함께 있을 때, 나는 주로 나의 이야기를 하는 편이다.
ㅁ 다른 사람들과 함께 있을 때, 나는 대체로 남에게 맞추어 주는 편이다.
△ 다른 사람들과 함께 있을 때, 나는 잘 듣고 원리를 생각하는 편이다.

5.
◎ 어떤 일을 할 때, 나는 빨리 해치우고 결과는 빨리 원한다.
◇ 어떤 일을 할 때, 나는 혼자 하기보다는 함께 일하기를 원한다.

□ 어떤 일을 할 때, 나는 때때로 많이 생각하고 기다렸다가 한다.
△ 어떤 일을 할 때, 나는 일이 순서대로 잘 되기를 원한다.

6.
◎ 나는 다른 사람과 의견 충돌이 있을 때, 나의 뜻대로 결정하기를 원한다.
◇ 나는 다른 사람을 기쁘게 하기를 원한다.
□ 나는 친구들의 구성원이 되기를 원한다.
△ 나는 세상이 원칙과 규칙대로 돌아가길 원한다.

7.
◎ 나는 내 의견을 맘대로 말할 수 있는 곳에서 놀기를 원한다.
◇ 나는 친구들과 이야기하고 어울릴 수 있는 곳에서 놀기를 원한다.
□ 나는 친구들을 도울 수 있는 곳에서 놀기를 원한다.
△ 나는 내가 최고가 될 수 있는 곳에서 놀기를 원한다.

8.
◎ 나는 종종 거만하다는 이야기를 듣는다.
◇ 나는 종종 산만하다는 이야기를 듣는다.
□ 나는 종종 내가 싫은 일에도 참고 인내한다.
△ 나는 종종 깊이 생각한다.

9.
◎ 나는 도전적이다.
◇ 나는 말을 많이 하는 편이다.
□ 나는 말이 없고 나만의 방법을 중요하게 생각한다.
△ 나는 신중하다는 이야기를 듣는다.

10.
◎ 나는 새로운 것에 대해 적극적으로 해결책을 찾는다.
◇ 나는 새로운 것을 좋아하고 도전을 주저하지 않는다.
□ 나는 새로운 것에 천천히 시간을 갖고 관찰한다.
△ 나는 새로운 것에 대해 무엇인지 궁금하여 질문하고 찾아본다.

11.
◎ 다른 친구들은 나를 가끔 잘난 척한다고 생각한다.
◇ 다른 친구들은 나를 모험심이 강하다고 생각한다.
ㅁ 다른 친구들은 나를 착하고 차분하다고 생각한다.
△ 다른 친구들은 나를 매우 조심스럽다고 생각한다.

12.
◎ 우리 가족은 나에게 겸손하라고 자주 말한다.
◇ 우리 가족은 나에게 다른 사람의 이야기에도 귀를 기울이라고 자주 말한다.
ㅁ 우리 가족은 나에게 좀 더 서두르라고 말한다.
△ 우리 가족은 나에게 생각만 하지 말고 한번 해보라고 자주 말한다.

13.
◎ 나는 누군가의 지시에 따라야 하는 일을 싫어한다.
◇ 나는 매일 같은 일을 반복하는 것을 싫어한다.
ㅁ 나는 갑작스러운 변화를 싫어한다.
△ 나는 내가 실수하는 것을 싫어한다.

14.
◎ 일이 뜻대로 진행되지 않으면, 내가 나서서 통솔하여 일을 해결한다.
◇ 일이 뜻대로 진행되지 않으면, 나의 감정을 드러낸다.
ㅁ 일이 뜻대로 진행되지 않으면, 나는 움츠러든다.
△ 일이 뜻대로 진행되지 않으면, 나는 슬퍼진다.

15.
◎ 나는 내가 나서서 지도하는 것을 잘한다.
◇ 나는 분위기를 업시키는 것을 잘한다.
ㅁ 나는 전체를 위해 내가 양보하는 것을 잘한다.
△ 나는 세밀하게 계획 세우는 것을 잘한다.

16.
◎ 나는 시작한 일을 빨리 마쳐야 한다.
◇ 나는 시작한 일을 상황에 맞춰서 마친다.
ㅁ 나는 시작한 일을 여유 있게 마친다.

△ 나는 시작한 일을 정해진 시간에 마친다.

17.
◎ 나는 다른 친구들이 나의 잘못을 지적할 때가 싫다.
◇ 나는 다른 친구들이 내 말을 무시할 때가 싫다.
□ 나는 다른 친구들이 나에게 강요할 때가 싫다.
△ 나는 다른 친구들이 변덕을 부릴 때가 싫다.

18.
◎ 나는 너무 주장을 강하게 말할 때가 싫다.
◇ 나는 너무 시간 개념이 약하다.
□ 나는 너무 빨리 결정하라는 것을 싫어한다.
△ 나는 너무 매사에 깐깐하다.

19.
◎ 나는 솔직하게 내 기분을 이야기한다.
◇ 나는 다른 사람들의 기분을 잘 맞추며 말한다.
□ 나는 상대를 늘 배려하며 말한다.
△ 나는 생각을 많이 하고 조심스럽게 말한다.

20.
◎ 무엇인가를 원할 때 나는 그것을 쟁취하기 위해 일한다.
◇ 무엇인가를 원할 때 나는 그것을 표현한다.
□ 무엇인가를 원할 때 나는 그것을 위해 오래 준비한다.
△ 무엇인가를 원할 때 나는 끊임없이 생각하고 계획한다.

고른 문항의 개수를 적으시오
◎: ______개 ◇: ______개 □: ______개 △: ______개
__________의 DISC 행동 유형은 ________입니다.

본 설문에 참여해 주셔서 대단히 감사합니다.

## 2. 다중지능과 진로적성지도

### 1) 가드너의 다중지능이론

가드너(Gardner, 1983)는 '마음의 틀(frames of mine)' 이라는 그의 저서에서 처음으로 MI이론의 전체적 골격과 이론을 제시하였고, 그로부터 10년 뒤인 1993년에 '다중지능의 이론과 실제(Multiple intelligences: The theory in practice)' 에서 이론과 실천의 통합, 연구결과 등을 종합적으로 논의하였고 또한 과학적 연구의 형태로 접근한 연구결과를 제시하였다. 다중지능이론은 이름 그대로 일반지능과 같은 능력이 아니라 다수의 능력이 인간의 지능을 구성하고 있으며, 그 능력들의 상대적 중요성은 동일하다는 기본가정에서 출발하였다. 가드너는 IQ 점수가 함축하고 있는 의미보다 넓은 시각에서 인간의 잠재적 능력을 탐구하였다. 그가 다중지능에서 강조하고자 하는 것은 인간지능의 다원성이다. 그러므로 각자가 처해 있는 세계의 문화가 가치를 부여한 역할을 수행하는데 여러 가지 지능들이 유용하게 활용되어야 한다.

다중지능이론의 특징을 살펴보면 사람은 누구나 타고난 8가지 지능을 발휘함으로써 그동안 가려졌던 자신의 강점을 찾아내 적재적소에서 열심히 일하고 행복하게 살아갈 수 있으며 강점지능으로 약점지능을 보완할 수 있다. 또한 8개의 지능은 독립적이지만 함께 작용하므로 8개의 지능 모두 동일하게 중요하다. 더하여 개인마다 독특한 프로파일을 보이지만 환경과 경험에 의해 발달이 가능하다는 점이다. 이 때문에 가드너는 기존의 IQ검사에 대한 문제점을 다양한 측면에서 비판하였고 개인 내에 존재하는 다양한 능력을 평가하는 데 초점을 두고 있다. 모든 사람은 각각의 지능을 적절한 어떤 수준까지 계발시킬 수 있다고 한다.

### 2) 다중지능의 8가지 영역

가드너(Gardner)의 여덟 가지 지능에 대한 개념적 정의를 살펴보면 다음과 같다.

첫째, 언어적 지능(Linguistic intelligence)은 읽기, 쓰기, 말하기에 필요한 단어를 효과적으로 사용하는 능력과 언어의 실용적 영역을 조작하는 능력으로 좌측 측두엽과 전두엽의 기능과 관련이 있다.

예) 연설가, 재담가, 정치가, 시인, 극작가, 편집자, 기자 등

둘째, 신체-운동적 지능(bodily-kinesthetic intelligence)은 신체적인 자아와 관련되는 지능으로 몸 전체를 사용하여 아이디어와 느낌을 표현하는 능력 또는 손을 사용하여 사물을 만들어 내고 변형시키는 능력으로 소뇌, 기저핵 그리고 대뇌의 운동피질과 관련되어 있다.

예) 배우, 무언극 배우, 경기자, 무용가, 전문적 기술과 공예가, 조각가, 기계공, 외과의사 등

셋째, 음악적 지능(musical intelligence)의 기본적인 성격은 리듬과 멜로디를 인지하고 감상하며 만들어 낸다. 음악에 대한 직관적 이해와 분석적이고 기능적인 능력(음에 대한 지각력, 변별력, 변형능력, 표현능력)으로 우뇌의 측두엽과 전두엽에서 발현된다.

예) 음악비평가, 작곡가, 연주자, 음악애호가 등

넷째, 대인관계지능(interpersonal intelligence)은 다른 사람의 기분, 의도, 동기, 느낌을 분별하고 지각하는 능력, 특정행위에 따르도록 집단의 사람들에게 영향력을 행사하는 능력과 개인 간의 암시를 구별하고 실용적인 방식으로 이에 반응하는 능력, 다른 사람들을 이해하고 그 사람들과 일할 수 있는 능력으로 전두엽과 관련된 것으로 알려져 있다.

예) 종교지도자, 정치지도자, 교사, 치료사 등

다섯째, 개인이해지능(intrapersonal intelligence)은 자아를 이해하고 그 지식을 기초로 적용하는 능력, 자신에 대한 정확한 모습을 알아내고 그에 따른 자아 훈련, 자아이해, 자존감을 위한 능력, 복합적이고 고도로 분화된 여러 감정들을 알아내어 상징화하는 능력으로 전두엽은 성격변화에 큰 영향을 미친다.

예) 조언가, 철학자, 특수학교 교사, 심리학자 등

여섯째, 공간적 지능(spatial intelligence)은 그림과 이미지와 관련된 지능이며 시 · 공간적인 세계를 또 다른 관점에서 재창조하는 능력으로 우뇌의 후두엽이 담당한다.

예) 건축가, 예술가, 실내장식가, 발명가 등

일곱째, 논리 · 수학적 지능(logical-mathematical intelligence)은 계산능력, 논리적 추론능력, 문제해결능력 등을 포함하여 새로운 문제인식능력으로 주로 좌반구의 두정엽과 우반구의 통제를 받는다.

예) 과학자, 컴퓨터 프로그래머, 논리학자 등

여덟째, 자연탐구지능(naturalist intelligence)은 자신의 환경으로부터 최상의 것을 얻어내는 능력, 환경에 관심을 갖고 자연을 연구하는 능력 그리고 환경에서 생존하고 적응할 수 있는 능력으로 뇌의 특정 영역이라기보다는 좌반구와 우반구의 감각피질의 영향을 받는다.

예) 식물학자, 동물학자, 조경사, 기상연구원 등

이러한 다중지능검사를 한 사례는 다음과 같다. 다음의 다중지능검사는 본래 8개의 다중지능을 좀더 세분화하여 10개 항목으로 검사한 사례이다.

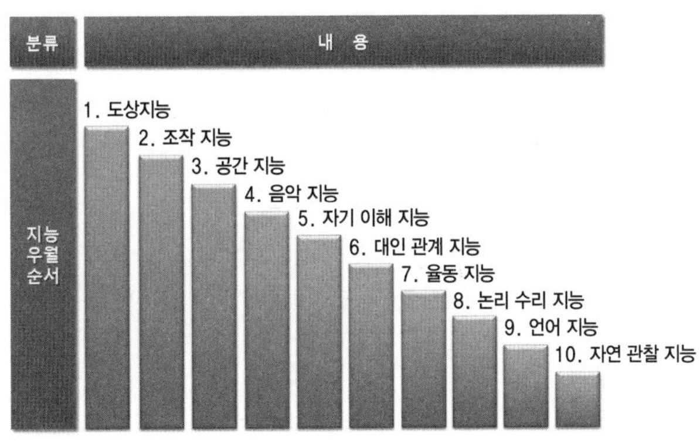


〈그림 Ⅳ-1〉 다중지능검사 예

이러한 잠재능력을 개발하기 위해서는 대나무순이 땅속에 있는 4년과 같은 과정이 매우 중요하다. 그 과정에는 보이지 않지만 4년 동안 꾸준히 물을 주면 커다란 결실을 본다는 뜻이 담겨 있다. 즉, 잠재능력 또한 꾸준한 개발과 노력이 필요하다.

◈ 줄탁동시(啐啄同時)

병아리가 알을 깨고 나올 때에 알속의 병아리가 껍질 안에서 쪼는 것을 줄이라고 하고 어미 닭이 밖에서 쪼아 깨뜨리는 것을 탁이라 한다. 이처럼 학습자들과 코치 사이에도 학습자들이 무언가를 시도하려고 행동할 때 코치가 알아차리고 도움을 준다면 효과가 배가 될 것이다.

(출처: 헬렌 켈러(Hellen Keller))

〈그림 IV-2〉 줄탁동시

### 3) 다중지능검사

다음 각 항목을 읽고 전혀 그렇지 않으면 ①, 별로 그렇지 않으면 ②, 보통이면 ③, 대체로 그러하면 ④, 매우 그러하면 ⑤에 V표 하세요.

검사지 작성 후 답안지에 문항별 점수를 기록한 후 세로 합계 점수를 계산해 보세요.

〈표 IV-1〉 다중지능검사 설문지

| 문항 | ① | ② | ③ | ④ | ⑤ |
|---|---|---|---|---|---|
| 01. 취미생활로 악기연주나 음악 감상을 즐긴다. | | | | | |
| 02. 운동경기를 보면 운동선수들의 장단점을 잘 짚어낸다. | | | | | |
| 03. 어떤 일이든 실험하고 검증하는 것을 좋아한다. | | | | | |
| 04. 손으로 물건을 만들고 그림을 그리는 것을 좋아한다. | | | | | |

| | | | | | |
|---|---|---|---|---|---|
| 05. 다른 사람보다 어휘력이 좋은 편이다. | | | | | |
| 06. 친구나 가족들의 고민거리를 들어주거나 해결하는 것을 좋아한다. | | | | | |
| 07. 나 자신을 되돌아보고 앞으로의 생활을 계획하는 것을 좋아한다. | | | | | |
| 08. 자동차에 관심이 많고 각각의 공통점과 차이점을 잘 알고 있다. | | | | | |
| 09. 악보를 보면 그 곡의 멜로디를 어느 정도 알 수 있다. | | | | | |
| 10. 평소에 몸을 움직이며 활동하는 것을 좋아한다. | | | | | |
| 11. 교과 중에서 수학이나 과학 과목을 좋아한다. | | | | | |
| 12. 어림짐작으로도 길이나 넓이를 비교적 정확히 알아맞힌다. | | | | | |
| 13. 글이나 문서를 읽을 때 문법적으로 어색한 문장이나 단어를 잘 찾아낸다. | | | | | |
| 14. 학교에서 왕따가 왜 발생하고 어떻게 해결하면 좋을지 알고 있다. | | | | | |
| 15. 나의 건강상태나 기분, 컨디션을 정확히 파악할 수 있다. | | | | | |
| 16. 옷이나 가방을 보면 어떤 브랜드인지 바로 알아맞힐 수 있다. | | | | | |
| 17. 다른 사람의 연주나 노래를 들으면 어떤 점이 부족한지 알 수 있다. | | | | | |
| 18. 어떤 운동이라도 한두 번 해보면 잘 할 수 있다. | | | | | |
| 19. 다른 사람의 말 속에서 비논리적인 점을 잘 찾아낸다. | | | | | |
| 20. 다른 사람의 그림을 보고 평가를 잘 할 수 있다. | | | | | |
| 21. 나의 어렸을 때 꿈은 작가나 아나운서였다. | | | | | |
| 22. 다른 사람들로부터 다정다감하다는 소리를 자주 듣는다. | | | | | |

| | | | | | |
|---|---|---|---|---|---|
| 23. 내 생각이나 감정을 상황에 맞게 잘 통제하고 조절한다. | | | | | |
| 24. 동물이나 식물에 관하여 많은 정보를 알고 있다. | | | | | |
| 25. 다른 사람과 노래할 때 화음을 잘 넣는다. | | | | | |
| 26. 운동을 잘 한다는 말을 자주 듣는다. | | | | | |
| 27. 학교생활에서 발생하는 문제를 해결하는 절차와 방법을 잘 알고 있다. | | | | | |
| 28. 내 방을 꾸밀 때 어떤 재료를 사용해야 하고 어떻게 배치해야 할지 잘 안다. | | | | | |
| 29. 학교 친구의 기분을 잘 파악하고 적절하게 대처한다. | | | | | |
| 30. 학교 선생님의 기분을 잘 파악하고 적절하게 대처한다. | | | | | |
| 31. 평소에 내 능력이나 재능을 개발하기 위해 노력한다. | | | | | |
| 32. 동물이나 식물을 좋아하고 잘 돌본다. | | | | | |
| 33. 악기를 연주할 때 곡의 음정, 리듬, 분위기를 정확하게 표현한다. | | | | | |
| 34. 뜨개질이나 조각, 조립과 같은 섬세한 손놀림이 필요한 활동을 잘 할 수 있다. | | | | | |
| 35. 물건의 가격이나 은행 이자 등을 잘 계산한다. | | | | | |
| 36. 다른 사람으로부터 그림 그리기나 만들기를 잘한다고 칭찬을 받은 적이 있다. | | | | | |
| 37. 책이나 신문의 사설을 읽을 때 그 내용을 잘 이해한다. | | | | | |
| 38. 가족이나 선배, 친구 등 누구와도 잘 지내는 편이다. | | | | | |
| 39. 나의 일정을 다이어리에 정리하는 등 규칙적인 생활을 위해 노력한다. | | | | | |
| 40. 나는 현재 동식물과 관련된 취미를 갖고 있거나 그런 쪽의 직업을 갖고 싶다. | | | | | |

| | | | | | |
|---|---|---|---|---|---|
| 41. 어떤 악기라도 연주법을 쉽게 익힌다. | | | | | |
| 42. 개그맨이나 탤런트 등 주변 사람들의 행동을 잘 흉내 낼 수 있다. | | | | | |
| 43. 어떤 것을 암기할 때 무작정 외우기보다는 논리적으로 이해하며 암기한다. | | | | | |
| 44. 새로운 지식을 습득할 때 그림이나 개념지도를 그려가며 외운다. | | | | | |
| 45. 좋아하는 수업시간은 국어 시간과 글쓰기 시간이다. | | | | | |
| 46. 내가 속한 집단에서 내가 해야 할 일을 잘 찾아서 수행한다. | | | | | |
| 47. 어떤 일에 실패했을 때 원인을 분석해서 그런 일이 반복되지 않도록 노력한다. | | | | | |
| 48. 동식물이나 특정 사물이 갖는 특징을 분석하는 것을 좋아한다. | | | | | |
| 49. 빈 칸에 어떤 곡을 채워보라고 하면 어렵지 않게 채울 수 있다. | | | | | |
| 50. 연기나 춤으로 내가 전하고자 하는 것을 잘 표현할 수 있다. | | | | | |
| 51. 어떤 문제가 생기면 성급하게 결론을 내리기보다는 그 원인을 밝히려고 한다. | | | | | |
| 52. 고장 난 기계나 물건을 잘 고친다. | | | | | |
| 53. 다른 사람이 하는 말의 핵심을 잘 파악한다. | | | | | |
| 54. 다른 사람들 앞에서 발표나 연설을 잘 한다. | | | | | |
| 55. 앞으로 어떻게 성공해야 할지에 대해 뚜렷한 신념을 가지고 있다. | | | | | |
| 56. 환경문제를 잘 해결할 수 있는 방법들을 많이 알고 있다. | | | | | |

## 다중지능검사 분석

| 문항 | 1 | 2 | 3 | 4 | 5 | 6 | 7 | 8 |
|---|---|---|---|---|---|---|---|---|
| 나의 점수 | | | | | | | | |
| 문항 | 9 | 10 | 11 | 12 | 13 | 14 | 15 | 16 |
| 나의 점수 | | | | | | | | |
| 문항 | 17 | 18 | 19 | 20 | 21 | 22 | 23 | 24 |
| 나의 점수 | | | | | | | | |
| 문항 | 25 | 26 | 27 | 28 | 29 | 30 | 31 | 32 |
| 나의 점수 | | | | | | | | |
| 문항 | 33 | 34 | 35 | 36 | 37 | 38 | 39 | 40 |
| 나의 점수 | | | | | | | | |
| 문항 | 41 | 42 | 43 | 44 | 45 | 46 | 47 | 48 |
| 나의 점수 | | | | | | | | |
| 문항 | 49 | 50 | 51 | 52 | 53 | 54 | 55 | 56 |
| 나의 점수 | | | | | | | | |

## 세로 항목별 합계

| 지능 유형 | A | B | C | D | E | F | G | H |
|---|---|---|---|---|---|---|---|---|
| 합계 점수 | | | | | | | | |

각각의 세로 항목에 해당하는 지능은 다음과 같다.

| | | | |
|---|---|---|---|
| A : 음악지능 | B : 신체운동지능 | C : 논리수학지능 | D : 공간지능 |
| E : 언어지능 | F : 인간친화지능 | G : 자기성찰지능 | H : 자연친화지능 |

(출처: 서울특별시 교육 연구 정보원)

## 4) 진로적성지도

### (1) 진로지도

진로지도란 학생들 자신이 자기의 적성과 능력을 알고 건전한 직업지각과 윤리관을 갖게 하여 앞으로 만족스럽고 생산적인 삶을 누릴 수 있도록 진로에 대한 방향을 세우고 선택하여 그에 대한 준비를 함으로써 선택한 진로에 들어가 계속적인 발전을 꾀할 수 있도록 돕기 위하여 제공되는 일체의 경험으로 언급하고 있다. 따라서 학생에게 각자 타고난 소질과 잠재력이 발휘될 수 있도록 진로를 탐색하여 진학이나 취업선택에 현명하게 적응하도록 조직적이고 체계적인 지도가 이루어져야 한다. 이렇듯 대부분의 청소년들에게 있어 진로를 선택하는 일은 매우 중요하면서도 어려운 결정 중의 하나이다. 어떤 진로를 선택하느냐에 따라서 개인의 능력발휘의 기회, 인간관계, 사회경제적 지위, 가치관과 태도, 정신 및 신체적 건강, 가족관계, 거주지 등 생활의 모든 면에 걸쳐서 영향을 주기 때문에 진로지도에 대한 중요성이 부각되고 있다.

진로지도에서 다루어야 할 사항은 다음과 같다.

첫째, 자기 탐색과 자기 이해를 조력하는 일이다.

이는 개인이 이미 가지고 있는 고유한 흥미, 가치, 신념, 성격 등을 알아나가면서 자신에 대해 이해하는 것을 뜻한다.

둘째, 자기계발을 돕는 일이다.

개인의 능력, 흥미, 가치, 신념, 성격 등은 학습될 수 있고 계발될 수 있는 것이다. 따라서 개인이 이미 가지고 있는 여러 특성들을 존중하면서 이와 관련 있는 특성들이 더 계발될 수 있도록 돕는다.

셋째, 진로발달의 여러 영역을 탐색하도록 돕는다.

진로발달은 자신에 대해 아는 것뿐만 아니라 직업세계에 대한 정보, 가정이나 여가에 대한 정보를 알아나가고 정보를 바탕으로 한 자신의 틀을 세울 필요가 있다. 이는 진로의 영역에 대하여 기존의 아는 정보와 지식을 구체화하는 것뿐만 아니라 새로운 정보와 안목을 갖는 것을 뜻한다.

넷째, 합리적인 의사결정방법의 교육이다.

진로의 결정과정에는 고려해야 할 많은 요인들이 있고, 각각의 요인과 관련 있는 수많은 정보가 있다. 이렇게 다양한 요인과 수많은 정보를 취사선택하여 의사를 결정하는 일은 쉽지 않다. 따라서 여러 가지 다양한 요인들을 종합하여 적절한 진로결정을 할 수 있는 의사결정능력을 갖는 것이 중요하다.

마지막으로 인간관계 능력을 발달시키도록 돕는 일이다. 일의 세계는 여러 사람과의 조화를 필요로 할 때가 많다. 가정에서나 자신이 정한 일의 영역에서 다른 사람과 좋은 관계를 맺는 능력은 만족스러운 삶을 영위하는데 중요한 요인이 된다. 따라서 인간관계 능력을 향상시키도록 도와주는 것도 진로지도의 중요한 부분이다.

### (2) 진로교육의 단계

진로지도에서는 시기에 따라 적절한 정보를 주고, 그 속에서 자신의 역량과 가능성을 발견하도록 돕는 것이 중요하다. 그렇다면 학생의 발달단계별로 진로인식 단계, 진로탐색 단계, 진로준비 단계, 진로전문화 단계 등 네 단계로 구분되며 지도해야 될 내용은 다음과 같다.

첫째, 진로인식 단계(career awareness)

진로발달 이론에 의하면 초등학교는 진로의 인식단계로 규정될 수 있다. 삶의 문제와 방향에 관하여 초보적인 인식을 성숙시키는 단계라고 볼 수 있다. 진로교육에 포괄되는 영역이 골고루 취급되어야 하나, 초등학교 학생들의 발달 수준에 맞도록 초보적 인식을 제공하는 범위 내에서 학습활동이 제공되어야 한다. 이런 의미에서 초등학교에서의 진로지도는 학생들로 하여금 자기 자신의 문제에 관심을 가지고 탐구하도록 하여야 한다. 환경과 상호작용을 통하여 자기 자신의 문제에 관심을 가지고 다른 사람과 다른 점을 이해하도록 하며, 자기 나름의 개성을 발견하고 키워 나가도록 도와주어야 한다.

초보적이나마 자기의 소질이나 적성이 무엇인지에 대하여 생각해보고 발견하려는 노력을 할 수 있도록 학습 기회와 자극을 주어야 한다. 그리고 각자의 성격, 흥미, 장래의 희망 등에 대해서도 각자

나름대로 생각해 보고 탐구해 볼 수 있는 기회를 제공하여야 한다.

둘째, 진로탐색 단계(career exploration)

진로발달 이론에 의하면 중학교 단계는 진로탐색의 시기로 규정될 수 있다. 중학교는 초등학교의 진로인식 단계와 고등학교의 진로준비 단계의 매개적 단계로서 역할을 수행한다. 따라서 중학교에서는 초등학교에서 이루어진 진로인식 활동의 기반 위에서 그 폭과 깊이를 확대하여 진로교육이 이루어져야 한다.

중학교 단계에서는 자신의 특성에 대한 객관적인 이해가 성숙되어야 한다. 따라서 자신의 지적 능력, 소질과 적성, 성격, 흥미, 신체적 특성 등에 대하여 객관적으로 이해하고 평가하게 된다. 따라서 중학교에서 진로탐색은 구체적으로 어떤 직업을 선택하거나 직업적 기능을 길러준다기보다는 전반적으로 직업에 관련된 정보를 수집하고 분석하는 능력, 그리고 자기의 소질과 적성, 성격, 흥미 등에 대하여 광범위하게 생각해 보고 객관적으로 평가할 수 있는 능력에 초점을 두고 지도하여야 한다.

셋째, 진로준비 단계(career prearation)

진로발달 이론에 의하면 고등학교는 진로의 준비단계에 해당된다. 고등학교 때에 선택한 진로가 평생토록 유지되는 필연성이 있는 것은 아니나 인생의 낭비를 막고 성공적인 직업 생활을 준비하기 위해서는 이 시기에 신중하게 진로를 선택하여야 한다. 그리고 선택한 진로에 대하여 충분히 준비를 하고 취업을 하거나 진학을 하여야 한다.

스스로 진로를 선택하고 개척해 나가기 위해서는 자신의 능력과 적성, 흥미, 신체적 적성, 가치관 등에 대하여 객관적으로 평가하고 그 결과를 직업이 요구하는 자질과 특성에 관련하여 생각하고 자기의 소질과 적성을 발견하고 키워 나가는 한편, 그러한 적성과 소질에 맞는 직업을 선택할 수 있어야 한다.

넷째, 진로전문화 단계(career specialization)

고등학교 졸업 이후부터 전문대, 4년제 대학 이상 수준의 교육 단계이다.

자신이 가장 많은 시간을 보내는 학교에서의 시간을 충실하게 보내면 자신의 삶을 효율적으로 만들 수 있고, 실력을 최고로 만들 수 있기 때문에 자신이 졸업 후에 현장에서 접할 환경, 능력, 기술 등에 대해 실제적인 대비를 해야 한다.

### (3) 적성

적성이란 어떤 과제나 임무를 학습하는데 있어서 개인에게 요구되는 특수한 능력이나 잠재능력으로 어떤 특수한 분야에서 잘할 수 있는 개인의 능력을 말한다. 또한 적성은 구체적인 특정 활동이나 직업에 대한 미래의 성공가능성을 예언한다고 볼 수 있다. 그러므로 적성검사는 개인이 앞으로 어떤 일에 얼마만큼 잘 할 수 있는가를 예측하는데 사용된다. 특히 적성이 개인의 삶에서 중요한 것은 어떤 직업에서의 성공가능성을 진단해 주는 요인으로서 개인의 진로와 깊은 관련이 있기 때문이다. 적성은 주로 유전적 요인에 의하여 결정이 되나 환경적인 요인에 의해서도 영향을 받는다. 그래서 교육학 용어 사전에서는 '일정한 훈련에 의해 숙달될 수 있는 개인의 능력' 이라고 정의하고 있다.

적성의 구조는 성격, 능력, 흥미 그리고 가치관으로 나뉜다.

• 성격적성은 나에게 잘 맞는 분야의 생활환경과 사고환경을 말한다.

• 능력적성은 내가 잘할 수 있는 일이나 분야이다.

• 흥미적성은 내가 재미있게 일하고 관심을 가질 수 있는 일이나 분야이다.

• 가치관적성은 내가 가치 있다고 여기는 덕목에 부합하는 일이나 분야이다.

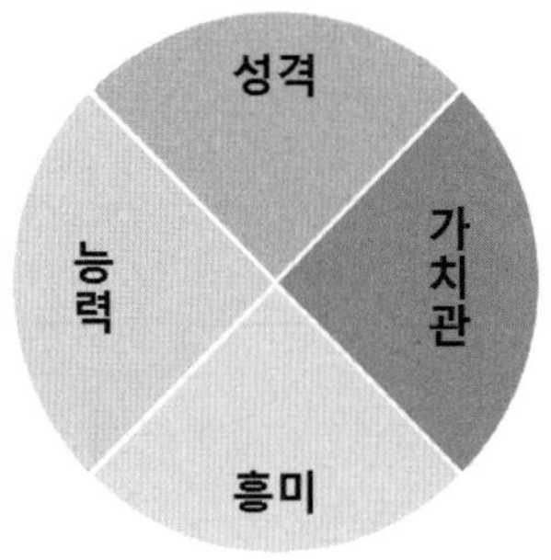


〈그림 Ⅳ-3〉 적성구성도

이 4가지 요인의 종합적인 분석을 통해 학생 개개인에게 어울리는 적성을 찾는 것이 가장 정확하다.

현대 사회에 있어서 직업은 자아실현의 수단으로서 더욱 중요하게 인식되어 가고 있다. 자기가 하고 싶은 일을 성취하는 경험, 자기 발전을 성취하는 경험은 누구에게 있어서나 보람되고 소망스러운 것이다. 자기의 소질과 적성, 가치관 및 소망에 따라 선택할 수 있는 직업의 종류도 다양해졌지만 전문성과 창의성을 실현할 수 있는 거의 유일한 수단으로 인식되고 있으며 사회 또한 그런 방향으로 좀 더 많은 직업적 기회를 제공하려고 노력한다. 직업을 통하여 자아를 발전시키고 좀 더 높은 성취를 추구하여 나가는 발전적 자아실현의 과정은 현대 사회로 발전해 나갈수록 더욱 보편화되고 있다. 각자의 인생 목표와 능력 및 특성에 맞는 직업을 선택한다면 직업 생활을 성공적으로 이끌 가능성은 커진다. 또한 자신과 주변 세계에 대한 폭넓은 이해, 새로운 활동의 시도를 통하여 적성은 계발될 수 있다. 이제까지의 경험과 하고 싶은 일들을 생각하는 것은 자신의 적성이 무엇인가를 이해하고 계발하는데 도움을 줄 수 있기 때문이다. 자신의 적성을 정확하게 이해하고 이에 부합되는 직업과 일을 선택한다면 만족하는 삶, 성취하는 삶을 살 수 있다.

## 3. 포트폴리오 작성 및 관리

### 1) 이제는 스펙이 아니라 스토리다.

진정한 인재는 자신의 인생에 대한 스토리를 갖춘 사람이다. 그 스토리는 진로비전을 수립하는 과정에서 생긴다. 그러므로 입학사정관제는 성적과 진학이 아닌 적성과 진로에 더 큰 의미를 부여하고 있다. 제도의 시행에 따라 진행되는 다양한 활동은 비교과의 한 줄 스펙으로서가 아니라 포트폴리오와 자기소개서를 작성하는데 자신의 존재와 그간의 성취의 의미를 갖게 하는 활동이어야 한다. 이를 통해 학생부 비교과를 기반으로 한 정성평가가 이루어지고 학생들의 포트폴리오와 자기소개서 작성 등을 보조할 에듀팟 시스템이 가동되고 있다.

**대한민국 교육정책과 대학입시 현황**

1. 교육과정의 변화

인간중심 교육 → 통합중심 교육 → 21세기 미래상을 위한 교육 → 학생중심 교육

2. 시험정책의 변화

예비고사, 본고사 폐지 → 학력고사 → 대학수학능력평가 시험 → 선택중심 학습(수시모집 강화)

이와같은 교육과 입시제도의 변화에 어떻게 준비하고 대처해야 할까? 인문계, 자연계 조기 선택이 전체적인 학습 로드맵을 결정한다. 그리고 인문계, 자연계 결정은 초6～중2 사이에 이루어져야 한다. 인문계의 우선순위 과목은 수학, 영어, 국어, 사회순이고 과학은 하지 않는다. 우리 아이의 적성, 능력, 희망 직업군에 대한 관심을 가져야 한다.

문·이과 통합 교육과정은 2018년 고등학교 입학생부터 적용되고 공통과목, 선택과목으로 구성예정이다.

그 다음은 내 아이에 맞는 대학 학생선발 전형을 조기에 결정해

야 한다. 전형의 종류는 크게 수시전형, 정시전형, 대한민국 입학사정관제(학생부 종합전형)로 나눌 수 있다. 각 전형에 맞게 논술을 준비해야 하는 전형도 있고, 내신 성적 위주로 대학을 쓰는 학생부 전형, 또는 학생부 종합전형 그리고 사회적 배려대상자 전형이 있다.

입학사정관제는 대학이 대입전형 전문가인 입학사정관을 육성, 채용, 활용함으로써 대학이나 모집단위별 특성에 따라 보다 자유로운 방법으로 학생을 선발하는 제도이다.

성적위주의 획일적 선발방식에서 벗어나 학생의 잠재력, 대학의 설립 및 모집단위 특성 등 다양한 요소를 고려한 선발방식이다.

입학사정관제의 핵심은 '정성평가'의 도입이다. 정성평가란 '정량평가'에 대비되는 개념으로 성적을 수치로 서열화해 평가하던 기존의 방식에서 '잠재력, 인성, 리더십, 창의성' 등 계량화할 수 없는 요소까지 확대해 인재의 기준을 획기적으로 바꾸는 새로운 평가 방식이다. 따라서 서류나 면접은 정량적으로 드러난 결과를 보고자 하는 것이 아니라, 그 이면에 담겨 있는 공부의 동기와 과정까지를 중점적으로 평가하기 위한 것이다.

자신의 진로결정을 위해서는 첫째, 진로적성검사 세부 항목을 활용한다. 전문 기관에 의뢰하여 자세한 적성검사를 통해서 자신의 적성을 알아보는 단계이다.

둘째, 과목 선호도를 알아본다. 즉, 자신이 선호하는 과목이 수학이나 과학 또는 자연현상에 관심이 많다면 자연계를 선택하는 것이 좋고, 국어나 사회 또는 영어를 선호하거나 사회현상에 대한 관심이 많다면 인문계를 선택하는 것이 좋다.

셋째, 희망 직업군을 알아본다. 자연계든 인문계든 자신의 성향에 맞는 직업군을 10~20개 정도 무작위로 펼쳐놓고, 학생의 선호도를 알아보라.

넷째, 본인, 부모, 교사, 강사의 직관을 믿으라.

**(1) 미래를 이끄는 힘, 창의력을 키워라.**

① 학생의 잠재력을 보고 선발한다.

대교협(한국대학교육협의회)은 "미래사회에 대비하기 위해 지나치게 성적 중심으로 선발하는 것은 바람직하지 않다"며 "결국 다양한 잠재력을 보고 학생들을 뽑고 발굴하기 위해 입학사정관 제도를 시행하는 것이 바람직하다"라고 밝혔다. 그러므로 새로운 발상과 이 시대에 꼭 필요한 실용적 아이디어가 무엇인가를 고민하여야 한다. 이에 창의력은 주도적 문제해결에서 길러진다고 본다.

② 많은 책을 접하고 다양한 것을 경험하는 것이 가장 중요하다.

③ 창의력을 향상시키는 방법은 다양하다.

직접 경험해 보는 체험, 다양한 시도, 관계 속에서의 소통, 음악회, 도서관, 극장, 동·식물원 등의 문화예술 활동을 경험한다.

**(2) 포트폴리오는 미래의 가능성을 예견하는 '자기평가 모음집'이다.**

포트폴리오란 학습자의 관심, 진도, 노력, 성장 등을 보여주는 결과물을 일정한 의도하에 만든 모음집이라고 정의한다. 즉, 일정기간 동안 학습자 자신이 공부하고 경험한 내용물을 모으고 정기적으로 자기평가를 한 후 그 평가표도 함께 모아놓은 것이다.

포트폴리오는 어디에 사용할 것인지에 대한 뚜렷한 계획을 가지고 제작을 해야 한다. 하나의 포트폴리오를 가지고 다방면으로 활용이 가능하지만, 디자인 분야가 다양하듯이 포트폴리오도 다양한 분야에서 활용되고 있기 때문에 언제, 어디서, 포트폴리오를 사용할 것인가에 대한 목적이 분명해야 한다.

포트폴리오 준비과정은 첫째, 일관성 있게 준비한다.

하나의 관심 분야를 얼마나 꾸준히 열심히 준비해왔는지의 일관성을 가장 중요하게 판단한다.

둘째, 자기 스스로 적성을 찾고 그와 관련된 활동을 하는 것이 필요하다. 적성을 찾기 위해 노력한 과정은 시각화하여 남기고, 나만의 흔적이 보이는 공부법 작성을 습관화해야 한다.

셋째, 독서활동을 준비한다. 막연하게 책읽기에서 그칠 것이 아니라 독서활동의 이력을 보여주는 독서활동 기록을 한다.

넷째, 포트폴리오 작성의 최적기는 초등학교 저학년부터 준비한다. 특수목적의 중, 고등학교는 학생의 진로에 중점을 두고 초등학교와 중학교에서 장래 희망을 이루기 위해 어떤 활동을 했는지를 중점적으로 본다.

다섯째, 지금 당장 자기주도학습법을 시작하라. 입학사정관제는 자기주도 학습전형이고, 자기주도 학습전형이란 학생이 스스로 공부하는 능력을 갖췄는지를 평가하는 것이다. 그러므로 학생이 작성하는 학습계획서가 핵심이다.

여섯째, 진학에서 진로로 방향을 바꿔라. 지금까지는 진로는 없고 진학만 있었다. 그러나 꿈을 찾고 진로를 결정하려면 체험을 쌓고 직업탐색을 할 수 있는 기회를 가져야 한다.

## 2) 포트폴리오 관리전략

### (1) 진로적성검사

적성검사에는 성격적성, 다중지능적성, 직업흥미검사를 들 수 있다. 이러한 검사를 통해서 나에게 어울리는 적성, 잘 할 수 있는 적성, 내가 재미있게 할 수 있는 적성을 알아보는 단계이다.

적성이란 무엇인가? 개인마다 잘 할 수 있는 능력이 다르다. 그러므로 어떤 특수 영역에서 필요로 하는 기능을 쉽게 학습할 수 있는 능력, 즉 어떤 일을 용이하게 해낼 수 있는 능력을 말한다.

### (2) 자아발견

가장 쉽게 말하면 자기 자신의 상태와 존재 이유를 아는 것이라고 말할 수 있다. 즉, 자기 자신이 지금 어떤 환경과 조건에 처해져 있고 앞으로 어떤 가능성을 가지며 자신의 이상이 무엇인지를 알면서 주위의 다른 사람들과 어떻게 관계를 형성해 나갈지를 알고 있는 상태를 말한다. 그리고 자신의 현재의 삶이 의미 있고 보람 있으며 앞으로 더욱 더 발전해 나갈 것이라 믿으며 생활하는 것 또한 자아 발견의 과정이라 할 수 있다.

### 3) 직업탐색

인간은 누구나 자기 이상에 적합한 직업을 구하려고 하고 자기 직업을 통하여 경제적 안정과 자아를 실현하고자 한다. 이에 직업 세계에 대한 이해와 직업의 사회적 역할을 이해, 탐색함으로써 개인은 직업을 통해 사회에 공헌할 수 있음을 인식한다.

'직업이란 무엇이라고 생각하나요?' 등 활동지를 활용할 수 있다. 직업탐색을 위해서는 첫째, 성공하고 싶다면 롤모델을 벤치마킹하라. 인생의 나침반이 되어주는 롤모델을 정하는 것은 매우 중요하다. 롤모델을 설정하는 순간 자신도 모르게 닮아가기 때문이다. 이처럼 발전하기 위해서는 닮아가는 과정이 중요하다는 사실을 인지해야 한다. 롤모델은 자신이 성장할 수 있게끔 길을 제시해 주고, 올바른 길로 안내해 주는 역할을 한다. 때문에 롤모델이 있으면 인생의 절반은 성공한 것이라고 한다.

둘째, 아이의 생각을 존중하는 교사와 부모가 미래형 인재를 만든다. 아이들의 생각을 존중하고 가치를 인정하고, 아이가 소유한 장점과 재능을 최대한 발휘할 수 있도록 한다.

셋째, 최후의 선택은 언제나 아이에게 맡겨라. 교사나 부모는 조력자로서 아이가 스스로 선택할 수 있도록 환경을 만들어 주고 올바른 선택을 할 수 있도록 관련된 지식이나 경험을 알려주는 역할만 해야 한다.

선택도 아이가 하도록 하고 책임도 아이가 직접 지게 해야 자신이 선택한 일에 최선을 다하고 실패하더라도 교훈을 삼아 성장할 수 있는 자기주도력을 키워나갈 수 있다. 또한 자신이 희망하는 직업을 어떻게 준비할 것인지 구체적인 계획을 세우는 것이 필요하다.

〈표 IV-2〉 희망하는 직업을 위한 준비 및 계획

| 준비할 것 | 실천하기 위한 계획 |
|---|---|
| 직업에 대한 정보 찾기 | 예) 인터넷 정보 검색하기 |
| Want-Don't Have 모습, 태도, 습관을 가지기 위한 계획 | 예) 매일 아침 6시에 일어난다.<br>예) 매일 아침식사를 한다.<br>예) 매일 스마트폰은 1시간 미만으로 사용한다. |
| Don't Want-Have 모습, 태도, 습관을 바꾸기 위한 계획 | 예) 컴퓨터를 주말에 ___ 시간만 정해 놓고 한다.<br>예) 공부할 때는 공부방에서 정해진 시간에 한다. |
| 진로 준비를 위한 공부 계획 | 예) 하루에 한 시간씩 영어책을 낭송한다. |

〈실습〉

| 준비할 것 | 실천하기 위한 계획 |
|---|---|
| 직업에 대한 정보 찾기 | |
| Want-Don' t Have 모습, 태도, 습관을 가지기 위한 계획 | |
| Don' t Want-Have 모습, 태도, 습관을 바꾸기 위한 계획 | |
| 진로 준비를 위한 공부 계획 | |

## 4) 미래설계

머릿속으로 자신이 바라는 것을 생생하게 그리면 온몸의 세포가 그 목적을 달성하는 방향으로 조절된다. 미래는 자신의 꿈을 시각화하고 생생하게 그리는 사람들의 것이다.

꿈을 이루려면 반드시 로드맵을 그려야 한다.

〈표 IV-3〉 나의 인생설계: 자신의 적성에 맞는 로드맵 그리기

| 구분 | 희망 목표 | 목표달성을 위한 노력(계획) |
|---|---|---|
| 현재 | | |
| 이번 달까지 | | |
| 새 학년까지 | | |
| 5년 후 (    )세 | | |
| 10년 후 (    )세 | | |
| 20년 후 (    )세 | | |

## 5) 사명선언서 작성

실습: 나의 사명선언서

예시

나는 ________________________이(가) 될 것이다.

나는 __________는 ________을 위하여 _______ 년도까지 ________을 공부하여 _____________ 을 할 것이다.

나는 _________ 년도까지 나의 지식과 경험을 근거로 하여 ___________에 대한 책을 ___________권 출판할 것이다.

나는 ____________년도까지 내가 원하는 꿈인 _____________을 실현할 것이다.

# 5장

# 자기주도 학습코칭 전략

자기주도 학습코칭이란 학습코칭과 자기주도학습 기법을 결합한 것으로서, 공부에 대한 답을 가르쳐 주는 것이 아니라 의사결정을 도와주거나 자기문제에 대한 해결책을 찾고 자신의 잠재가능성을 최대한 발휘하여 학습자가 올바른 자아정체성과 목표의식을 발견하고 학습자 스스로 주도권을 가지고 효과적인 학습습관을 형성할 수 있도록 돕는 것을 말한다.

그렇다면 자기주도학습은 무엇이고, 학습코칭이란 무엇일까?

자기주도학습이란 타인의 도움없이 자기 스스로 주도적으로 학습목표를 설정하고 효율적인 학습전략을 사용하며 학습결과를 스스로 평가하는 일련의 과정이다(Knowles, 1975). 다른 사람의 도움과 관계없이 학습자 개인이 스스로 자신의 학습요구를 진단하고 자신의 학습목표를 설정하여 학습에 필요한 인적 · 물적 자원을 확보하고 적합한 학습전략을 선택, 실행하여 학습결과를 스스로 평가하는 과정이다(송인섭, 2006).

학습코칭은 학습(Learning)과 코칭(Coaching)이 결합된 개념이다. 즉, 학습상황에서 코칭을 활용하는 것으로 개별 학습자의 내재된 잠재력을 끌어올려 자기주도적 학습자가 되도록 하는데 코칭을 활용하는 것이라 할 수 있다.

코칭철학에 기반하여 상대가 이미 가지고 있는 답을 쉽게 찾도록 돕는 것을 말하며, 학습자가 스스로 할 수 있도록 도움으로써 지식을 습득할 수 있는 접근능력을 개발해주는 역할로서 행동변화를 일으키도록 기대한다. 또한 학습코칭은 코치가 바라는 곳으로 가는 것이 아니라 학습자가 원하는 목적지까지 데려다 주는 대화방법으로 한 사람의 잠재력을 개발하여 탁월한 성취를 이루도록 돕는 것이라 할 수 있다.

학습자가 학습과정에서 새로운 지식을 배우고, 배운 내용을 스스로 공부하는 등 효과적으로 지식을 습득할 수 있게 하기 위하여 학습자의 학습에 필요한 다양한 공부전략을 찾아내어 활용토록 하는 것이 목적이다.

## 1. 메타인지전략

메타인지란 학습자의 인지적 활동에 대한 지식과 조절을 일컫는다. 단순히 내가 무엇을 아는지 그리고 무엇을 모르는지부터, 모르는 부분을 보완하고 평가하기 위해 계획하고 평가하는 것까지의 제반 과정이 모두 메타인지라고 할 수 있다.

또한 메타인지전략이란 학습자가 학습의 전 과정을 계획하고, 그 계획을 효과적으로 실행하기 위하여 학습의 진행과정을 모니터링, 평가, 수정하는 체계적인 접근방식을 활용하는 전략이다. 즉, 학습과정 및 인지활동을 보다 전략적으로 이끌어나갈 수 있도록 유도하는 목표설정, 계획, 모니터링, 조절 등과 같은 전략이다.

메타인지능력은 학습자가 학습문제에 직면했을 때 자신이 직면한 문제를 인식하고 스스로 해결하기 위해 자신이 알고 있는 것과 알아야 할 것을 생각해 내는 능력, 즉 무엇을 배우거나 실행함에 있어서 내가 아는지 모르는지를 정확히 파악하는 능력이다. 공부의 성공에 관여하는 능력은 IQ가 아니라 바로 메타인지영역이다. 다행히도 메타인지는 선천적인 것이 아니라 후천적인 것이기 때문에 모두의 노력여하에 따라 개발될 수 있다.

◈ KBS '전교 1등은 알고 있는 공부에 대한 공부' 중에서

전교 1등과 공부 못하는 아이의 차이는 메타인지에 있다. 전교 1등은 지우개를 이용해서 공부하고, 수업을 들으면서 필기했던 내용을 지우개로 지우고, 자신의 말로 바꾸어 적는 방법을 사용하였다.

셀프테스트도 메타인지에 도움이 되는데 셀프테스트란 자기가 설명하는 것처럼 테스트하는 방법이다. 이해했다고 생각했는데 놓치는 부분이 나온다는 것이다. 대부분의 학생들은 배운 내용을 눈으로만 읽는 재학습을 한다. 또 공부를 밤늦게까지 하지만 성적이 좋지 않은 경우에 해당된다.

〈표 V-1〉 메타인지의 종류

| |
|---|
| • 발췌: 핵심내용을 파악하기 위해 원 자료에서 중요한 개념이나 문장을 골라 요약하는 것 |
| • 정교화: 지식을 유의미하고 이해하기 쉽게 하기 위해서 어떤 지식의 뼈대, 즉 발췌결과물 위에 이미 알고 있는 기존 지식이나 경험을 덧붙여 놓는 것 |
| • 도식화: 추상적인 지식의 덩어리를 시각적인 그림, 도표, 개념도, 지도 등으로 바꾸는 것 |
| • 관련 있는 내용을 공통범주나 유형으로 묶는 것으로 모델표, 그래프, 순서도 등이 이에 해당 |

(출처: 김판수, 공부의 절대시기)

메타인지에 가장 좋은 방법은 말하기이다. 배운 것을 말로 표현해 보면 내가 무엇을 알고, 무엇을 모르는지 명확히 파악할 수 있다. 학습 직후 자신이 이해한 언어로 요약하기 및 발표 자료로 활용할 수 있다.

메타인지가 높은 학생의 특성은 시험을 보고 난 후 자신의 점수를 예측할 수 있다. 그리고 틀린 문제를 '실수했다' 고 하기보다 '몰랐다' 라고 한다. 또한 모르는 부분을 완벽히 알 때까지 반복한다.

메타인지를 높이기 위한 방법은 설명하는 습관을 갖는 것이다. 예를 들면 '선생님놀이' 가 도움이 될 수 있다. 또한 시험점수의 결과에 연연하거나 나무라지 말고 왜 틀렸을까?로 접근하여 오답정리를 한다.

지나친 선행학습보다 어떤 부분이 필요한지 파악한 뒤 차근차근 복습한다. 그리고 눈으로만 공부하는 것이 아니라 요약하는 습관을 갖는다.

2009년 영국의 런던대연구에서 하나의 행동이 익숙해질 때까지 걸리는 시간을 조사했다. 연구결과 거부감이 사라지는데는 21일이 걸리고 습관이 되기까지는 66일이 걸린다고 하였다. 그리고 습관이 되지 않을 경우 불편함을 느낀다는 것이다.

## 2. 효과적인 독서코칭 방법(SQ3R)

### 1) 독서코칭이란?

지식과 정보를 습득하는데 있어서 가장 중요한 수단인 독서는 개인의 올바른 사고력과 창의력을 길러주고 간접경험을 통해 사고의 폭을 넓혀주며 학생들의 정신세계와 상상력뿐만 아니라 스스로 그들의 삶을 성장시킬 수 있도록 개개인의 발전을 위한 잠재능력을 발휘할 수 있도록 돕는 것이다. 책은 사람을 만들어 내는 가장 값진 보물이다.

인성과 창의력을 갖춘 인재를 육성한다.

인성과 창의성은 갑자기 형성되는 것이 아니라 매일 조금씩 감동을 경험하고 생각, 반성, 판단 등과 같은 반복적인 활동을 통해 만들어진 가치관에 의해 형성되는 것이다. 또한 사람의 감정과 행동 변화는 마음 깊숙한 곳에서 감동을 느꼈을 때 일어나게 되는데 사람의 마음 깊숙한 곳을 자극할 수 있는 것이 바로 감성이다. 독서는 그런 감성을 키울 수 있는 가장 좋은 방법이다. 7차 교육과정에서도 전인적인 성장의 기반 위에 개성을 추구하는 사람, 기초능력을 토대로 창의적인 능력을 발휘하는 사람, 폭넓은 교양을 바탕으로 진로를 개척하는 사람, 우리 문화에 대한 이해의 토대 위에 새로운 가치를 창조하는 사람, 민주 시민의식을 기초로 공동체의 발전에 공헌하는 사람 등 새로운 시대의 인간상을 제시하면서 종래의 획일적인 교육방법인 '가르치는 교육'에서 '스스로 찾아 배우는 교육'으로의 전환을 요구하고 있고 무엇보다 독서교육의 중요성을 거듭 강조하고 있음을 알 수 있다. 따라서 창의적인 사고로 스스로 탐구하는 자기주도적인 학습과 아울러 독서를 통해 다른 사람의 경험과 생각을 접하여 새로운 지식, 정보를 생산하는 한편 역사 속의 성현이나 위인들의 생생한 삶의 과정을 간접 체험해 봄으로써 다양한 생각과 창의적인 사고를 할 수 있게 된다. 인성과 창의성에 영향을 주는 환경적 요인으로는 책 이외에 부모, 교사도 들 수 있다.

### 2) 책은 왜 읽어야 하는가?

읽기란 글자를 해독하고 이해하여 사고를 확장시키는 행위이다. 다시 말하면 읽기능력 안에는 해독과 사고의 두 가지 능력이 모두 포함되어 있다고 볼 수 있다. 즉, 읽기는 시각을 통하여 문자를 지각하고 지각한 문자를 음성 기호로 옮기며 의미를 이해하고 이해한 것을 분석, 비판, 수용, 적용하는 행동인 것이다. 또한 읽기는 중요한 교과 활동 중의 하나일 뿐만 아니라 다른 교과 활동의 수행에도 직접적인 영향을 미치는 학습의 중요한 요소이다. 더 나아가 학교에서의 학습뿐 아니라 사회에 진출해서도 지식 습득과 간접적 체험을 위한 꼭 필요한 능력이다.

책읽기는 사고력의 기초를 만든다. 아무리 교육이 변화하고 입시정책이 요동친다 하더라도 성적을 위한 도구가 되면 안 되는 것이다. 책읽기는 아름다운 심성을 기르고, 세상을 보는 통찰력을 키우며, 읽기를 통해 얻은 풍부한 지식은 사고능력 향상에도 도움이 된다.

**읽기 발달이론가 쉘(J.Chell)의 읽기발달단계**

• 0단계: 읽기 전 단계 (태어나서 초등학교에 입학하기 전)

아동은 일정한 문자 체계를 가진 문화권에서 생활하면서 문자, 단어 그리고 책들에 관한 일련의 지식들을 축적한다. 또한 언어의 다양한 측면(문장과 단어)을 이해하게 되며 단어의 특성에 관한 통찰도 얻는다.

• 1단계: 초기 읽기 및 문자해독 단계(초등학교 1학년부터 2학년까지)

문자 체계를 습득하여 각 문자에 대응하는 음성단어를 연결하고 읽기를 시작하게 된다.

• 2단계: 유창성 단계(초등학교 2학년부터 3학년까지)

이 시기의 읽기는 새로운 정보를 얻기 위한 것이 아니라 1단계에서 습득한 바를 다짐으로써 읽기유창성을 익히게 되는 단계이다.

• 3단계: 지식, 정보, 생각과 경험 등의 새로운 것을 배우기 위해 읽기를 시작하게 되는 단계(초등하교 고학년)이다.

• 4단계: 읽기에 있어 다양한 관점이 생겨나고 이를 다룸으로써 개념과 관점을 습득하게 되는 단계(중등학교 이후)이다.

• 5단계: 18세 이후의 시기로 고도의 추상적이고 일반적인 수준에서 지식을 구성하게 되는 가장 성숙한 단계이다.

올바른 독서방법

• 어릴 때부터 책과 친하게 지내기
• 매일 조금씩 꾸준히 읽기
• 책속의 내용을 생각하면서 읽기
• 책의 종류에 따라 읽는 방법을 다르게 하기
• 여러 종류의 책을 골고루 읽기
• 옳고 그름을 판단하면서 읽기

## 3) 효과적인 독서 방법(SQ3R)

### (1) SQ3R 독서법이란?

SQ3R 독서법이 나오게 된 배경은 1920년대 미국 오하이오주립대학 교수 로빈슨(Francis Rovinson)이 미 국방부 요청에 의해 2차대전 중 훈련병 교육시스템으로 연구가 시작되어 개발한 뒤 지금까지 전 세계 학생들 사이에서 유용하게 사용되는 독서법이며 학습법이다.

SQ3R 독서법이란 글을 읽기 전에 전체 내용을 훑어보고, 글의 내용과 자신의 경험을 관련시킨 후 주의 깊게 글을 읽고, 읽은 후에는 그 내용을 자신의 것으로 만든다.

효과적인 독서를 위한 조사(Survey), 질문하기(Question), 자세히 읽기(Read), 암기(Recite), 다시 보기(Review)의 5단계 과정을 통해 책 내용을 완전히 자기 것으로 습득하는 방법이다.

### (2) SQ3R의 5단계 절차

1단계 훑어보기(Survey) : 전체 내용을 대강 살펴본다.

독서의 가장 첫 단계로 글의 제목이나 소제목, 첫 부분 마지막 등 글의 중요부분만 훑어보는 단계이다. 책을 읽기 위해 윤곽을 잡는 과정으로 글을 읽기 전에 내용을 미리 생각해 보는 단계이다. 제목이나 사진, 도표, 그래프 등을 훑어보고 전체 내용을 빠르게 짐작한다.

2단계 질문하기(Question) : 책의 주제와 내용을 예측해서 질문을 만든다.

사고능력 향상에 큰 비중을 두어 글의 제목이나 소제목 등을 질문으로 바꾸어 마음속에 간직하는 단계이다. 제목을 보고 어떤 느낌이나 생각이 드는지, 이 책에서 알고 싶은 내용은 무엇인지 등의 질문을 해본다(단순한 질문에서 어려운 질문까지). 소제목, 강조된

어구를 질문의 형식으로 바꾸어 볼 수 있다.

3단계 자세히 읽기(Read) : 비판적으로 읽고, 스스로 질문을 확인한다.

글을 처음부터 끝까지 차분하게 읽으면서 내용을 하나하나 확인하고 파악하는 단계이다. 질문하기 단계에서 품었던 질문에 대한 답을 찾는데 주의를 기울인다. 새로운 의문점이나 궁금한 점 등을 메모하면서 여유를 가지고 천천히 읽어야 하며 필요하면 여러 번 반복해서 읽어도 좋다.

4단계 되새기기(Recite) : 읽은 내용을 요약한다.

지금까지 읽은 내용을 정리하고 요약하는 단계이다. 읽은 내용들을 마음속으로 정리하면서 글쓴이가 글을 쓴 동기나 목적 그리고 글의 핵심내용이 무엇인지 생각해본다.

마인드맵이나 도표를 활용해 정리하는 것도 효과적이다.

5단계 다시 보기(Review) : 자신이 읽은 내용을 검토한다.

지금까지 읽은 모든 내용을 살펴보고 전체 내용을 정리하는 단계이다. 글의 내용을 다른 사람에게 이야기해 보거나 글의 내용에 자신의 생각을 보태어 한 편의 글을 스스로 써보는 식으로 내용을 더욱 분명히 이해하고 기억하기 위해 노력한다. 보통 앞의 4단계를 반복하는 것이 효율적이다.

〈표 V-2〉 SQ3R 독서모형

| 단계 | 독서 | 학습 | 비고 |
|---|---|---|---|
| Survey<br>(훑어보기) | 전체내용 짐작하기<br>제목, 삽화, 서문, 도표 살피기<br>내용 예상, 주제 추론 | 전체 내용 개관하기<br>학습 목표 인지하기<br>나 홀로 줄거리 쓰기 | 전체를 빠른 속도로 읽고 내용개관하기 |
| Question<br>(질문하기) | 문제내기<br>제목 또는 목차와 관련된 문제 내기<br>저자가 이 글을 쓴 목적과 나에게 주는 메시지 알아보기 | 문제내기<br>학습목표 접근을 위한 문제내기<br>주제와 관련된 문제 내기<br>교재에 제시된 문제 먼저 읽기 | 논설문은 문단간의 연결 관계 파악하기 |
| Read<br>(자세히 읽기 ) | 자세히 읽기<br>읽으면서 문제 해결하기<br>저자의 관점에서 타당성 알기<br>숨은 뜻 파악하기<br>중요한 부분 메모하기 | 정독하기<br>문단간의 관계 확인하기<br>어려운 단어 해결하기<br>교재에 제시된 문제 해결하기 | 뒷부분을 추론하면서 읽기 |
| Reflect<br>(숙고하기) | 실제의 예, 경험, 배경 지식과 연계해서 사고하기 | | |
| Recite<br>(되새기기) | 되새기기<br>핵심내용 요약, 정리하기<br>줄거리 쓰기<br>사건의 순서 및 인물 관계도 작성하기 | 되새기기<br>글의 내용 요약하기<br>필자의 의도 파악하기<br>내 생각과 느낌을 정리하여 발표하기 | 전체의 내용 다시 말하기 |

| Review<br>(다시 보기) | 검토하기<br>앞의 4단계 검토하기<br>중요한 내용 회상하기 | 정리하기<br>학습목표 도달 확인하기<br>줄거리 회상하기 | 학습목표 도달 여부에 대한 피드백하기 |
|---|---|---|---|

## 3. 다양한 노트필기법

### 1) 마인드맵

1971년 영국의 토니 부잔(Tony Buzan)에 의해 창시된 학습이론이다. 마인드맵이란 마음의 지도란 뜻으로써 중요한 사실이나 개념을 파악해서 이것들이 서로 어떻게 연관되어 있는가를 간단한 기호나 문자 또는 그림으로 나타내고, 색과 다양한 디자인을 사용하여 학습의 파지 효과와 사고의 기술을 발휘할 수 있는 연상법을 응용한 학습을 말한다.

#### (1) 마인드맵의 특징

- 신중하게 다루어지는 주제는 이미지에서 구체화되어진다.
- 주요 주제는 나뭇가지처럼 중심 이미지에서 수직으로 뻗어 나간다.
- 가지들은 결합된 선상에서 핵심 이미지와 핵심어로 구성되어 있어 덜 중요한 주제는 더 높은 가지에 연결되어 있는 가지처럼 주요 주제에 연결되어 있다.

• 가지는 마디가 서로 연결되어 있는 구조를 취하고 있다.

**(2) 마인드맵의 장점**

① 필요한 단어만을 기록함으로써 50%~95%까지 시간을 절약할 수 있다.

② 필요한 단어만을 읽게 됨으로써 총 90% 이상의 시간이 절약된다.

③ 마인드맵 노트를 복습하는데 소요되는 시간이 90% 이상 절약된다.

④ 장황하게 늘어져 있는 불필요한 단어들 중에서 핵심단어를 찾느라 해맬 필요가 없으므로 90% 이상의 시간이 절약된다.

⑤ 핵심어를 강조함으로써 정신을 집중시킬 수 있다.

⑥ 중요한 핵심어를 더욱 쉽게 골라 낼 수 있다.

⑦ 중요한 핵심어들을 같은 시간과 공간에 나란히 배치함으로써 창의력과 회상능력을 향상시킬 수 있다.

⑧ 핵심어들을 명료하고 적절하게 연결시킬 수 있다.

⑨ 두뇌는 단조롭고 지루한 직선적 노트보다는 여러 가지 색상과 다차원적인 입체로 시각적인 자극을 주는 마인드맵을 더 쉽게 받아들이고 기억한다.

⑩ 마인드맵을 행하는 동안에 끊임없이 새로운 것을 발견하고 깨닫게 된다. 이것은 연속적이고 무한한 잠재력을 지닌 사고의 흐름을 유발시킨다.

⑪ 마인드맵은 완성과 통일성을 추구하는 두뇌의 자연적인 욕구

와 조화를 이룬다.

⑫ 뇌 피질의 모든 기능을 지속적으로 활용함으로써 두뇌의 민첩성과 재빠른 이해력을 증진시킨다.

### (3) 마인드맵의 작성법

• 학생들이 마인드맵을 직접 작성할 수 있도록 교사는 프레젠테이션을 이용하여 마인드맵을 만드는 방법을 설명해 준다. 각 단계를 구체적으로 설명해 주고, 마인드맵을 어떻게 활용하는지 이해할 수 있도록 도와준다.

• 가벼운 주제부터 시작하여 보다 더 심화된 주제까지 순차적으로 학생들에게 제시한다. 덧붙여 마인드맵은 브레인스토밍과 비슷하다는 이야기를 해준다.

• 마인드맵을 그리기 전에, 간단한 예시를 보여주어 학생들의 이해를 돕는다.

• 마인드맵을 그리기 위해 도구를 준비한다(종이, 필기구, 색연필, 칼라펜, 형광펜, 사인펜 등).

• 글자 외에도 선, 부호 등 그림의 형태가 사용된다.

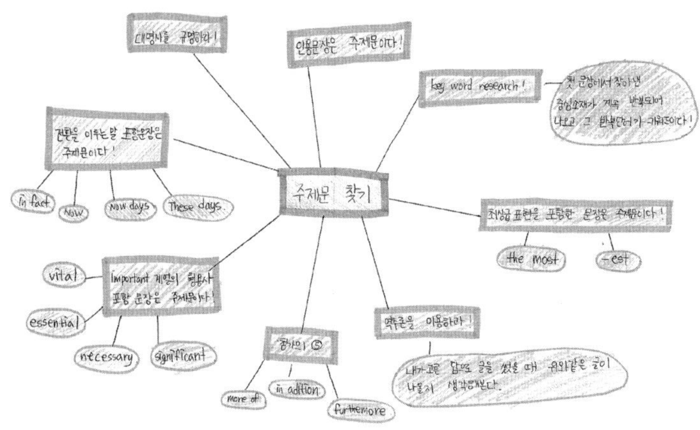


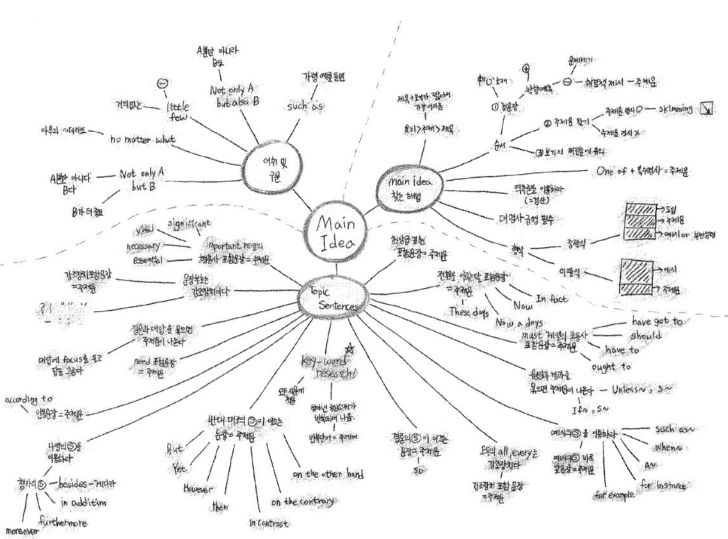


〈그림 V-1〉 마인드맵 활용하기 사례

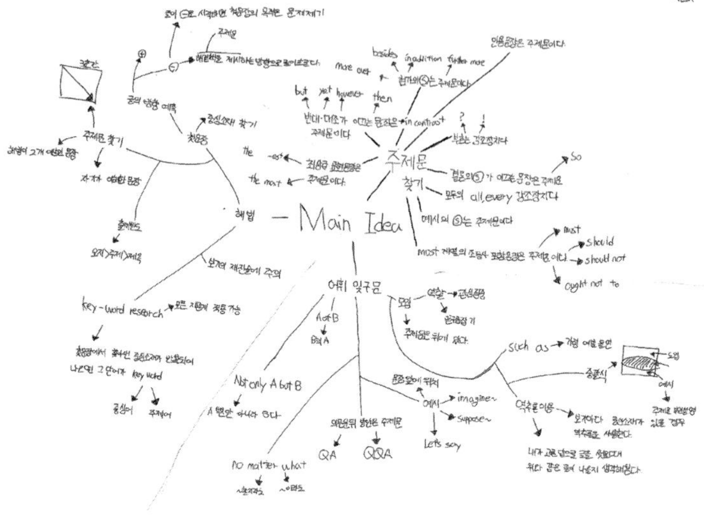


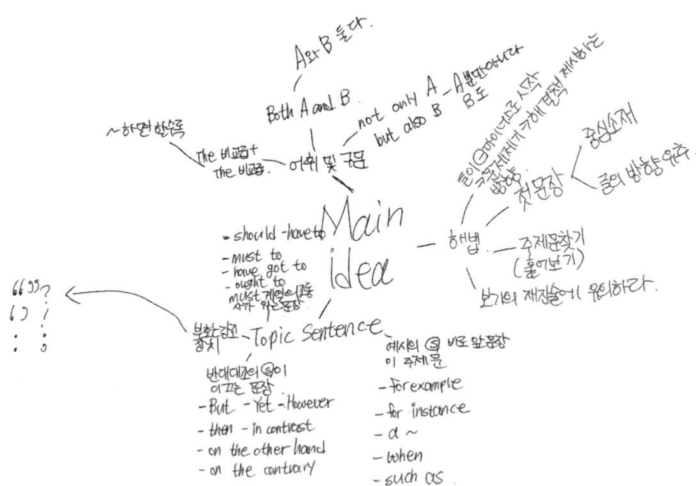


〈그림 V-2〉 마인드맵 활용하기 사례

#### (4) 마인드맵의 효과

마인드맵은 각 아이디어를 낱말로만 표상하는 것이 아니라 시각적 이미지로도 표상할 수 있기 때문에 시각적 사고를 효과적으로 활용하는 방법 중의 하나이다. 마인드맵핑을 하는 과정에서 기억은 한층 더 증진된다. 또한 이미지와 핵심단어 그리고 색과 부호를 사용하여 좌, 우뇌의 기능을 유기적으로 연결함으로써 두뇌의 기능을 최대한 발휘할 수 있도록 해준다. 지능의 요인에서도 시각적 사고 과정은 중요한 부분을 차지하므로 마인드맵을 학습과정에서 적극 활용하도록 한다.

### 2) 코넬 노트필기법

코넬노트는 1960년대 미국 코넬대학의 월터(Walter Pauk) 교수가 학생들의 효과적인 학습방법과 학습능률을 향상시키기 위해 개발한 노트정리방법이다.

코넬노트의 영역은 (1) 제목영역, (2) 필기영역, (3) 키워드영역, (4) 요약영역으로 구분되어 있으며 학습 상황에 따른 고유의 내용을 기입하도록 되어 있다.

#### (1) 제목영역(Title)

날짜, 과목명, 단원명, 강의 및 학습주제, 학습목표 등을 기입한다.

**(2) 필기영역(Notes)**

수업 중이거나 수업 내용을 다시 정리하여 복습할 때 수업 내용을 기록하거나 학습한 내용을 기록하는 영역이다. 기호와 간단한 그림, 지도 등을 사용해도 되며 글자의 색이나 형광펜 등으로 중요도를 표시해 둔다.

**(3) 키워드영역(Cues)**

수업이 끝난 후 복습활동을 할 때 강의나 학습의 중요 내용을 핵심 단어를 이용해 간결하게 적고, 주된 내용은 그림이나 도형 등으로 표시한다. 질문사항을 작성해도 된다.

**(4) 요약영역(Summary)**

강의 후 학습내용 중 주요 내용을 요약하여 정리한다. 강의의 보충 설명이나 오답 등을 작성하는 등 학습자가 원하는 대로 다양하게 활용할 수 있다.

〈표 V-3〉 코넬노트

<table>
<tr><td>Title</td><td>강의 및 학습 주제, 단원명 등</td></tr>
<tr><td>Cues<br><br>중심내용<br>키워드<br>질문사항<br>즉각적인 도움</td><td>Notes<br><br>수업내용필기<br>간결한 문장<br>색으로 중요도 표시<br>기호, 그림</td></tr>
<tr><td colspan="2">Summary<br><br>요약정리<br>보충설명</td></tr>
</table>

### (5) 코넬 노트필기법을 효과적으로 활용하기 위한 원칙(5R)

① 기록(Record)

불필요한 단어들을 제거하고 중심단어들만 사용하여 핵심내용을 작성한다. 작성 시에는 문장 단위가 아닌, 구와 절 단위로 최대한 간결하게 자신이 알아볼 수 있는 줄임말로 여러 줄을 띄워가며 오른쪽 구획에 작성한다.

② 축약(Reduce)

필기 내용 중 핵심사항이나 질문을 단어, 기호, 도표, 색상으로 표기한다. 필기 내용에서 이해가 되지 않는 부분이 있을 때는 물음표로 표시해 두고 다시 정리하고 암송할 수 있도록 기록하며 왼쪽 구획에 작성한다.

③ 암송(Recite)

필기 영역을 가린 후 키워드 영역의 메모만으로 암기학습을 한다. 또는 가린 부분을 열고 결과를 확인하면서 확실히 머릿속에 남도록 공부한다.

④ 성찰(Reflect)

수업이나 학습을 통해 배운 내용들에 관해 심도 있게 학습하는 단계이다. 노트를 보면서 추가적으로 떠오른 생각이나 아이디어를 적는다. 또한 학습한 내용에 대한 전반적인 검토를 하는 단계이다.

⑤ 복습(Review)

학습한 내용을 주기적으로 반복해서 확실히 나의 것으로 만드는 과정이다. 4~5가지 핵심 포인트로 필기 내용을 정리한다. 정리할 때는 완전한 문장의 형태로 기록한다.

이와 같은 코넬식 노트필기법을 수학학습에 활용하면 문제해결력을 높여준다. 또한 코넬식 노트필기법은 수학문제 해결에 있어서 필수적인 단계적 사고를 할 수 있도록 도와준다. 그리고 수학에 약한 학생들은 단순히 문제풀이에만 집착하여 문제해결을 위한 핵심 사항을 간과하는 경우가 많은데 코넬식 노트필기법은 문제를 단계적으로 요약, 정리하여 핵심사항을 쉽게 파악하고 문제해결을 더욱 간단히 할 수 있도록 한다.

또한 학생들이 코넬식 노트필기법에 익숙해질 경우, 활동지의 모든 칸을 비워둔 채 스스로 코넬식 노트필기법을 적용해서 여러 가지 문제를 해결해 보도록 지도하여 심화학습과 완전학습을 할 수 있도록 한다.

Topic Sentense 찾는 방법 1일

| | |
|---|---|
| ① | 부호는 강조장치다 (?!) |
| 강조장치 | ⇒ 강조장치 포함문장은 주제문 |
| ② | 전문가 말 인용 문장은 주제문이다 |
| 인용문장 | Tomas Jefferson once said that what matters in the courage of one's conviction |
| | ex) Sociologist, scientist, mathematicain |
| ③ | 반대·대조가 이끄는 문장은 주제문이다. |
| 반대·대조 | 1. But 2. Yet 3. However 4. Then |
| | 5. In contrast 6. On the other hand |
| ④ | 결론의 ⑤가 이끄는 문장은 주제문이다 |
| 결론의 ⑤ | So we do what we can instead we shop. |
| | = Consequently, thus, therefore, in short |
| ⑤ | key-word research (모든 지문 적용가능) |
| key-word | 첫문장에서 찾아낸 중심소재가 계속 반복되어 나오면 |
| | 그 단어가 key-word (중심어·주제어)이다. |
| ⑥ | 최상급 포함 문장은 주제문이다. |
| 최상급 표현 | The one best qualited, the expert, wins. |
| | ↳ 최고의 자격을 가진 전문가가 승리한다. |
| Summary | Topic Sentense 찾는 방법을 이해하고 암기해서 모든 지문에 적용시킬 수 있게 하고, 많은 문제를 풀으면서 적용하는 방법에 익숙해 지도록 노력한다. |

morning glory

〈그림 V-3〉 영어 코넬식 노트필기법 사례

코넬 노트필기법의 장점

• 학습내용에 대한 깊이 있는 이해를 돕는다.

• 학습 내용을 한 눈에 알아볼 수 있게 한다.

• 학습 내용을 체계적으로 정리하고 조직화하는데 도움을 준다.

• 학습 내용을 더 잘 기억할 수 있게 한다.

• 학습에 대한 적극적인 태도, 책임감 및 동기를 증진시킬 수 있다.

## 4. 단계별 학습법

예습, 수업, 복습을 열심히 하는 것이 공부를 잘하는 지름길이라는 것은 매년 수능을 치르고 난 만점자의 인터뷰 내용을 보면 잘 알 수 있다.

> "저는 학원 과외 도움 없이 학교 수업에 충실하면서, 교과서를 중심으로 예습과 복습을 철저히 했습니다. 잠은 6시간 이상 충분히 자고 주말에는 봉사활동과 취미활동도 열심히 했습니다."

일반 학생들이 들으면 정말 꿈같은 이야기이겠지만 사실이다. 정말로 교과서하고 예습, 복습으로 만점을 받을 수 있을까?라고 생각하지만 너무 당연하고 단순한 방법이기 때문에 무시해 버리고 어렵게 공부를 한다. 단계별 학습법에서는 바로 이 단순하고도 당연한 방법인 예습, 수업, 복습의 중요성에 대해서 설명하고 구체적으로 무엇을 어떻게 해야 하는지에 대해 이야기하고자 한다.

### 1) 예습

예습은 수업에 관심과 흥미를 가질 수 있게 만드는 최고의 방법이라 할 수 있다. 예습을 처음 시작하는 학생이라면 하루에 한 과목 정도를 목표로 하고 계획을 세우는 것이 좋다. 욕심을 부리고 많은 과목을 계획하다보면 처음 마음먹은 것과 달리 좋은 결과를 얻기 어려울 수 있다. 그러므로 좋아하는 과목이나 쉬운 과목 또는 잘하는 과목을 선택해서 5~10분 정도 가볍게 읽는 것이 중요하다.

첫 단계에서는 학습 목표와 주제, 단원 제목, 그림과 도표 등을 보면서 수업을 준비하고 예습하는 것이 익숙해졌다 싶으면 훑어보는 단계를 넘어 개념을 이해하는데 중점을 둬야 한다.

두 번째 단계에서는 수업 내용의 목차와 함께 흐름을 파악한다.

흐름을 파악할 때는 자신이 알고 있는 것과 모르는 것을 구분하면서 체크를 하고, 핵심어와 핵심 개념이 무엇인지 확인해야 한다.

세 번째 단계에서는 하루에 한 과목 이상의 여러 과목도 예습할 수 있도록 수준을 높인다. 또한 수업 내용에서 새롭게 배운 내용을 중점으로 질문을 만들어가며 정리한다. 이해되지 않는 부분을 찾아서 선생님께 질문할 내용을 미리 만들어 본다.

이러한 과정을 거치다보면 수업에 대한 흥미와 관심이 생겨서 집중력을 높일 수 있다. 예습이라는 엄청난 맛에 빠지게 된다면 공부가 쉽고 재미있어질 것이다.

## 2) 수업

학교에서 듣는 수업뿐만 아니라 학원 수업, 과외 수업, 인터넷 강의 수업 등 하루의 대부분의 시간을 수업을 듣는 데만 쓴다고 해도 과언이 아닐 정도이다.

모든 학생들이 학교에서 똑같은 시간을 보내고 있는데도 어떤 학생은 성적이 좋고, 어떤 학생은 성적이 좋지 않은 이유는 뭘까? 똑같은 선생님에게 똑같은 수업을 듣는데, 수업을 효과적으로 듣는 학생은 과연 어떻게 듣는 것일까? 그 방법은 학생들이 수업에 적극적으로 참여하는 것이다.

수업을 잘 듣기 위해서는 첫째, 수업목표를 확인해야 한다. 선생님께서 말씀해 주시는 그날 수업의 목표를 확인한다.

둘째는 수업 경청하기이다. 수업내용을 잘 듣고 수업 중에 산만해지는 요인을 피하며 수업의 흐름을 놓치지 않는다.

셋째는 노트 필기하기이다. 중요한 내용 및 선생님의 필기 내용을 시간을 많이 할애하여 설명하시는 내용을 노트에 잘 적어놓는다.

마지막, 질문하기이다. 미리 적어놓은 질문들이나 수업을 들으며 생긴 의문점들을 질문하고 확실하게 숙지한다.

또한 수업을 잘 듣기 위해서는 수업 준비를 잘 해야 한다. 수업도 구분의 연속이다. 내가 알고 있는 것과 모르는 것을 구분하여 모르는 부분에 중점을 두고 확실하게 이해하는 것이 수업의 효과를 극대화시킬 수 있는 방법이다.

### 3) 복습

공부를 잘하기 위해서는 배운 것을 복습하는 것이 중요하다. 왜냐하면 수업을 잘 들어도 복습을 하지 않으면 결국 잊어버리기 때문이다. 복습이야말로 학습효과에 가장 큰 영향을 미치는 요인이다.

효과적인 복습이란 첫째, 개념을 터득하고 이해를 완벽하게 하는 것이다. 복습을 하면서 이해하지 못했던 부분을 보완해서 이해도를 높이고 암기한다.

둘째, 복습은 타이밍이다. 쉬는 시간 복습, 방과 후 복습, 주말 복습을 한다.

쉬는 시간 복습은 수업 직후 약 1분 동안 수업시간에 배운 중요 내용 훑어본다.

방과 후 복습은 요점정리를 중심으로 주요 과목을 복습한다. 그리고 주말 복습은 일주일 동안 중요내용 요점정리를 중점으로 복습한다.

이렇듯 복습의 목적은 배운 것을 익히고 자기 것으로 만드는 것이다. 학습의 효과를 극대화하기 위해서는 미리 공부할 내용을 훑어보고 수업시간에 수업을 열심히 들으며 배운 것을 다시 보는 단순해 보이지만 당연히 해야 하는 단계들을 순환하는 것이 좋다.

## 5. 기억력 학습법

### 1) 기억의 원리

공부를 효율적으로 하기 위해서는 기억의 원리를 알 필요가 있다. 일반적으로 기억은 입력, 저장, 출력의 3가지 과정을 거친다. 첫 번째 단계는 입력단계로 학습을 통해 새로 습득한 정보들을 뇌에 입력시킨다. 두 번째 단계는 저장단계로 그 정보들을 오랜 기간 동안 기억하게 한다. 마지막 단계는 출력단계인데 그 정보들이 다시 필요할 때 다시 떠오르게 한다.

> "인간이 경험한 외부의 자극을 뇌세포에 저장했다가 후에 그 정보를 상기하는 작용이 기억인 것이다."

이러한 기억의 과정 중 어느 한 가지만 부족해도 기억률은 높아지지 않는다. 다시 말해서 외부로부터 전달된 정보는 기억물질을 통해 우리 뇌에 저장되게 되는데 정보가 반복되어 들어오면 기억물질의 농도가 높아져서 기억형성이 강화되며 반복의 횟수를 더욱 늘리게 되면 새로운 기억 회로망을 형성하게 된다. 따라서 기억을 강화하기 위해서는 주기적인 반복학습이 필요하다.

학습도구 및 학습전략이 기억력을 강화시킨다. 목표가 설정되고 동기부여가 된 다음은 실행이 중요한데 효과적인 실행을 위한 학습도구 및 학습전략은 학습자 스스로 준비해야 한다. 준비하는 과정에서 자연스럽게 선행학습이 이루어지고 기억력 강화에도 도움이 된다. 학습전략이란 학습자가 학습 내용이나 과제를 효율적으로 처리하기 위하여 외부에서 유입되는 정보를 의미 있게 재조직하는 학습 기법이라고 정리할 수 있다. 그것은 학습자가 학습할 내용을 효과적으로 이해하고 기억 체계 속에 저장되어 있는 정보들과 관련지으며 당면한 문제에 대한 정보를 탐색, 인출, 적용시킴으로써 해결책을 찾는 일련의 과정이다

대표적인 학습도구에는 시간관리를 위한 플래너, 집중력 향상을 위한 스톱워치, 암기력 향상을 위한 암기노트 등이 있다.

### 2) 기억력전략

기억력을 높이는 데 있어서의 기본은 집중력이다. 내가 이것을 얼마나 집중해서 보느냐에 따라 더 빠르고 확실하게 기억할 수 있다. 때문에 집중력과 기억력을 동시에 발휘하는 게 중요하다.

첫 번째, 기억력은 좋아질 수 있다.

짧은 시간이라도 집중하는 노력을 꾸준히 한다. 오랜 시간 동안 집중한다는 것은 무리이다. 또한 시간이 지속될수록 집중력은 떨어지기 마련이다. 20분, 30분씩 차근차근 집중하는 시간을 늘리다 보면 나중에는 1시간, 2시간도 거뜬히 집중할 수 있기 때문에 기억

력은 훈련으로 향상이 가능하다.

두 번째, 스트레스는 기억에 나쁜 영향을 준다.

스트레스는 두뇌 발달과 기억력 향상을 저해한다. 스트레스를 받으면 뇌와 회로 사이에 매듭이 잘 풀리지 않게 되고 원활한 흐름의 장애가 나타난다. 따라서 두뇌 발달을 저해하는 결과를 낳게 된다. 각자 자신들이 좋아하는 독서, 음악, 컴퓨터, 스포츠 경기와 같은 취미 생활을 즐길 수 있는 시간을 가지는 것이 기억력 향상에 큰 도움이 될 수 있다.

세 번째, 기억력은 정신집중력과 비례한다.

성적과 공부시간은 물론 비례관계에 있지만 더 중요한 것은 얼마나 효율적으로 하였는가이다. 많은 시간을 공부에 투자했어도 만족할 만한 성적을 얻지 못하는 경우도 많기 때문이다. 짧은 시간에 효율적으로 집중하여 반복 공부하면 단기기억에서 장기기억으로 넘어가면서 영원히 기억하게 된다. 때문에 좋은 결과를 위해서는 집중력 향상훈련을 하여 시간을 갖고 꾸준히 학습하면 기억력은 향상된다.

기억력전략 향상을 위한 방법들에는 어떤 것들이 있는지 알아본다.

### (1) 암기법

평상시에 암기에 관한 머리를 자주 쓴다. 즉 시연, 반복학습법을 활용한다. 암기력이 좋은 사람과 암기력이 좋지 않은 사람의 차이는 바로 여기에 있다. 근육운동을 꾸준히 하면 근육이 발달하는 것과 마찬가지로 암기도 훈련 및 개발이 가능하다.

이것은 자기암시효과로도 설명될 수 있다. 즉 기억해야지 하고 결심하면 잘 기억하게 된다. 또한 낯선 길 다시 와야 한다면 가면서도 열심히 기억한다.

**(2) 청킹기법(Chunking)**

주어진 정보를 의미 있는 단어로 묶어 효율적으로 기억하는 방법이다. 청킹(chunking)이란 '덩어리'란 뜻으로 골프스윙에서 매 단계를 반복하여 하나의 스윙으로 완성한다거나 영어학습시 의미 단위로 묶음 짓기 등이 이에 해당된다.

**(3) 범주화: 비슷한 것들끼리 분류하여 기억하는 방법이다.**

과일, 채소, 접속사, 동사, 명사, 포유류 등을 마치 수학의 집합에서처럼 같은 종류끼리 분류하여 기억하는 것이다.

**(4) 심상법: 머릿속에 그림으로 떠올려 보는 방법이다.**

독해 시 시각화가 효과적이다. 글을 읽으면서 머릿속에 그림을 그리면 기억에 도움이 된다.

**(5) 머릿글자 활용법: 머릿글자를 이용하여 문장을 만들어서 기억하는 방법이다.**

예를 들면 목표설정의 다섯 가지 방법을 머릿글자를 이용하여 SMART로 암기하면 기억에 도움이 된다.

SMART(Specific, Measurable, Attainable, Realistic, Time bounded)를 떠올림으로써 '목표는 구체적이고 측정 가능할 수 있어야 하며 행동 지향적으로 달성 가능해야 하고 현실적이며 시간을 정하고 있어야 학습자의 변화에 도움이 된다.' 라는 내용을 연상할 수 있게 된다.

**(6) 여정기억법: 장소를 연관 지어 기억하는 방법이다.**

예를 들면 기억정보가 가위, 연필, 칼, 지우개, 공책일 때 마인드맵(Mind map)을 집 - 세탁소 - 편의점 - 동사무소 - 학교로 그릴 수 있다. 집에서 학교까지의 여정을 마인드맵으로 정했을 경우인데, 연상정보를 집(가위) - 세탁소(연필) - 편의점(칼) - 동사무소(지우개) - 학교(공책)로 연관지어 기억하는 방법이 이에 해당한다.

이러한 기억력향상을 위한 여러가지 방법을 종합해보면 기억력을 향상시키는 방법은 복습과 반복이다. 복습은 빠른 시간 내에 한다.

에빙하우스의 망각곡선(1850-1909, 독일심리학자)

- 기억한 후 1시간 뒤에 55%를, 1일 뒤에 70%를, 그리고 1달 뒤에는 80%를 잊어버린다.
- 망각하지 않으려면 수업시간 끝나기 전, 후에 5~10분, 그날 저녁에 5~10분, 주말에 1~2시간 복습한다.

복습은 에빙하우스의 망각곡선에서처럼 가급적 빠른 시간 내에 하는 것이 좋다.

휴식도 집중력 강화에 필요하다. 휴식은 공부한 내용을 저장하는 시간이기도 하지만 신체의 에너지를 보충하여 다음날 공부의 효과를 높여 주며, 두뇌의 스트레스를 해소하여 공부에 대한 의욕을 일으키는 역할을 하기 때문에 적절한 휴식을 취하는 것이 좋다. 건강관리는 선택이 아니라 필수이다.

하지만 잘못된 휴식, 즉 TV나 컴퓨터는 공부로 혹사된 눈과 두뇌를 더 피곤하게 만들고 지금까지 공부했던 내용을 잊어버리게 만들 뿐만 아니라 다음 공부의 집중력을 떨어드릴 수 있기 때문에 백해무익하다고 할 수 있다.

스트레칭이나 조깅, 걷기와 같은 전신운동이 특히 뇌 건강에 좋다고 한다. 그러므로 좋은 휴식과 적절한 운동을 하면 뇌 전체의 균형이 골고루 이루어진다. 또한 운동을 하게 되면 뇌 기능이 활성화되면서 더 많은 뇌세포를 학습에 활용할 수 있게 되어 기억력 향상에 도움이 된다.

**멧칼프(Metcalf, 1997)의 연구**

인간은 스스로 해본 것은 90% 정도 기억하고, 보고 들은 것은 50%, 보기만 한 것은 30%, 듣기만 한 것은 20%, 그리고 읽기만 한 것은 10% 정도 기억 속에 저장된다고 한다.

〈표 V-4〉 개별학습전략과 기억율

| 방법 | 기억율(%) |
| --- | --- |
| 읽기만 한 것 | 10% |
| 듣기만 한 것 | 20% |
| 보기만 한 것 | 30% |
| 보고 들은 것 | 50% |
| 스스로 해본 것 | 90% |

(출처: 메카프, 1997)

### 3) 집중력전략

집중력이란 어떤 내용이나 활동에 관심을 가지고 주어진 과제를 완성하기 위하여 의식과 노력을 모으는 힘이다. 집중력 향상을 위해 정보처리능력, 자기통제력, 주의력 등이 필요하다.

공부 중에 간식을 먹으면 우리 몸이 머리가 아니라 소화기관으로 집중되므로 집중력에 방해가 된다. TV나 전화도 집중력의 방해요소이다.

집중력이 중요한 이유는 집중력은 효율적인 학습을 가능하게 한다. 또한 기억, 모방, 이해, 표현력의 지능발달에 실마리 역할을 한다.

주변 환경이나 상황 등에 주의를 뺏기지 않고 과제를 수행할 수 있게 하며 탐구, 응용, 창의력의 기반이 된다. 따라서 집중력은 성적 향상의 절대요소이다.

그렇다면 집중력 전략의 실천방법은 무엇일까? 우선 내용에 대한 강한 호기심을 갖는다. 즉 내적 동기유발이 중요하다. 그리고 마감효과를 활용한다. 마감효과란 시험기간이 임박해져 집중력이 증대되는 현상이다. 따라서 시간을 정해서 공부하겠다는 계획을 세워야 한다. 집중력 실천의 또다른 방법은 정신적, 육체적 건강을 유지하는 것이다. 또한 작은 시간단위로 학습하는 것이 중요하다. 사람이 집중할 수 있는 시간은 30분이다. 따라서 휴식시간이 필요하다.

# 6장

# 자기주도학습 적용사례

## 1. 문제해결 중심학습(PBL: Problem-Based Learning)

문제 상황에서 학습이 시작되는 문제기반학습은 1970년대 초에 캐나다의 맥매스터(McMaster) 의과대학에서 시작되었다. 이후 미국의 배로우즈(Barrows) 교수가 의과대학 학생들을 대상으로 하여 이론을 정립하고 이를 발전시켰다. PBL은 처음부터 체계적인 학습이론의 적용을 통하여 나온 것이라기보다는 수업을 실제로 가르치면서 경험적으로 얻게 된 생각, 지식, 기술, 과정을 종합적이고 체계적으로 정리하여 제시된 학습방법이다. 즉, 학습자가 스스로 주어진 학습상황을 최대한 활용하여 자신이 원하는 지식을 얻고 다양한 정보나 기술을 획득해 나가는 학습자 중심의 학습을 의미한다.

## 1) 문제해결 중심학습(PBL)의 특징

첫째, PBL은 문제로부터 시작한다.

학습자가 자신의 학습의 주체가 된다는 의식을 가질 수 있도록 현실과 밀접한 관련이 있는 문제가 제시되어, 학습자 스스로 무엇이 중요한지에 대한 판단을 할 수 있는 순간부터 학습이 시작된다. 학습자는 자신과 관련이 있다고 생각되는 문제, 도전할 만하다는 느낌을 가지도록 해주는 문제가 제시되었을 때 흥미를 가지고 문제해결에 열중하게 된다.

둘째, PBL은 학습자 중심이다.

학습과 관련된 모든 것이 학습자에게 넘어가는 것을 의미하지 않는다. 조력자가 없는 PBL은 이루어질 수 없고 실패의 지름길이 될 것이다. PBL목적이 달성되기 위해서는 학습자의 학습을 도와주는 사람이 반드시 필요하며, 학습자의 학습활동 과정 중에 발생하는 어려움을 해결해 줄 수 있는 역할을 하는 사람이 절대적으로 필요하다.

셋째, PBL은 교수자의 역할을 '지식 전달자' 에서 '조력자' 로 전환시킨다.

학습자의 학습과 지식획득을 안내하고 돕는 조력자이자 공동학습자로서의 역할을 수행한다. 때로는 문제를 직접 개발하여 제공하는 문제 제공자이면서 동시에 학습자의 문제해결에 도움을 주는 촉진자 역할을 하기도 한다.

넷째, 협동 학습과 자기주도적 학습을 강조한다.

협력 학습을 통하여 학습자는 자신의 결론과 견해에 대하여 객관적으로 평가를 받을 수 있으며, 다른 구성원과의 상호작용에 의해 자신의 지식과 사고 영역을 확장시킬 수 있다. 또한 PBL에서의 자기주도적인 학습은 문제해결을 위해 자신의 인지 작용을 스스로 성찰하고, 문제를 해결하는 방법과 자신이 속한 그 틀에서 이루어지고 있는 학습활동에 대해 끊임없이 사고하는 과정을 의미한다.

다섯째, 평가는 학습자 중심으로 다양한 방법으로 이루어진다.

PBL에서의 평가는 결과 중심의 평가가 아니라 문제해결 전반적인 과정에 대한 지속적인 평가가 이루어진다. 또한 학습자 스스로 평가에 참여할 수 있게 된다. 평가 자료는 최종 보고서, 성찰저널, 모둠월간 평가, 모둠별간 평가 등이 종합적으로 활용된다.

### 2) 참여 학습의 수준

문제에 대한 이해나 해결책을 활동을 통해 해결해 나가는 과정이다.

학습자가 문제를 파악하고 이를 해결하기 위해 학습목표를 토론을 통해 스스로 정하고 관련 지식을 익히고 팀별, 개인별 학습을 진행하면서 그 과정에서 문제해결능력 및 협동력을 키우는 학습자 중심의 학습이다.

또한 학습자 스스로가 무엇이 중요하고 무엇이 중요하지 않은지를 스스로 판단할 수 있다.

퍼실리테이터(facilitator)는 직접적인 지도는 하지 않고 자기주도학습과 문제해결을 돕는다.

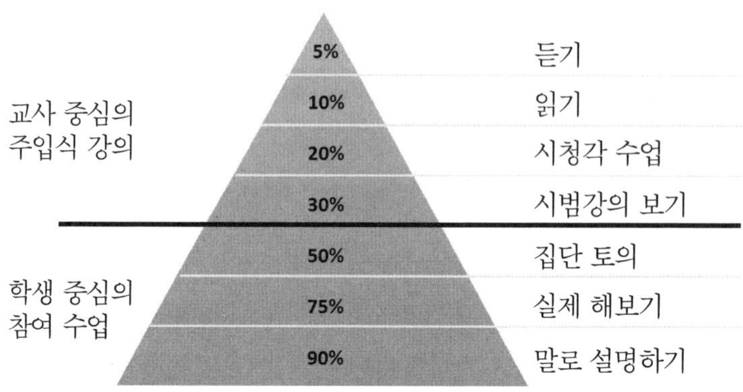


(출처: NTL(National Training Laboratory, Bethel, Maine)

〈그림 VI-1〉 학습효과 피라미드(The Learning Pyramid)

## 3) 문제해결 중심학습(PBL) 진행과정

① 문제해결 과정의 개괄: 팀별 주제 선정

② 팀별 Workshop(최소 6회): 장소는 순회

③ 발표회 개최: 발표시간은 팀별 20분/심사 및 시상

◈ PBL활동주제 예시:

감사언어의 힘 실험 29일 경과

감사의 언어를 들은 실험물의 곰팡이가 현저하게 적게 발생되었다.

| 감사언어 | 부정적인 언어 |
| --- | --- |
| 색깔이나 정도가 양호한 곰팡이가 발생되었다. | 많은 양의 검은 곰팡이가 넓게 발생되었다. |

### 4) 문제해결 중심학습(PBL) 성공조건 4가지

① 올바른 주제 선정
② 벤치마킹(Bench Marking)
③ 자발적 적극 참여
④ PBL성과 활용의지

문제해결 중심학습(PBL)은 한 가지 방법이나 정해진 답을 강요하지 않고 자율적이며 책임감을 강조하는 학습 환경을 제공하여 학생들이 적극적인 참여자로서 지식을 스스로 구성해 나가는 효과적인 방법이다. 학습자가 스스로 학습 목표를 발견하고 실행 계획을 세우며 필요한 정보를 검증하는 등의 과정을 경험하게 함으로써 학습에 대한 흥미와 주인의식 등이 학습에 관련된 태도를 향상시킨다는 점에서 자기주도 학습능력에 긍정적인 영향을 줄 수 있다.

## 2. 신문활용학습(NIE: Newspaper In Education)

### 1) 신문활용학습(NIE)

1930년대 미국의 대표적인 일간지인 뉴욕타임스가 신문을 교실에 배포하며 처음 시작되었다. 이후 청소년의 문자 기피 현상이 심화되고 학교 수업에 신문 활용의 중요성이 부각되자 1958년 미국 신문발행협회가 NIE의 전신 NIC(Newspaper In the Classroom)를 주도하면서 본격 확산되었다.

신문 활용 교육이란 '신문을 가르치고 신문으로 가르치자'는 교육적 시도이다. 즉, '신문을 친숙하게 하고 학습에 활용하여 교육적 효과를 높이는 프로그램'이 바로 NIE이다. 이는 '살아있는 교과서(living textbook)'인 신문을 활용하여 열린 교육, 21세기에 걸맞는 정보화 교육을 하자는 뜻으로 이해하면 된다. 또한 NIE를 '학교 수업에 신문을 교수 매체로 활용하여 교육적 효과의 제고를 위한 교수법이자, 신문과 교육의 동반자적 새로운 프로그램'으로 정의되기도 한다.

### 2) 신문활용학습(NIE)의 장점 및 특징

첫째, 최신 정보를 얻을 수 있으며 실제의 일과 있었던 일을 과제로 삼을 수 있다는 장점이 있고 현실에서 사회적으로 문제화한 것을 다룰 수 있다. 또한 신문 안에 다양하고 폭넓은 정보가 담겨 있으므로 여러가지 형태로 활용할 수 있다.

둘째, 여러 사람들의 실제 발언과 다른 의견 또는 다양한 사고 방식을 알 수 있으며 시간의 경과에 따라 일의 변화를 조사할 수 있다.

셋째, 누구나 쉽게 신문을 구할 수 있으며 몇 가지 신문을 비교하여 검토할 수 있다.

넷째, 사진이나 그래프, 그림 등을 다면적으로 사용할 수 있으며 스크랩하기와 보존하기가 용이하고 교사 자신이 새로운 사실에 접할 수 있는 기회의 시간이 될 수 있다.

### 3) 신문활용학습(NIE)의 목적

자녀나 학생의 인지능력 및 사고력 향상을 도와주고 미래시민으로서의 인간성과 시민성 함양이 목적이며, 학습과정에서 학생(자녀)의 창의성 신장을 촉진한다. 또한 자신이 부딪치는 문제의 해결능력을 함양시킴과 더불어 다양한 의사표현 및 의사결정력을 배양한다. 그러므로 사회에 대한 관심을 증대시키고 사회적응능력을 육성하여 학생(자녀)간 협동학습의 기회를 주고 협동심을 함양시키며 올바른 인성과 여러 가지 교육이 가능하다. 언론, 출판의 자유에 대한 인식을 고취시키고 정보, 자료의 분석력과 활용능력을 증진시킨다.

### 4) 신문활용학습(NIE)의 교육적 효과

NIE는 읽기, 말하기, 쓰기능력과 더불어 정보를 분석하고 비판할 수 있는 능력을 길러주며 종합적이며 창의적이고 통합교과적인 사고능력을 배양하는 데에도 도움을 주고 있는 것으로 알려져 있다.

### 5) 신문활용학습(NIE) 활용방법

① 학습자의 능력이나 진도에 따른 수준별 학습, 개별 학습이 가능하다.

② 읽기, 요약하기, 토론하기, 쓰기 등에 사용할 수 있다.

③ 탄탄한 사고력을 바탕으로 주제에 대하여 생각하고, 토론할 수 있다.

#### 신문활용학습(NIE)과 자기주도학습의 연관성

자신의 운명을 스스로 결정하여 이끌어 갈 수 있도록 도와주고 신문을 비평적으로 읽기 위한 욕구와 능력을 향상시켜 주며 주체성을 제고시키고 정보처리능력을 향상시킴과 같은 효과는 직접적으로 자기주도학습과 연관성을 띠고 있다고 본다. 왜냐하면 자기주도학습은 기본적으로 학습자가 주체가 되어 자신의 학습을 전반적으로 통제하고 조절하는 것이 핵심이기 때문이다. 때문에 학생 스스로 찾아서 조사하고 연구함으로써 자기주도학습 의욕을 고취시키고, 적극적인 탐구능력 향상을 가져온다고 볼 수 있다.

## 3. 플립 러닝(Flipped Learning)

온라인을 통한 선행학습 뒤 오프라인 상에서 교수자와 토론식 수업을 진행하는 역진행 수업방식이다. 즉, 기존의 전통적인 수업과는 정반대로 수업에 앞서 학생들이 교수자가 제공한 강연영상을 미리 학습하거나 문제를 풀고 강의실에서는 토론이나 과제풀이를 진행하는 형태의 수업방식을 의미한다.

국내에서는 서울대, 연세대, 카이스트(KAIST), 울산과학기술원(UNIST) 등에서 이 방식을 도입해 시행하고 있다. 이 밖에도 많은 기관에서 다양한 방식으로 시행하고 있다. 기존의 교육방식은 수업시간에 이론과 개념을 가르친 후 학생들이 이해 및 암기를 하는 식의 복습을 했다면 플립러닝은 학습자 중심의 말하기 공부법으로 사전에 영상을 통해 이론과 개념을 학습한 후 본수업에서 발표 및 토론을 통하여 이끌어내는 학습법이다.

〈그림 VI-2〉 플립러닝 사례

## 4. 협동학습(Cooperative Learning)

구성원인 4~5명인 소그룹을 형성하여 구성원들 간에 사회적 상호작용을 하며 학습하는 방법이다. 공교육에서 수행평가 시 많이 활용하는 교수법으로 학생들의 긍정적 상호의존 관계를 중시하고 그룹의 구성원 개개인의 책임을 강조하면서 동시에 지식과 기술을 습득할 수 있다는 장점이 있다.

협동학습이 잘 이루어지기 위해서는 과제가 협동적으로 구성되어야 하며 평가에 있어서도 기회가 균등하고 협동적 피드백이 이루어져야 한다.

협동학습이 잘 구조화된 사례는 능력별 팀학습(STAD), 토너먼트식 학습(TGT) 그리고 과제분담학습(Jigsaw) 등이 있다.

〈그림 VI-3〉 협동학습 사례

# 7장

# 과목별 자기주도학습

## 1. 수학 자기주도학습법

### 1) 수학교육의 목적

첫째, 수학의 실용성을 들 수 있다.

수학을 배우면 사회생활을 할 때나 과학이나 다른 학문을 공부하는데 도움이 된다. 컴퓨터와 첨단과학 기술의 발달은 거의 모든 분야에서 수학의 필요성을 증대시켰다.

둘째, 수학의 정신도야성을 들 수 있다.

그대로 우리의 정신능력을 신장시킬 수 있다는 점이다. 수학을 배움으로써 신장될 수 있는 능력은 합리적이고 논리적인 사고력, 추상적 사고력, 창의적 사고력, 비판적 능력, 기호화하고 형식화하는 능력, 단순하고 종합화하는 능력 등이다.

셋째, 수학의 심미성을 들 수 있다.

기하학적 도형이나 황금 분할 등을 보면 그 절묘함과 정교성을 느낄 수 있으며, 수의 신비한 성질이나 수학의 형식성 등은 그 자체가 곧 아름다움이라 할 수 있다.

넷째, 수학의 문화적 가치를 들 수 있다.

인류가 오래전부터 오늘날까지 구축해 온 수학이라는 문화는 수용, 전달할 가치가 있다는 것이다.

이런 것들을 종합해 보면 수학공부는 논리적이고 사고적인 능력 향상을 통해서 다른 학문을 공부할 때에 좀 더 효율적이고 능률적인 학습을 할 수 있도록 도움을 준다고 볼 수 있다.

## 2) 수학의 동기유발

수학은 다른 교과보다 위계성이 뚜렷해 한번 학습결손이 생기면 이후 계속적인 방해 요소로 작용하는 경우가 많다. 그러므로 공부 잘하는 방법과 내가 왜 공부를 잘해야 하는지 학생 스스로 깨달을 수 있게 한다. 즉, 수학을 왜 공부하는가에 대한 목표를 뚜렷하게 제시해 줌으로써 방향감을 잃지 않고 학생 스스로 성공의 경험을 느낄 수 있도록 기회를 제공함과 동시에 칭찬과 격려를 끊임없이 해줌으로써 자신감과 긍정적 기대감을 갖을 수 있게 한다. 또한 호기심을 불러일으킬 수 있는 과제와 흥미 있는 과제를 제시한다. 따라서 자신이 노력하면 좋은 결과를 얻을 수 있다는 것을 경험하게 되면 성취감이 또 다른 동기를 부여하게 된다.

### 3) 수학 공부방법

첫째, 수학은 기초적 개념에 대한 이해가 필요하다.

암기나 문제풀이식 수학공부는 학생에게 도움이 안 된다. 반드시 교과서에 나오는 원리나 공식 등에 대해 개념을 정확히 알고 있는가를 먼저 점검해 보고, 이에 대한 깊숙한 이해를 바탕으로 한 응용력 키우기에 힘을 쏟아야 하는 것이다. 어떤 책으로 공부하고 얼마나 많은 것을 암기하느냐가 아니라, 얼마나 깊이 관찰하며 사고하는가 그리고 어떤 자세로 문제에 접근할 것인지가 수학공부에 있어 성공의 열쇠이다. 기본개념부터 차근차근 공부하는 것이 가장 중요하다.

둘째, 수학은 계획을 세우고 공부를 해야 한다.

계획 없이 공부를 한다는 것은 즉흥적으로 공부를 한다는 의미이며, 이는 공부하기 싫어하는 학생들처럼 미루어 두고 나중에 한꺼번에 공부를 하는 것과 같다. 수학은 세부적인 공부 계획을 세우고 해야 하는 것이다.

수학공부 계획기간은 최대한 짧게 잡는 것이 좋다. 장기계획보다는 단기계획을 여러번 반복 실천하는 것이 더 효율적이고 실천율도 높여주기 때문이다. 예를 들면 일주일 계획을 세우면 단기계획이므로 실천하기가 수월하고 그 계획을 실행 후 다시 일주일 계획을 세워서 실천하는 방식으로 이어가는 것이 좋다. 이 방식은 성취감도 느낄 수 있고 동기부여가 될 수 있다.

셋째, 수학공부는 깊이 있게 공부를 해야 한다.

응용문제를 풀기 위해서는 개념의 확실한 파악과 문제를 풀기 위해 여러 전략들을 강구해야 하는 것이다. 개념을 정확히 이해하고 문제를 풀어봄으로서 여러 가지 문제를 풀 수 있는 전략을 스스로 개발해야 하는 것이다.

넷째, 점수대별로 공부하는 방법을 다르게 해야 한다.

점수별로 성취동기가 약한 학생이 어려운 문제를 대할수록 더 수학을 멀리하는 경향이 있다. 그러므로 자신의 점수에 맞는 공부방법을 택하는 것이 좋다. 자신의 실력에 맞는 공부내용과 공부방법을 정하도록 한다. 예를 들어 하위권 학생은 중학교 내용 중 취약부분이나 고등학교 1학년 내용 중 미흡한 부분을 보충하는 시간을 갖도록 한다. 중위권 학생은 막연하게 문제를 많이 푸는 것 보다 유형별 학습을 활용하고 개념노트를 정리하여 머릿속에 설계도를 먼저 그린 후 문제 푸는 연습을 하는 것이 좋다. 상위권 학생의 경우는 예습을 하고 틀린 문제를 분석해보고 실수한 부분을 면밀히 검토해 본다.

다섯째, 개념서로 기본을 확실히 하라.

개념서(개념원리, 정석 등)란 교과서 외에 충분히 개념정리가 되어 있는 것을 선택해서 여러 번 반복하라는 것이다. 이때 '나만의 개념노트'를 만들어 유형별 개념을 정리하여 필요시마다 확인할 수 있도록 한다.

### 4) 수학의 문제풀이 전략

첫째, 정의를 이해해야 한다.

수학공부를 위해서는 무엇보다 먼저 정의를 이해해야 한다. 정의 이해는 아무리 강조해도 지나치지 않는다. 많은 수학 공부방법이 있지만 이것이 선행되지 않으면 노력에 비해 얻는 것이 굉장히 미미할 것이다. 이것이 수학을 잘하는 비결이다.

둘째, 정의를 이해하면 정의로부터 도출된 공식을 이해해야 한다.

공식을 증명하는 습관을 들여야 한다. 수학은 곧 증명의 학문이나 다름없다. 그렇기에 증명을 잘하게 되면 수학을 잘 할 수 있다.

그 다음으로는 앞에 배웠던 단원과의 연관관계를 이해해야 한다. 수학은 하나의 큰 이야기와 같다. 대부분의 학생들이 이러한 부분을 놓치고 있기 때문에 수학을 어려워하는 것이다.

셋째, 전체적인 흐름을 이해해야 한다.

공식이나 정의의 이해는 항상 문제를 통해서 해야 한다. 많은 문제를 풀면 다양한 유형에 대해 적응을 할 수 있기는 하지만 그렇다고 무턱대고 문제를 많이 풀기만 하면 오히려 시간낭비가 될 수 있다. 그러므로 좋은 선생님이나 선배들을 통해서 그 단원에서 꼭 이해하고 넘어가야 할 문제를 찾아서 풀고 남은 시간에 다른 문제를 풀어보는 것이 시간을 절약할 수 있고 개념을 이해할 수도 있는 좋은 방법이다.

넷째, 문제를 풀 때는 시간을 정해 놓고 풀어보는 것이 좋다.

일부 학생들은 계산실수를 운이 나쁘거나 실수라고 생각해 버린다. 이것은 잘못된 생각이다. 이항을 잘못했거나 숫자를 잘못 봤다거나 하는 계산실수 역시 실력이다. 그러한 문제를 많이 풀어보지 않았기 때문에 실수도 하는 것이다. 이렇듯 실수 역시 실력의 한 부분이기 때문에 문제 푸는 훈련을 게을리 하지 말아야 한다.

다섯째, 수학 문제에 객관식은 없다.

서술형 주관식에 맞게 푼다. 공부의 신의 학습법은 아는 것과 모르는 것을 정확하게 구분하여 모르는 것을 반복 학습하는 것이었다. 특히 수학은 끝까지 손으로 풀어 아는 것과 모르는 것을 구별해 모르는 것은 알아갈 때까지 공부한다. 또한 출제자의 의도를 파악하는 훈련을 한다. 즉, 왜 이 문제를 출제했을까를 생각하고 반복되는 유형을 파악하고 익힌다.

여섯째, 수학은 반드시 노트에 푼다.

오답 시 풀이과정을 비교해 보고 어느 부분이 틀렸는지 정확히 알기 위해서 수학은 노트에 푸는 것이 좋다. 오답노트와 풀이과정을 비교해 보고 이해가 안 되는 부분은 표시를 한 후 질문한다.

## 5) 효율적인 수학 자기주도학습법

### (1) 교과서 중심으로 공부한다.

공부를 잘 하려면 중심 교재가 있어야 하는데, 그 중심 교재가 바로 교과서다. 우등생이 되는 첫 번째 관문은 교과서 정복이다.

### (2) 모르는 것이 무엇인지 알고 수업에 임해야 한다.

수업이 재미있어야 한다. 수업이 재미있기 위해서는 무엇을 알고 무엇을 모르는지를 알고 수업에 임해야 한다. 내가 모르는 것을 알기 위해 수업을 듣는다면 수업시간에 집중력이 생길 것이고 자연스럽게 수학 수업을 즐길 수 있게 되는 것이다. 공부에서는 목표의식이 중요하다. 즉 수업에서 어떤 부분을 집중해서 들어야 하는지를 파악하는 것이 목표의식을 만들어 준다.

### (3) 수업에 집중해야 한다.

우등생은 수업시간에 열심히 듣는다. 그리고 그 시간에 집중해서 배운 것을 소화하려고 애쓴다. 수업을 소홀히 하고 열심히 듣지도 않고 공부를 잘하겠다는 것은 어불성설이다. 수업시간을 백분 활용하자! 수업을 열심히 듣고 책에도 적고 노트에도 적어 보자. 공부에서 노트필기가 전부라고 해도 과언이 아니다. 필기하는 습관은 천재 교육의 출발점이라는 말도 있다.

### (4) 단순암기보다는 원리를 알려고 힘써야 한다.

공부는 원리를 이해하고 암기하는 과정을 거쳐서 완성된다. '왜 그렇게 되지?' 라는 Why 질문을 던지고 그 원리를 알고자 노력해 보고, 원리를 모르겠으면 질문을 하자.

### (5) 찾아보고 확인하는 습관을 길러야 한다.

교과서를 통해 배운 개념들을 백과사전, 참고서, 인터넷 등을 통해 확인하려는 습관을 길러야 한다. 그냥 아는 것과 확인하고 적용시켜 보는 것은 천지차이다.

### (6) 복습하고, 복습하고, 복습하자! (누적복습)

수업을 듣고 이해한 것은 다른 사람에게 설명할 수 있을 만큼 충분히 복습해야 한다. 충분히 복습하지 않으면 배운 것을 다 잊어버리게 된다. 에빙하우스의 망각곡선에 의하면 학습한 지 1시간 후부터 기억력은 50%로 현저하게 떨어진다. 상위권과 중위권의 차이는 충분히 복습했느냐 안 했느냐의 차이라는 것을 명심해야 하며 그 복습 시기도 중요한데 복습은 수업 직후가 가장 효과적이다. 공부를 잘하려면 자투리시간을 잘 활용해야 한다.

### (7) 효율적인 개념노트와 오답노트 작성이 핵심이다.

- 개념, 공식증명, 공식 요약 등 매일 작성한다.
- 틀리기 쉬운 유형을 정리한다.
- 정기적으로 (매주) 반복해서 복습한다(계획표 시간설정).
- 학교, 학원, 자율학습 상관없이 과목별 1권씩 작성한다.

문제를 풀어봄으로써 완전하고 탄탄한 지식이 된다. 문제를 한두 번 풀어서는 실력이 늘지 않는다. 또한 실수한 문제는 또 실수할 가능성이 많다. 실수한 문제들을 표시해 놓고 오답노트에 꼭 다시 풀고 또 풀어보도록 노력하자. 파이팅!!! 이때 오답노트는 코넬식 노트필기법을 활용한다.

**초등수학 팁**

- 수학을 잘하기 위해서는 예습이 필요하다.
- 예습은 자기주도학습의 효율적인 방법이다.
- 요점정리는 스스로 하는 것이 제일 좋다.
- 시험공부는 교과서 먼저 하고 나서 문제집을 푸는 것이 좋다.

교과서 – 참고서 – 문제집 순서로 풀되 틀린 문제는 반드시 수학 오답노트에 다시 푼다. 코넬식 노트필기법을 활용하고 정답이 나올 때까지 계속 푼다. 정답이 나온 후에도 4번 이상까지 반복하는 것이 효과적이다.

수학 공부방법에 있어서 중요하게 여겨지는 것은 계획의 수립과 실행이고, 공부 시에는 개념의 정확한 이해를 해야 하는데 이는 많은 문제를 풀어 봄으로서 실수를 줄이는 효과를 볼 수 있다. 또한 개념의 이해와 문제해결력, 적응력을 길러야 하며 깊이 있게 사고하기 위한 문제를 또한 풀어 보아야 한다.

이때 중요한 것은 자신감 회복 또는 상승인데, 오답노트를 활용하여 실수를 줄여가며 자신감을 심어주어야 한다.

## 6) 수학교과서 학습법

### (1) 수학교과서 구성

① 탐구활동: 기초문제를 통해 개념에 접근. 주로 실생활과 관련된 예를 든다.

② 개념정리: 수식으로 예를 들거나 사례를 보여준 다음 기본 개념을 정리한다.

③ 필수예제: 기본개념을 확장하기 위한 심화활동을 한다.

④ 연습문제: 탐구활동과 개념을 잘 이해했는지 평가한다.

### (2) 수학을 잘하기 위해 필요한 요소

① 학습목표

학습목표를 따로 모아 적은 후 그 밑에 학습목표에서 강조한 개념이나 공식을 개념노트에 써 둔다.

② 개념이해와 개념연결

수학은 기본개념 이해가 다른 어느 것보다 더 중요하다. 기본개념을 이해한 후 각 개념의 연결 관계를 파악해야 한다. 기본 개념정리가 안 되면 확장되는 용어와 새로운 용어를 이해하기 힘들다.

예) 방정식, 항등식, 일차방정식, 이차방정식 등

③ 학습순서는 교과서, 참고서 및 기본 문제집, 개념 문제집, 실력 문제집, 심화 문제집 순으로 공부한다.

### (3) 효과적인 수학공부법

1단계 : 개념과 원리 이해

개념과 원리를 이해하기 위해서는 공식이나 정리의 증명과정을 분명히 이해하고 확실히 알아야 하며 입실노트(개념노트)를 따로 정리해 둔다.

2단계 : 공식 암기

공식을 확실하게 암기해 두어야 문제를 풀 때 제대로 적용해서 좋은 성적을 받을 수 있다. 수학은 적용이 중요하다.

3단계 : 유형별 기본문제풀이 훈련(필수예제)

유형별 기본문제풀이 훈련은 마치 수영에서 몸이 뜨는 것을 배우는 것과 같다. 수영법을 모르고 수영을 할 수 없듯이 유형별 기본문제에 숙달하지 못하면 수학을 잘할 수 없다. 기본에 충실하자!

4단계 : 실전연습(연습문제)

3단계 유형별 기본문제가 복합된 문제이다. 우선 어떤 기본유형과 또 다른 기본유형이 섞여 있는지 분석한다. 수학은 적용과목이다.

5단계 : 코넬식 노트필기법을 통해 단계적 수학문제 해결 방법을 익힌다.

### (4) 수학의 신, 자기주도학습과정

수학적 사고력을 향상하는 수학 자기주도학습 과정은 계산 능력 → 이해능력 → 추론능력 → 표현력 → 문제해결력 순이다.

• 계산능력

문제해결 절차인 알고리즘 구사능력

• 이해능력

문제 상황에 적합한 수학적 분석 및 해석 능력이며, 수학의 기본 개념 원리, 법칙을 이해하는 능력

• 추론능력

수학적 개념, 원리, 법칙을 이용하여 문제를 파악하고 해결하는 능력으로 사고력과 연관된다.

• 표현력

문제해결 과정을 적절한 문장, 수식, 도표, 그림으로 표현하는 능력으로 특히 서술 및 논술형 문제해결에 요구된다.

• 문제해결력

여러 가지 수학적 개념, 원리, 법칙을 복합적으로 적용하는 문제(다중 추론능력), 다른 교과 상황을 소재로 한 수학적 문제, 수학을 적용하는 다양한 실생활 문제(창의력) 등을 해결하는 능력이다.

수학경시, 수능 수리탐구, 수리논술, 수학 심층면접 등 높은 수준의 수학적 사고력이 요구되는 시험을 잘 보기 위해 반드시 향상시켜야 할 능력이다.

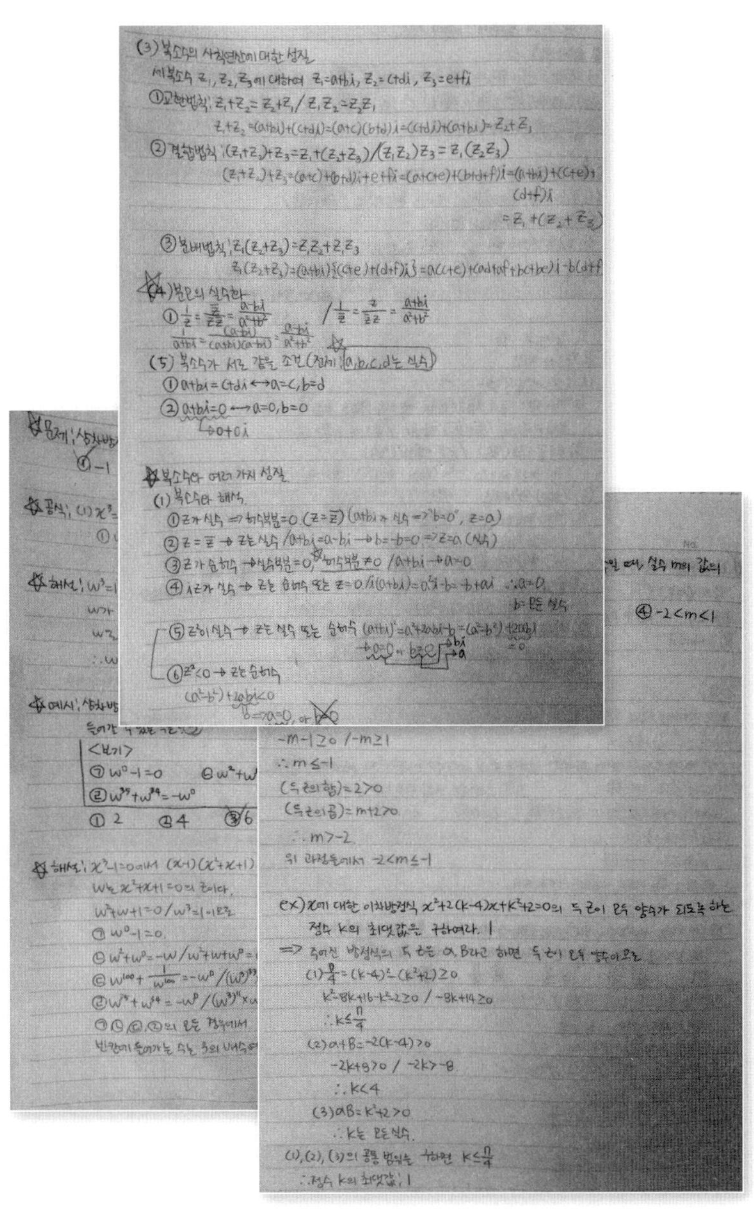

〈그림 VII-1〉 코넬식 노트필기법 활용한 수학오답노트

## 2. 국어 · 사회 자기주도학습법

### 1) 우등생과 열등생의 차이점

공부 잘하는 아이와 공부 못하는 아이는 다 이유가 있다. 최근 한국교육개발원의 김양분 연구위원 팀은 우등생과 열등생의 차이점을 분석했는데, 그 결과가 흥미롭다. 수업태도, 독서환경, 공부습관 등에서 차이점이 많았는데 그 내용은 다음과 같다.

국어 성적 상위 20%(761명) 하위 20%(618명), 영어 성적 상위 20%(727명) 하위 20%(629명), 수학 성적 상위 20%(751명) 하위 20%(606명)의 학생들을 대상으로 학습에 관한 다방면의 설문조사를 실시했다. (상위 20%는 90점 이상, 하위 20%는 50점 이하)

그 결과 학교 성적 상위 20%인 학생 10명 중 7명이 평소 학교 수업에 열중하고 숙제를 꼬박꼬박하며, 책을 많이 읽는 등 전반적인 학습 태도가 공부 못하는 아이들과는 확연한 차이를 보였다.

수업 태도와 독서 환경을 꾸준히 다져온 아이들은 고학년이 되어서 우등생이 될 확률이 높다. 이처럼 공부 습관은 하루아침에 만들어지는 것이 아니므로 초등학교 저학년 때부터 이런 습관을 꾸준히 다져온 아이들이 고학년이 되어서도 우등생이 될 확률이 높은 것이다.

위와 같은 결과만 보아도 학습 태도와 독서 습관은 대부분의 아이들을 공부 잘하는 아이로 만드는 데 효과적임을 알 수 있다. 국어는 다른 과목들의 공부에도 기본이 되는 상호 의사소통능력과 이해능력, 추리력, 논리력의 바탕이 되는 교과목이다.

## 2) SQ3R로 학습하기

SQ3R로 교과서 읽기

1단계 훑어보기(Survey) : 글을 읽기 전에 내용을 예측하는 단계

**(1) 학습목표확인**

- 제목 살펴보기
- 학습 개요나 학습 목표, 학습 문제, 학습 정리 등을 살펴본다.
- 그림, 지도, 그래프, 도표 등을 살펴본다.
- 첫 문장을 읽어 본다.
- 요약정리 부분을 대략적으로 읽어보고, 너무 오래 읽지 않도록 유의한다.

2단계 질문하기(Question) : 제목 또는 목차와 관련된 문제를 내는 단계

**(2) 주제 파악하고, 글을 몇 개의 문단이나 장면으로 나누기**

- 학습 목표나 학습 문제, 학습 활동 등을 질문으로 바꾸어 본다.
- 책 전체를 살펴보면서 질문과 비교하면서 내용을 정확하게 이

해한다.

• 질문을 잘 만들어야겠다는 생각으로 너무 많은 시간을 쓰지 않는다.

3단계 자세히 읽기(Read) : 자세히 읽고, 비판적으로 읽는 단계

**(3) 질문에 대한 답, 학습 목표 도달**

• 질문하기 단계에서 만든 질문에 초점을 두고 글을 읽는다.

• 질문에 대한 답을 찾으면서 읽는다.

• 읽으면서 스스로 질문해 본다.

• 정독함으로써 그 의미를 철저히 파악한다.

• 노트나 해당 페이지의 여백에 요점을 한 문장으로 요약한다.

• 모르는 부분이나 중요한 부분은 색을 구별하여 표시해둔다.

4단계 되새기기(Recite) : 되새기고 암송하는 단계

**(4) 요약문과 주제문을 만들고 줄거리 요약하기**

• 책에서 내용부분을 가리고, 앞서 했던 질문들에 대한 답을 말해본다.

• 읽은 내용이 무엇인지 자신이 이해한 언어로 요약하거나 적절한 비유를 들어 본다.

• 노트에 요점을 간략히 적으면서 되새겨본다.

• 소단원별로 실행한 후 다음 단계로 넘어간다.

• 내가 선생님이라면 어떻게 문제를 낼지 생각하면서 문제를 만들어본다.

5단계 복습하기(Review) : 복습하는 단계

**(5) 간단한 서평 및 가치관 정립**

- 단원의 핵심내용을 3~4문장 정도로 요약한다.
- 소주제별로 핵심적인 정보와 내용을 가리고 암송해 본다.
- 단원의 마지막 부분에 제시된 연습문제를 풀어본다.
- 시험에 나올 만한 문제를 만들고 답을 써본다.
- 중요한 것을 다시 검토한다.
- 이 단계를 너무 오래하지 않도록 유의한다.

## 3) 국어자기주도학습법

**(1) 국어는 곧 삶이고 인생이다.**

하나의 과목이나 학문으로 인식하지 않는다.

**(2) 듣기, 말하기, 읽기, 쓰기 중 무엇 하나 누락하지 않는 통합학습법을 활용한다.**

**(3) 모르는 단어는 사전을 찾아 뜻을 적고 암기한다.**

이때 단어장을 활용하되 나만의 단어장을 만들어 내가 알고 있던 뜻은 샤프나 연필로, 사전에서 찾은 뜻을 칼라펜으로 구별한다.

**(4) 평소 독서와 교과서 읽기를 습관화하여 어휘력과 배경지식을 풍부하게 한다.**

**(5) 문제풀이 후 오답노트는 반드시 작성한다.**

〈표 VII-1〉 나만의 단어장

| 어휘 | 뜻 | 비고 |
| --- | --- | --- |
| | | |
| | | |
| | | |
| | | |

**(6) 예습이 효과적이다. 여러 번 읽고 그 의미를 파악하는 것이 중요하다.**

교과서 읽기는 국어공부의 기본중에 기본이며 7~8독을 하는 것이 바람직하다.

**(7) 교과서 읽기는 글쓰기로 마무리하는 것을 습관화한다.**

**(8) 수업 중 교과서 여백정리 및 노트필기를 바탕으로 수업 후 복습시 참고서를 보면서 노트필기를 보충 및 보완한다.**

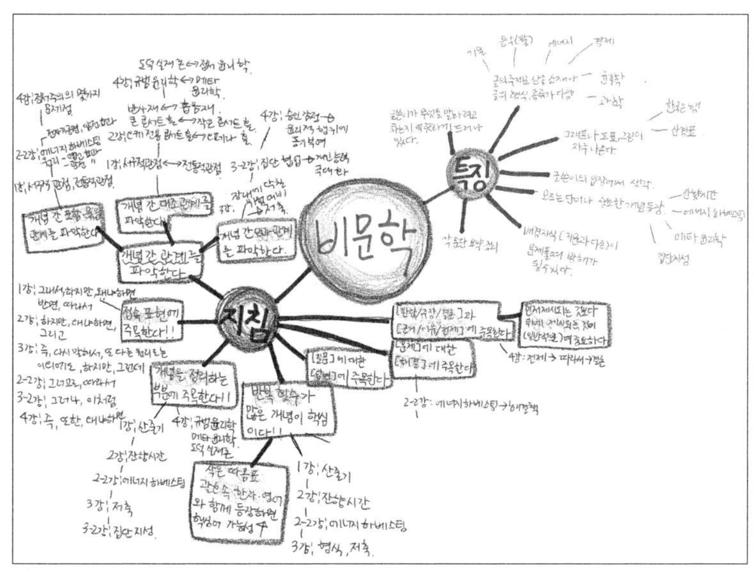


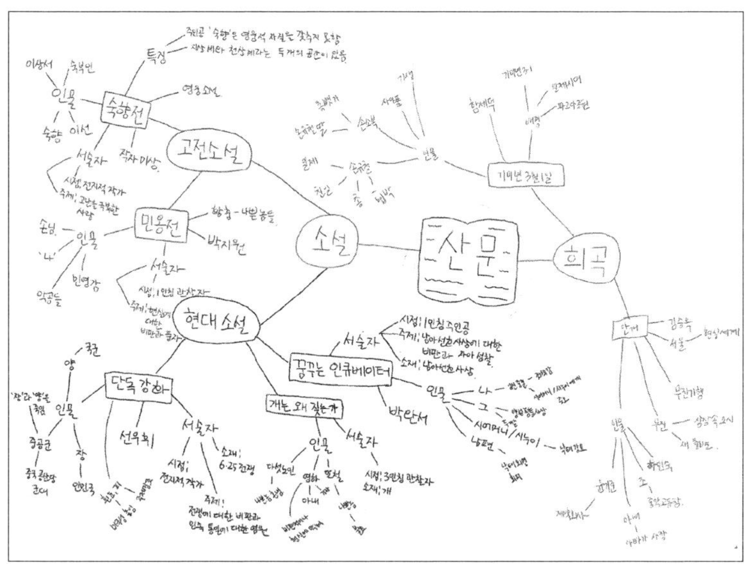


〈그림 VII-2〉 국어 마인드맵 활용 사례

### 4) 국어 개념노트 작성법

**(1) 해당 작품에 대한 전체적인 개념을 먼저 생각하자.**

국어 과목에서 소개되는 많은 작품들은 장르가 매우 다양하다. 그렇기 때문에 해당 작품에 대한 전체적인 개념, 즉 장르명, 해당 작품의 특징, 저자의 의도 등을 정리한다.

**(2) 표 형식으로 정리하자.**

단순히 개념을 나열하지 말고 표를 활용하여 정리하면 보기 쉽고 이해하기가 쉽다.

특히 소설의 전체 전개과정에 대한 이해에 많은 도움이 된다.

**(3) 자신만의 표시방법을 활용하자.**

노트를 작성하면서 중요하고 반드시 기억할 내용, 시험 유형 등을 자신만의 방법으로 표시함으로써 시험 준비 기간이나 이후의 공부에 도움이 되도록 한다.

**(4) 각 제시문의 주요 키워드의 관계를 정리한다.**

비문학작품인 경우는 대부분이 설명문 혹은 논설문이다. 그러므로 각 제시문의 주요 키워드의 개념뿐만 아니라 각 키워드들 사이의 관계를 정리함으로써 제시문 요약에 많은 도움을 받을 수 있다.

**(5) 각 제시문에 대한 의미를 완전한 문장으로 요약한다.**

서술형 문제에서는 해당 제시문의 주요 의미를 바탕으로 완전한 문장으로 작성하도록 요구하고 있다. 그러므로 비문학작품에서 소개되는 각 제시문을 몇 개의 키워드로 요약하는 것이 아니라 완전한 문장으로 요약한다면 서술형 문제에 완벽하게 대비할 수 있다.

비문학 <독해 지침> Date. No.

① 반복 횟수가 많은 개념이 핵심이다!!

1-1. 작은 따옴표, 괄호 속 한자·영어와 함께 등장하면 핵심어일 가능성이 높다.

ex) 1강-산줄기에 대한 관점/2강-잔향시간/2-2강-'에너지 하베스팅' 등.

② 개념을 정의하는 부분에 주목한다!

ex) 1강-산줄기: 사람들이 산을 연결하여 인식하는 선/2강-잔향 시간: 음이 지속되는 시간 등.

③ 접속 표현에 주목한다!!

ex) 1강-'그래서', '반면', '하지만'/2강-'왜냐하면', '그리고'/2-2강-'즉', '다시 말해서' 등

④ 개념 간 관계를 파악한다!!

4-1. 개념 간 대조 관계를 파악한다. ex) 1강-서구적 관점 ⟷ 전통적 관점 등

4-2. 개념 간 포함·묶음 관계를 파악한다.

ex) 2-2강-에너지 하베스팅의 원리 → 압전 효과/열전효과/광전 효과/전자기 공명 등

4-3. 개념 간 인과 관계를 파악한다. ex) 장래에 닥칠 위험 대비 ⇒ 저축하기 (3강)

⑤ (질문)에 대한 (답변)에 주목한다!!

⑥ (문제)에 대한 (해결)에 주목한다!

ex) 2-2강-환경오염의 문제에 봉착해 있는 인류에게 에너지 하베스팅은 반드시 필요한 해결책이다.

⑦ (판단/주장/결론)과 (근거/이유/전제)에 주목한다!!

7-1. 먼저 제시되는 것보다 뒤에 제시되는 것이 (일반적으로) 더 중요하다.

ex) (전제) → 따라서 → (결론)

<요약·정리>

위에서 정리한 독해 지침들은 앞으로 비문학 지문들을 독해할 때 각 문장에 따라 그에 알맞게 쓰일 수 있어야 한다. 그래서 이 지침들을 이용해 문제를 더욱 쉽게 해석할 수 있어야 한다.

morning glory

〈그림 VII-3〉 국어 코넬식 노트필기법 사례

화법.

No.
Date. / /

☆ 화법의 성격 : 1. 구두 언어적 성격 : 입으로 하는 말로 이루어지는 의사소통
직접적이고 즉각적인 상호작용에 기여.
2. 대인 관계적 성격 : 화자와 청자의 관계 유지·발전
3. 사회·문화적 성격 : 집단의 성격, 세대, 성별 등에 따라 차이.
4. 상호교섭적 성격 : 서로 의논하고 절충해 가면서 새로운 의미 창조.

☆ 영향을 미치는 요인 : 말하는 이의 전문성이 신뢰도에 영향 / 사회·문화적 배경의 차이가 이해에 영향
공간적 상황이 전달과 수용에 영향 / 관심사의 차이가 화제 선정에 영향

☆ 공감하며 듣기 : 감정, 처지에 동조해주기 / 관심을 기울이며 격려해주기 / 듣고 이해한 내용 확인하기
비판을 하지 않고 지지해주기 / 비언어적 표현 활용하기

☆ 표현 : 1. 언어적 표현 : 어휘나 문장 등을 표현
2. 비언어적 표현 : 시선 / 표정 / 몸짓
3. 반언어적 표현 : 억양 / 성량 / 속도

☆ 말하기 방식 : 질문하는 방식 → 상대방 뜻에 동조 / 상대방의 말을 재진술해 이해했음을 표현
비언어적 표현과 언어적 표현 동시에 사용. / 질문-질문 + 대답 → 질문을 정리·확인·재진술
대답시간 확보

☆ 사실과 의견 : 의견 ⟶ 증거에 의해 객관적으로 입증 ⟶ 사실.

☆ 구조 : 액자식 구조 [▥] / 「문제-해결」 구조 / 토론 ⇒ 주장 / 근거
↕
반론 / 반론근거
↓
상대방의 근거가 적절하지 않다는 점을
근거로 해서 주장에 논리적 문제가 있음을 부각

☆ 수사의문문 ; 질문의 탈을 쓰고 있지만 답변 요구 X.
ex) 그렇게 되면 얼마나 좋을까? (= 그렇게 되면 너무 좋을 것 같아.)

☆ 적절하지 않은 부분 : 지문에서 적절하지 않은 부분 → 출제자가 의도 → 문제

지문에서 적절하지 않은 부분이 있으면 잘 생각해 놓고 글의 구조의 종류들을 잘 알아놓는 것이 중요할 것 같다.
표현의 종류를 잘 구분할 수 있어야 하고 사실과 의견을 구분할 때에는 증거가 있는지 생각해 보는 것이 좋을 것 같다.

〈그림 VII-4〉 국어 코넬식 노트필기법 사례

## 5) 사회 자기주도학습법

**(1) 조상들의 생활상, 그 시대 시공간을 학습하는 과목이다.**

그 모습을 통해 오늘날 우리 삶을 조명하고 우리가 어떻게 살아가야 하는지를 배울 수 있다. 또한 인구문제, 도시문제, 환경문제 등 여러 문제점들을 되돌아보고 좀 더 발전적으로 나아갈 수 있는 지혜를 키울 수 있다. 더하여 미래를 예측할 수 있는 혜안과 실수를 되풀이하지 않는 지혜와 인간이 갖춰야 할 예의와 인성을 가르쳐준다.

**(2) 목차 암기**

사회과목 중 특히 국사는 시공간적 흐름을 이해해야 하는 과목이다. 그러므로 소제목과 그림, 지도, 도표 등을 관찰하고 암기한다.

**(3) 소제목에 '왜(WHY?)'라는 질문하고 그 질문에 답을 찾아본다.**

소제목 '왜'의 정답에 해당하는 부분을 형광펜으로 표시하고, 모르는 부분이나 중요한 부분은 색을 구별하여 표시해 둔다.

예) 시험출제 예상문제 별표 세 개(☆☆☆)하기 등

**(4) 핵심어와 개념어에 각각 다른 표시를 해둔다.**

-, *, ? 등 자신만 알 수 있는 방법으로 표시를 해둔다.

**(5) 모르는 단어는 번호를 매겨서 표시를 해두고 뜻을 찾아 여백에 따로 정리하고 암기한다.**

교과서를 활용한다.

**(6) 머릿속에 그림을 그리면서 글을 읽는다.**

이때 글을 읽으면서 맵핑(Mapping)을 활용하거나 마인드맵을 활용하여 복습한다.

**(7) 사회 및 암기과목은 가급적 학교에서 복습한다.**

국어, 영어, 수학 과목을 끝내기 전에는 복습만 하고 주요과목 끝낸 후에 암기 과목을 시작한다. 쉬는 시간을 이용하여 공부하며, 매일 복습한다.

**(8) 사회 노트 필기법: 마인드맵을 활용한다.**

- 주요내용+세부내용
- 시험전날과 시험 직전에 매우 유용하다.

**(9) 교과서 위주로 공부한다.**

교과서에 노트필기를 하고 밑줄 긋고 그 밑에 설명을 추가하는 등 교과서 위주로 공부한다. 국사는 전체적인 흐름을 알아야 하므로 참고서보다는 교과서 읽기가 매우 효과적이다.

모든 학습은 칭찬으로 시작한다! 칭찬은 자신감을 만들고 자신감은 목표를 만들고 목표는 학습방법을 만들고 학습방법은 심화학습으로 그리고 성과로 이어진다.

## 6) 사회 개념노트 작성법

먼저, 해당 부분에 대한 전체적인 개념을 먼저 작성한다.

사회과목의 특성상 외워야 할 내용이 많다. 그렇다고 해서 전체적인 개념을 이해하지 못하고 무조건 외우기만 한다면 쉽게 외워지지가 않는다. 그러므로 전체적인 틀을 먼저 작성하는 것이 좋다. 이를 작성할 때 마인드맵과 같은 시각적인 방법을 사용하는 것도 좋은 방법이다.

둘째, 해당 부분과 관련된 주요 개념도 같이 작성한다.

사회과목은 단순히 하나의 과목으로만 설명되지 않는다. 즉, 윤리, 역사, 지리, 정치, 경제, 사회, 문화, 과학 등 여러 가지 내용이 서로 연결되어야만 정확히 설명되기 때문에 해당 부분과 관련된 다양한 분야의 개념도 같이 정리하면 통합적인 시각을 기를 수 있다.

셋째, 표의 형식으로 정리하자. 단순히 개념을 나열하지 말고 표를 활용하여 정리하면 보기 쉽고 이해하기가 쉽다.

넷째, 자신만의 표시방법을 활용하자. 노트를 작성하면서 중요하고 반드시 기억할 내용, 시험 유형 등을 자신만의 방법으로 표시함으로써 시험준비 기간이나 이후의 공부에 도움이 되도록 한다.

## 3. 영어 자기주도학습법

바람직한 영어 자기주도학습법은 한국의 영어 학습환경을 이해하고 효율적이고 바람직한 영어 자기주도학습법을 알고 적용할 수 있는 능력을 키우는 것이다.

영어학원, 영어학습지, 어학연수, 전화영어 등의 다양한 영어학습법은 우리나라가 영어교육에 대한 관심과 열정이 높다는 반증일 것이다. 그만큼 영어를 익히는 것이 쉽지 않다는 것을 동시에 뜻하기도 한다. 왜 이렇게 영어공부가 쉽지 않은 걸까?

영어의 장애가 되는 여러가지 이유들을 살펴보면 참으로 다양하다. 지리적 위치 때문에, 영어 공부가 즐겁지 않고 하기 싫어서, 시험 위주로 공부해서, 국민성 때문에 그리고 머리가 나빠서, 열심히 안해서 그리고 방법이 잘못되어서 등의 이유로 다양하다.

영어를 잘하기는 쉽지 않지만 그 이유는 다양하고 사람마다 다르다. 하지만 영어학습에 자기주도학습을 가능하도록 하는 학습코칭요소가 적용된다면 이야기는 달라진다. 영어학습의 특징을 이해하고 이에 맞는 효과적인 방법으로 학습한다면 영어는 더 이상 우리의 발목을 잡는 족쇄가 아닌 큰 도움이 될 수 있는 도구가 될 것이다.

## 1) 적용이론

### (1) Teaching보다 Coaching

코칭이란 상대가 이미 가지고 있는 답을 쉽게 찾도록 돕는다는 철학에 기반한다. 학습자가 스스로 하도록 도움으로써 지식을 습득할 수 있는 접근능력을 개발해 주는 역할로 90% 이상의 변화를 일으키도록 기대한다. 코칭은 코치가 원하는 곳으로 가는 것이 아니라 학습자가 원하는 목적지까지 데려다 주는 대화 방법으로 한 사람의 잠재력을 개발하여 탁월한 성취를 이루도록 돕는 것이라고 할 수 있다.

〈표 VII-2〉 학습방법에 따른 기억율

| 티칭 | 토론 | 실습 | 코칭 |
|---|---|---|---|
| 5% | 50% | 70% | 95% |

### (2) 영어는 적용학습

수많은 문법책을 공부했더라도 외국인을 만났을 때 말 한마디를 하기가 어렵거나 시험을 볼 때 저조한 성적이 나온다면 우리는 영어를 이론으로만 공부하거나 이해하는 데만 그쳤을 것이다. 영어는 철저히 적용할 수 있는 능력을 키우는데 초점을 맞추는 학습이어야 한다. 예를 들어 우리가 to부정사를 공부하여 to부정사는 to+동사원형으로 이루어져 있으며 품사가 정해져 있지 않아 명사적 용법, 형용사적 용법, 부사적 용법으로 쓰인다는 이론과 이에 해당하는 예문을 배웠다고 치자.

예)

명사적 용법

To see is to believe.

보는 것이 믿는 것이다.

형용사적 용법

Do you have something to drink?

당신 마실 것 좀 있나요?

부사적 용법

I went to the store to buy some flour.

나는 밀가루를 사기 위해서 가게에 갔다.

이처럼 개념을 이해하고 예문을 익혀서 여러 가지 새로운 문장으로 응용해서 낸 문제에서는 정작 적용을 시키지 못하여 기대이하의 결과를 내는 경우가 빈번하다.

우리가 요리할 때 필요한 도구들을 이론으로만 익혔다고 바로 요리할 때 각각의 도구를 자유자제로 사용할 수 있는 것은 아니다. 각 도구를 실습을 통하여 사용해 봄으로써 그 사용기술을 익히고 점점 익숙해지는 것처럼 하나의 언어인 영어도 직접 사용해 보는 연습을 통해서 응용력과 적용능력을 키울 수 있는 것이다.

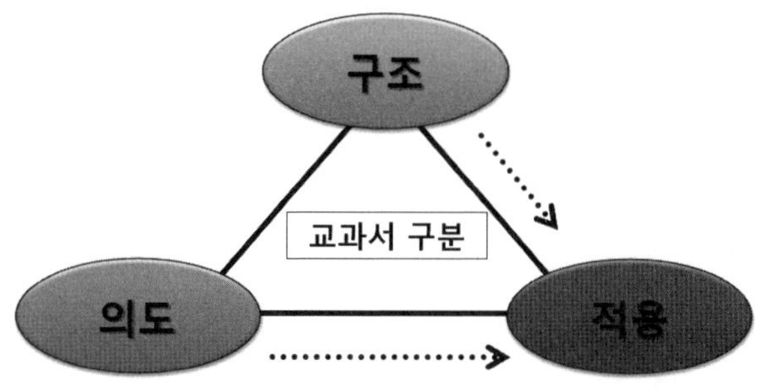


〈그림 VII-5〉 학습 종류에 따른 교과서 구분

### (3) 톨먼(Tollman)의 쥐의 미로학습

〈그림 VII-6〉 톨먼(Tollman)의 쥐의 미로 실험

톨먼(Tollman)의 쥐의 미로학습에서 알 수 있는 것은 반복의 효과일까, 예상의 효과일까?

A: 쥐에게 미로를 통과하는 것에 성공했을 때 치즈를 주고 반복

시켰을 때 횟수를 거듭할수록 쥐의 미로 통과시간은 단축되었다.

B: 쥐가 미로를 통과하는 것에 성공했을 때 치즈를 주지 않고 반복시켰더니 횟수를 거듭할수록 치즈를 주지 않았음에도 통과시간은 단축되었다.

톨먼(Tollman)의 쥐의 미로실험을 통해서 우리가 알 수 있는 것은 반복효과이다. 즉, 치즈를 주는 것과는 별개로 미로를 통과하는 횟수를 거듭할수록 통과시간이 단축되었다는 것은 반복을 할수록 쥐는 뇌에 인지도를 그렸다는 것이다. 즉 보상여부와는 상관없이 반복의 효과를 입증한 사례이다. 미로통과와 같이 위에서 사례로 든 요리나 혹은 운동은 많이 해볼수록 실력이 느는 것이다. 외국어는 어떨까? 외국어 또한 적용학습이므로 반복을 하면 할수록 실력은 향상되게 되어 있다. 우리가 반복을 안한 것이 아닌데 왜 영어가 해결되지 않는가?라는 반문을 할 수도 있겠다. 방법이 문제다. 방법이 잘못되었고 많은 경우 반복적인 연습이 아닌 이론만을 수동적으로 반복해서 이해에 그치는 학습을 해왔기 때문이다. 실제로 해보는 연습을 꾸준히 반복해야 한다.

### (4) 한국은 이에프엘(EFL: English as a Foreign Language) 환경

수많은 영어학습법이 있다. 많은 경우 우리가 영어공부를 하는 환경이 외국어로서 영어를 배우는 EFL(English as a Foreign Language)환경임을 간과했다. 혹은 외국어로서 배우는 영어환경임을 강조하면서 잘못된 방법으로 많은 시간과 돈을 들여 왔다. 이에 대한 사례로는 기초가 되어 있지 않은 상태에서 무턱대로 외국인과의 회화학습을 한다거나 기본적인 문장형식이나 기초 지식이 부족한 상태에서 미국교과서나 원서로 공부를 시킨 사례가 이에 해당된다고 할 수 있다. 주변에 영어로 된 환경이 많다면 생활환경속에서 보고, 듣고, 배우는 것과의 시너지효과가 있을 수도 있다. 하지만 우리나라는 많은 경우 영어학습을 한 학원이나 학교를 벗어나면 영어를 연습할 수 있는 환경이 되어 있지 않다. 그러므로 우리의 영어는 철저히 외국어로서의 영어라는 관점에서 영어학습을 효율적으로 할 수 있는 방법이 제시되어야 한다.

외국어로서 배우는 영어(EFL) 환경에서는 억지로라도 입을 열어 영어를 소리내어 말하는 연습, 즉 반복적인 스피킹연습을 통해 기본기를 갈고 닦는 일이 우선되어야 할 것이다! 영어는 하나의 언어이므로 언어에 익숙해질 수 있는 환경을 스스로 만들어서 많이 접하고 반복하는 것이 가장 쉬운 방법이다.

## 2) 영어 자기주도학습법

### (1) 낭송하라!

새도우 스피킹이 한국적 영어환경에 맞는 대안이다. 새도우 스피킹이란 새도우(shadow:그림자)라는 말에서처럼 유아들이 부모가 반복해서 말하는 것을 들으면서 옹알거리는 과정을 통해 말문이 트이는 것에서 아이디어를 얻어 접목한 영어 스피킹 교육방법이다.

영어 낭송 훈련의 핵심은 대화체 문장들이 많이 수록된 엄선된 영어책(동화책 포함)으로 섀도우 스피킹을 함으로써 우리말식 발음을 세탁하고 영어 본래의 발음을 새롭게 익히며 유창하게 말하는 연습을 하도록 하는 것이다. 교과서의 단어와 문장을 쓰고 큰 소리로 읽으면서 암기하는 '동시 학습법'을 활용한다.

영어 낭독 교재 선택할 때는 원어민이 책의 내용을 녹음한 오디오 자료가 있는지, 대화체 문장의 비중이 최소한 20% 이상인지 그리고 국내에서도 쉽게 구할 수 있는지를 감안하여 선택한다.

영어 낭독 훈련을 할 때는 교재 권수가 너무 많지 않도록 선정하는 것이 좋다. 낭독 훈련의 목표는 여러 번 반복해서 큰 소리로 따라 말하는 것이고 10권의 책을 한번 읽는 것보다 한권의 책을 10번 읽는 것이 훨씬 효과가 크다. 또한 레벨 별로 약 10주 정도 훈련하도록 한다. 어떤 반복 노력이 습관화, 즉 자동화가 되기까지는 평균 66일 소요된다는 연구결과가 있다. 한번 시작한 영어학습은 부모나 코치의 도움을 받아 약 10주간은 꾸준히 실천하여 습관이 되도록 한다.

영어 낭독을 실천하기 위해서는 첫째, 말하기 연습 후 녹음을 하여 녹음을 평가하고 피드백한다. 둘째, 영어 낭독 코치를 정한다.

영어 낭독 코치는 학습자가 규칙적으로 낭독 연습을 실천하는지, 학습자가 낭독 연습 후 녹음을 잘 하는지, 학습자가 평가 후 복습을 잘 하는지를 확인 및 점검하고 중도에 포기하지 않도록 격려와 칭찬을 포함한 학습 멘토링을 한다. 영어 낭독 코치는 부모, 형제, 자매, 지인, 학교나 학원 영어선생님, 학교 친구 등 누구나 가능하다.

성인 학습자의 경우는 생활 속에서 접하는 영어들을 지나치지 말고 소리내어 낭송하는 습관을 갖는 것이 큰 도움이 된다. 우리가 영어회화에서 필요한 어휘들은 결국 우리가 생활 속에서 접하는 것들이므로 쉽게 지나칠 수도 있는 영어들을 여러 번 낭송하는 습관을 갖게 되면 영어학습에 있어서 기적과도 같은 큰 변화를 겪게 될 것이다.

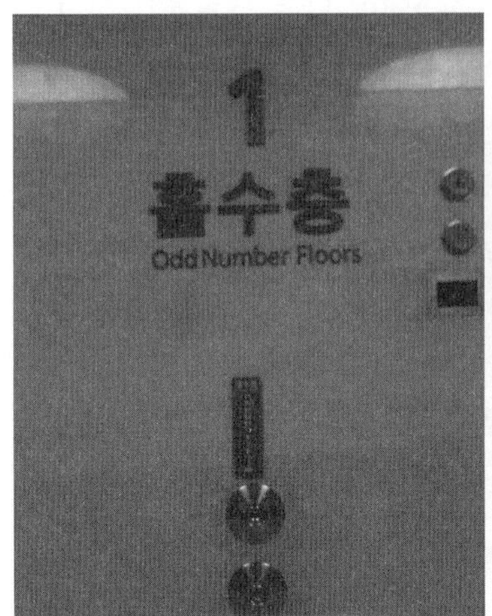

〈그림 VII-7〉 낭송법 연습 사례

### (2) 영어공부, 재미있게 하라! (Funology)

〈그림 VII-8〉 게임을 위한 영어교구

스트레스성 학습이 되면 코르티솔이라는 호르몬이 분비된다. 문제는 이 코르티솔이라는 호르몬이 기억에 영향을 미치고 기억율을 현저히 떨어뜨린다는 사실이다. 우리가 과거 스파르타식 학습법이 한때 인기였는데 투자한 시간대비 그 학습효과가 실제로 있었는가 하는 부분에 대한 의문이 여기에서 어느 정도 풀리는 듯하다. 뇌과학자들은 뇌소멸의 주원인을 스트레스와 우울증에서 찾는다. 스트레스와 우울증은 뇌를 죽이는 원인이 되므로 스트레스 상황이 아닌 즐거운 학습이 되도록 부모나 지도하는 교사는 각별히 주의할 필요가 있다.

뇌에 부담을 주는 자발적인 학습을 하게 되면 도파민이라는 호르몬이 분비되고 성취감, 기쁨, 만족감 등을 느끼게 된다. 이것은 기억율을 높일 뿐 아니라 이 기쁨을 다시 맛보기 위해 우리는 반복을 하게 되어 이런 작은 성공경험이 거듭될수록 학습성과는 극대화되는 것이다. 공부에 재미가 들리면 졸립지만 밤을 새서 공부하거나 책상에 한번 앉아서 긴 시간 오래 버티게 될 수 있는 것이 바로 이 때문이기도 하다.

시간제한을 두고 공부하라! 우리는 흔히 '꼭 닥쳐야 한다.' 라는 말을 하거나 듣는다. 미리미리하면 좋지만 사람은 마감직전에 몰아서 하는 습성이 있다. 그런데 이때가 집중력이 가장 높다. 즉, 학습 시 '다할 때까지' 보다는 시간을 정해서 주어진 시간에 얼마만큼을 했는지를 체크하는 것이 더욱 효과적이다. 코치는 이 부분을 감안하여 학습자에게 어떤 학습을 할 시 시간제한을 두고 공부량을 체크하는 것이 좋다. 이렇게 해서 제한 시간 안에 완수한 학습결과에 학습자는 성취감을 느끼게 되고 이는 학습에 재미를 더해준다.

### (3) 통합 학습법을 활용하라!

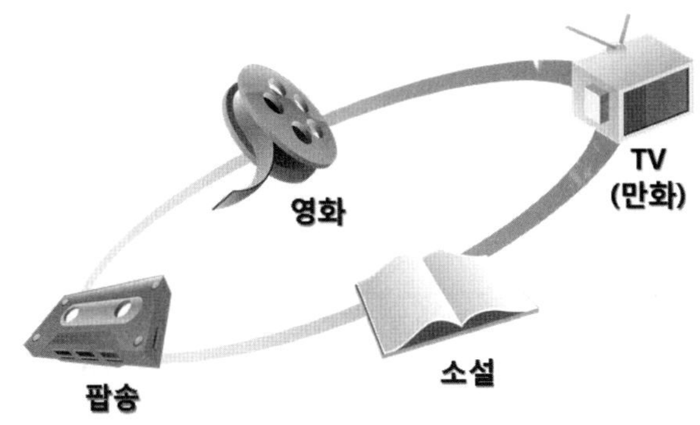


〈그림 VII-9〉 통합학습법

영어학습은 자신이 가장 좋아하는 것을 가지고 공부하는 것이 좋다. 영어공신들을 살펴보았다. 그들은 이구동성으로 영어를 배우는 과정이 유쾌한 시간이었다고 하였고 자신이 좋아하는 도구를 통한 통합학습법을 이용하였다.

통합 학습법의 가장 쉬운 접근 방법 중 하나는 영어일기이다. 영어일기는 영어로 사고하는 영어이며 글쓰기의 핵심이며 영어Writing의 첫걸음이다. 평균적인 미국인들이 보통 글을 쓸 때 사용하는 어휘 수는 1500개에 불과하다. 즉, 실력에 따라 초, 중등 정도의 수준이면 누구나 영어일기로 영어를 효과적으로 자기주도학습할 수 있다.

### (4) 코렉션(Correction)에 치중하지 말라 !

무조건 써라 !
무조건 말해라!

필자가 외국문헌과 논문을 살펴본 결과 우리나라 영어교육에서의 코렉션(correction: 고치기, 수정, 바로잡기) 비율은 80~90%로 상당히 높다. 영어학습 시 평균 코렉션(correction) 비율은 약 50%인 반면 우리나라 영어교육은 코렉션(correction)에 치중되어 있고 그 결과 영어에 대해서 틀릴까봐 두려워서 말을 아끼거나 소극적이 되는 결과가 되어왔다. 코렉션(correction)을 하는 목적은 말 그대로 틀린 표현을 바로 잡아주는 것인데 반해 그 효과는 그다지 높지 않다. 즉, 적용학습인 영어는 잦은 고쳐주기로 자신감을 떨어뜨리고 틀릴까봐 걱정하는 두려움을 키우기보다 틀리거나 말거나 많은 연습을 할 수 있도록 동기부여하는 것이 중요하겠다. 따라서 영어를 지도할 때 틀린 부분을 바로 교정해 주기보다 스스로 다시 한번 해보는 기회를 주고 충분히 생각해보도록 한 후 마지막 단계에 고쳐주는 것이 바람직하다.

### (5) 청킹(chunking)하라!

청킹(chunking)기법은 '덩어리로 묶어서 학습하는 방법' 으로 영어학습에 특히 효과가 좋다.

덩어리 묶어서 학습하는 패턴영어학습법의 효과는 수많은 패턴영어학습서들이 서점에 수북히 쌓여 있는 것만 봐도 알 수 있다.

의미단위로 묶어서 학습하는 청킹(chungking)=덩어리학습법을 활용한 사례인 패턴영어학습법에 대해 살펴보자. 하나의 패턴을 배워서 익힌 후 여러 가지 문장에서 연습함으로써 적용할 수 있는 능력까지 키울 수 있는 대표적인 적용학습의 사례가 될 것이다.

이 방법은 학습자의 학습목표에 따라 내용이 달라질 수 있다. 예를 들어 의사소통 수단으로서의 영어를 학습한다면 생활 속에서 항상 써먹는 패턴으로 다음의 예에서처럼 청킹(chunking)하여 학습한다.

Day 01

요즘 들어 날씨가 점점 ~ 해지고 있다.

These days, it' s getting + 비교급(and 비교급)

• 요즘 들어 날씨가 점점 추워지고 있다.

→ These days, it' s getting colder and colder.

• 요즘 들어 날씨가 점점 더워지고 있다.

→ These days, it' s getting hotter and hotter.

• 요즘 들어 날씨가 점점 따뜻해지고 있다

→ These days, it' s getting warmer and warmer.

• 요즘 들어 나는 점점 뚱뚱해지고 있다.

→ These days, I am getting fatter and fatter.

Day 02

집에 오자마자 (제일 먼저) ~ 했다.

The first thing I did after getting home was to ~

• 집에 오자마자 게임을 했다.

→ The first thing I did after getting home was to play game.

• 집에 오자마자 TV를 봤다.

→ The first thing I did after getting home was to watch TV.

• 집에 오자마자 저녁부터 먹었다.

→ The first thing I did after getting home was to eat dinner.

• 집에 오자마자 제일 먼저 영어 일기부터 썼다.

→ The first thing I did after getting home was to write an English diary

• 집에 오자마자 제일 먼저 인터넷에 들어갔다.

→ The first thing I did after getting home was to get on the Internet.

Day 03

~하고 싶다.

I feel like ~ ing.

• 나는 그 영화를 보고 싶다.

→ I feel like watching that movie.

• 나는 그 여자랑 결혼하고 싶다.

→ I feel like marrying her.

• 나는 영어 공부 하고 싶지 않다.

→ I don't feel like studying English.

• 나는 그 남자랑 결혼하고 싶지 않다.

→ I don't feel like marrying him.

물론 청킹(chunking) 기법을 활용할 때 낭송하기를 활용하면 그 효과는 극대화될 것이다.

### (6) 노트필기하라!

영어노트필기는 우리가 요리를 위해 레시피(recipe)를 적거나 보고하는 것과 같다. 즉, 영어학습에서 노트필기는 영어를 위한 레시피(recipe)를 적어두는 것과 같다. 다음의 사례와 같이 툴(tool: 도구)이 되어지는 내용은 특별한 색깔로 적어두고 그 밑에 예문과 함께 설명을 툴(tool: 도구)을 적은 색깔과 다른 색으로 적어둔다. 이때 노트필기는 경우의 수 노트필기로 작성하여 같은 종류의 문법 혹은 같은 종류의 유형을 같은 페이지에 적어두어 필요시 빨리 찾아볼 수 있도록 해야 한다. 특히 영어과목에서의 이 노트필기법의 효과는 과히 놀라울 정도이다. 영어학습에서는 코넬식 노트필기법과 마인드맵을 활용할 수 있다.

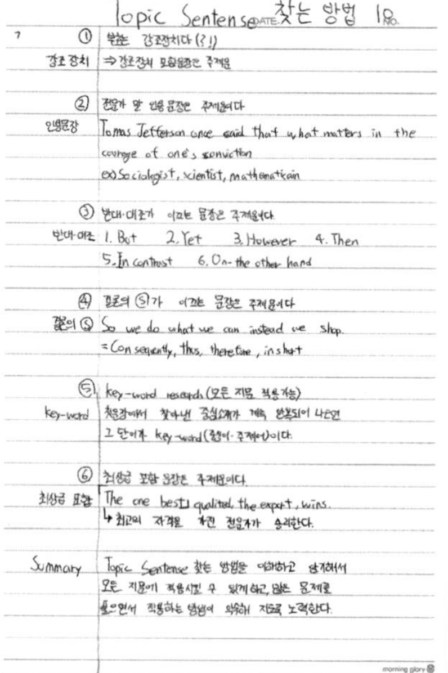


〈그림 VII-10〉 영어 필기 노트 사례

| 이수미학습코칭센터 영어 오답정리 | 출전 : 2014년 11월 전국연합 34번 |
|---|---|
| 문제 특징 | 심경 추론 |
| 해법 | 감정을 나타내는 단어를 주의하며 읽는다. |
| 단락 구조 | 인과구조 |
| 답의 단서 | <restatement><br>정답: shocked and fearful – 놀라고 겁에 질린<br>The sound of the dogs seemed to be all around him, even getting louder.<br>개들의 짖는 소리가 온통 그를 둘러싼 것 같았고, 심지어는 커져만 갔다. |
| 요지 | 이 글은 charlie가 낯선곳에서 어디서 들려오는지 알 수 없는 개들의 짖는소리에 깜짝 놀라고 두려워하는 내용이다. |
| 어휘 및 구문 | scan: 살펴보다. 훑어보다.<br>startle : 깜짝 놀라게 하다.<br>run away : 달아나다.<br>awkwardness : 불안감, 당혹감. |

| 이수미학습코칭센터 영어 오답 | 출전 : 2014년 11월 전국연합학력평가 |
|---|---|
| 문제 특징 | 빈칸에 들어갈 말 맞추기. (빈칸 추론) |
| 해법 | ① 빈칸 이후의 중심내용을 주의깊게 본다.<br>② ↳ + 빈칸 전후의 문맥을 잘 파악해야 한다. |
| 단락 구조 | ← 도입<br>← 주제문<br>← 예시 or 부연설명<br><중괄식> |
| 답의 단서 | <restatement><br>정답; ④ be above a certain minimum size.<br>(어떤 최소한의 크기 이상이 되어야)<br>= Without sufficient size, no object can be perceived as having parts that can be arranged in a pattern or a perceptible structure. (충분한 크기가 아니면 어떤 물체도 패턴이나 지각할 수 있는 구조로 구성될 수 있는 부분들을 가진 것으로 지각될 수 없다.)<br>= beauty is only possible where an object has visible parts. (아름다움은 물체가 알아볼 수 있는 부분들을 가진 경우에만 가능하다.) |
| 요지 | 예술작품이 충분한 크기가 아니면 그것을 구성하는 부분들을 볼 수 없고 따라서 아름다울 수 없다. |
| 어휘 및 구문 | requirement; 요건, 요구.<br>nature; 속성.<br>perceptive; 지각의<br>apparatus; 기관<br>sufficient; 충분한<br>trifling; 하찮은 |

| 이수미학습코칭센터 영어 오답정리 | 출전 : 2016년 4월 고1 대성 |
|---|---|
| 문제 특징 | Main idea |
| 해법 | 보기의 재진술에 유의해서 푼다.<br>↳ 지문에서 아침먹는 것을 연료로 비유하는 것을 이해하고 독해한다. |
| 단락 구조 | 중괄식<br>← 도입<br>← 주제문<br>← 부연설명 |
| 답의 단서 | Restatement<br>정답: importance of eating breakfast 아침식사를 먹는 것의 중요성<br>= Breakfast is the fuel that gets you going so you can hit the road<br>아침식사는 여러분이 길을 떠날 수 있도록 여러분을 나아가게 하는 연료이다. |
| 요지 | 아침 식사를 먹는 것의 중요성(더 능률적이게 된다) |
| 어휘 및 구문 | value 가치<br>get into 들이다<br>hit the road 길을 나서다.<br>tucfion 시동을 걸다. 시작하다<br>efficient 능률적인<br>necessity 필요성<br>routine 일과<br>blanced 균형이 잡힌<br>function 기능. 작동하다<br>benefit 이득. 혜택<br>diet 식단.<br>fuel 연료<br>* within the first few hours of waking up은 부사구이다. |

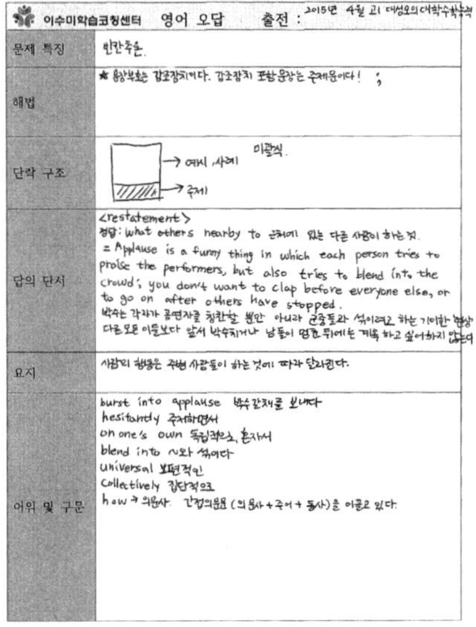

| 이수미학습코칭센터 영어 오답 | 출전 : 2015년 4월 고1 대성모의대학수학능력 |
|---|---|
| 문제 특징 | 빈칸추론. |
| 해법 | ★ 용법부호는 강조장치이다. 강조장치 포함문장는 주제문이다! ; |
| 단락 구조 | → 예시, 사례<br>→ 주제<br>미괄식. |
| 답의 단서 | <restatement><br>정답: what others nearby to 근처에 있는 다른 사람이 하는 것.<br>= Applause is a funny thing in which each person tries to praise the performers, but also tries to blend into the crowd; you don't want to clap before everyone else, or to go on after others have stopped.<br>박수는 각자가 공연자를 칭찬할 뿐만 아니라 군중들과 섞이려고 하는 기이한 현상 다른모든 이들보다 앞서 박수치거나 남들이 멈춘 뒤에는 계속 하고 싶어하지 않는다 |
| 요지 | 사람의 행동은 주변 사람들이 하는 것에 따라 달라진다. |
| 어휘 및 구문 | burst into applause 박수갈채를 보내다<br>hesitantly 주저하면서<br>on one's own 독립적으로, 혼자서<br>blend into ~와 섞이다<br>universal 보편적인<br>collectively 집단적으로<br>how → 의문사. 간접의문문 (의문사 + 주어 + 동사)을 이끌고 있다. |

〈그림 VII-11〉 영어 오답 노트 필기 사례

| 이수미학습코칭센터 영어 오답정리 | 출전 : 2016년 4월 고1 대성 |
| --- | --- |
| 문제 특징 | Main idea |
| 해법 | 보기의 재진술에 유의해서 푼다.<br>↳ 지문에서 아침 먹는 것을 연료로 비유하는 것을 이해하고 ~~해석~~ 독해한 |
| 단락 구조 | 중괄식 (← 도입 / ← 주제문 / ← 부연설명) |
| 답의 단서 | Restatement<br>정답 : importance of eating breakfast 아침식사를 먹는 것의 중요성<br>= Breakfast is the fuel that gets you going so you can hit the road<br>아침식사는 여러분이 길을 떠날 수 있도록 여러분을 나아가게 하는 연료이다. |
| 요지 | 아침 식사를 먹는 것의 중요성(더 능률적이게 된다) |
| 어휘 및 구문 | value 가치<br>get into 들이다<br>hit the road 길을 나서다.<br>fuction 시동을 걸다. 시작하다<br>efficient 능률적인<br>necessity 필요성<br>routine 일과<br>blanced 균형이 잡힌<br>function 기능·작동하다<br>benefit 이득. 혜택<br>diet 식단.<br>fuel 연료<br>* within the first few hours of waking up은 부사구이다. |

〈그림 VII-12〉 영어 오답 노트 필기 사례

이와 같이 영어 자기주도학습법은 외국어로써 배우는 영어(EFL: English as a Foreign Language)환경을 감안하여 낭송법을 활용하는 것이 효과적이다. 또한 영어는 적용과목이므로 학생들이 적극적으로 참여할 수 있는 방법이 좋고 많은 연습을 할 수 있도록 코렉션(correction)은 줄이되 즐거운 학습이어야 한다. 패턴으로 반복학습하여 그 효과를 극대화시킬 수 있다.

# 부록

## 1. 학습 동기 검사

■검사 날짜 :        년        월        일        ■검사자 :

■학교 이름 :

이 질문의 목적은 여러분의 공부의 목적을 검사해 보고자 하는 것입니다.

솔직하게 대답해 주기 바랍니다.

해당 문항이 맞으면 "예"에, 해당 문항이 맞지 않으면 "아니요"에 체크해 주십시오

| 순서 | 문장 | 예 | 아니오 |
|---|---|---|---|
| 1 | 부모가 억지로 하라고 해서 공부한다. | | |
| 2 | 부모를 기쁘게 하기 위해서 공부한다. | | |
| 3 | 선생님의 칭찬을 받기 위해서 공부한다. | | |
| 4 | 남에게 지는 것이 싫어서 공부한다. | | |
| 5 | 좋은 성적을 받기 위해서 공부한다. | | |
| 6 | 대학에 가기 위해 공부한다. | | |
| 7 | 꿈을 실현하기 위해서 공부를 한다. | | |
| 8 | 공부하는 것이 즐거워서 한다. | | |
| 9 | 배우는 것이 좋아서 공부한다. | | |
| 10 | 성취감 때문에 공부한다. | | |

## 2. 플래너

__________ Month, ________ Year

| Objective |
|---|
| |

| [ ] MON | [ ] TUE | [ ] WED | [ ] THU |
|---|---|---|---|
| To-do | | | |
| Evaluation | | | |
| Feedback | | | |

| [ ] FRI | [ ] SAT | [ ] SUN | |
|---|---|---|---|
| To-do | | | |
| Evaluation | | | |
| Feedback | | | |

## 3. 나의 독서습관 점검하기

| 번호 | 항목 | 답변 | |
|---|---|---|---|
| 1 | 매일 30분 이상 책을 꾸준히 읽고 있다. | Y | N |
| 2 | 일주일, 한 달 단위로 어떤 책을 읽을지 계획을 세운다. | Y | N |
| 3 | 독서 계획대로 읽고자 하는 책을 계획한 기간 안에 읽어 내는 편이다. | Y | N |
| 4 | 책을 읽고 나서 독서 노트, 블로그 등에 메모를 남기거나 기록한다. | Y | N |
| 5 | 정기적으로 서점이나 도서관에 가는 편이다. | Y | N |
| 6 | 읽고 싶은 책을 사기 전에 그 책에 대한 정보를 수집한다. | Y | N |
| 7 | 학교나 독서단체에서 권하는 책들은 가능하면 읽으려고 한다. | Y | N |
| 8 | 한 분야의 책을 여러 권 읽어서 깊이 있는 지식을 쌓으려고 노력한다. | Y | N |
| 9 | 책을 읽고 그 책에 관해 다른 사람과 토의하고 토론하거나 이야기를 나눈다. | Y | N |
| 10 | 자신이 제대로 읽고 있는지 전문가로부터 정기적으로 독서 능력 진단을 받는다. | Y | N |

## 4. 나의 독서 이력서

| 순서 | 책제목 | 지은이 | 출판사 | 읽은 기간 |
|---|---|---|---|---|
| 1 | | | | |
| 2 | | | | |
| 3 | | | | |
| 4 | | | | |
| 5 | | | | |
| 6 | | | | |
| 7 | | | | |
| 8 | | | | |
| 9 | | | | |
| 10 | | | | |
| 11 | | | | |
| 12 | | | | |
| 13 | | | | |
| 14 | | | | |
| 15 | | | | |
| 16 | | | | |
| 17 | | | | |
| 18 | | | | |
| 19 | | | | |
| 20 | | | | |
| 21 | | | | |
| 22 | | | | |
| 23 | | | | |
| 24 | | | | |
| 25 | | | | |
| 26 | | | | |
| 27 | | | | |
| 28 | | | | |
| 29 | | | | |
| 30 | | | | |

## 5. 독서 포트폴리오

<table>
<tr><td rowspan="2">영역</td><td colspan="2">교과권장도서</td><td rowspan="2">독서일</td><td rowspan="2">월 일부터<br>월 일까지</td></tr>
<tr><td>일반도서</td><td>인문 사회<br>과학 예술체육</td></tr>
<tr><td>제목</td><td colspan="2"></td><td>지은이</td><td></td></tr>
<tr><td colspan="5">줄거리 및 감상</td></tr>
<tr><td colspan="5"></td></tr>
<tr><td colspan="5">요약: 짧게 요약할 것</td></tr>
<tr><td colspan="5"></td></tr>
</table>

## 6. 나의 독서 방법 점검하기

| 번호 | 항목 | 답변 | |
|---|---|---|---|
| 1 | 나는 책을 읽기 전에 제목을 보고 내가 알고 있는 내용을 미리 떠올려 본다. | Y | N |
| 2 | 차례와 소제목, 전체를 훑어보며 무슨 내용일지 예측해 본다. | Y | N |
| 3 | 책을 읽기 전에 궁금한 것을 질문해 본다. | Y | N |
| 4 | 지은이 또는 작가에 대해 꼭 읽어 본다. | Y | N |
| 5 | 머리말을 반드시 읽는다. | Y | N |
| 6 | 책을 읽으면서 중요한 부분에 밑줄을 긋는다. | Y | N |
| 7 | 낯선 어휘를 찾아서 그 뜻을 이해하면서 읽는다. | Y | N |
| 8 | 필요한 경우 노트에 필기하면서 읽는다. | Y | N |
| 9 | 읽으면서 중요한 생각이 나면 책의 여백에 기록하면서 읽는다. | Y | N |
| 10 | 지식을 습득하기 위한 책은 읽은 후에 무엇을 알게 되었는지 정리하거나 떠올려본다. | Y | N |
| 11 | 책을 다 읽은 후 중요한 요점이나 결론을 노트에 정리한다. | Y | N |

## 7. 즐거워지는 나만의 비법(1)

내가 주로 사용하는 감각에 점수를 매겨본다(가장 크게 해당하는 것 4점, 가장 작게 해당하는 것 1점).

1) 내가 중요한 결정을 할 때 가장 주요하게 생각하는 것은 무엇인가요?

_______ 전체적인 일의 모습과 조화

_______ 다른 사람들이 하는 말

_______ 나의 느낌

_______ 자세한 계획과 검토

2) 다른 사람과 대화를 할 때 내가 가장 민감한 부분은 어떤 것인가요?

_______ 상대방의 말하는 모습

_______ 상대방의 목소리 톤

_______ 상대방의 진실된 감정

_______ 상대방의 대화 내용

3) 나는 평소와 다른 기분을 느낄 때 다음 중 어떤 것이 달라지나요?

_______ 옷차림

_______ 목소리 상태

_______ 감정의 표현

_______ 언어

4) 나는 처음 본 사람이라도 다음과 같은 식으로 그를 기억해 낼 수 있다.

_______ 얼굴 모습이나 차림새

_______ 목소리

_______ 그에 대한 느낌

_______ 그의 직업이나 하는 일이 무엇일까 생각해 봄

5) 나는 다음과 같이 하는 것을 좋아한다.

_______ 계획을 세울 때 전체적인 모습 먼저 그리기

_______ 다른 사람들이 말하는 것을 듣기

_______ 사람을 처음 만날 때 그에 대한 느낌을 중시하기

_______ 정보나 자료가 있을 때 논리적 체계를 세우고 정리하기

6) 나는 다음과 같은 것을 하기가 가장 쉽다.

_______ 색상과 디자인이 잘 어울리는 물건 고르기

_______ 음악 듣기

_______ 가장 마음에 드는 학용품 고르기

_______ 관심 있는 주제에 대해 논리적으로 생각하기

7) 나는 스트레스를 받으면

_______ 좋은 경치가 나오는 영화를 본다.

_______ 음악을 듣는다.

_______ 편안하게 누워서 휴식을 취한다.

_______ 책을 읽고 사색한다.

8) 나로 말할 것 같으면

_______ 나의 눈으로 보고 확인하기 전에는 잘 믿지 않는 경향이 있다.

_______ 상대방이 애절한 목소리로 부탁을 해오면 거절하지 못한다.

_______ 나의 느낌으로 옳다고 여겨지면 이유를 따지지 않고 믿고 받아들인다.

_______ 이치에 맞고 합리적이면 나는 받아들인다.

| 문항별 감각정보 | | | | |
|---|---|---|---|---|
| | ① | ② | ③ | ④ |
| 1 | V | A | K | D |
| 2 | V | A | K | V |
| 3 | V | A | K | D |
| 4 | V | A | K | D |
| 5 | V | A | K | D |
| 6 | V | A | K | D |
| 7 | V | A | K | D |
| 8 | V | A | K | D |
| 계 | | | | |

## 8. 즐거워지는 나만의 비법(2)

감각점수표의 결과를 적어보고 나는 어떤 감각을 자주 사용하는지 알아봅시다.

| 시각 | | 자주 사용하는 감각 |
|---|---|---|
| 청각 | | |
| 체각 | | |
| 내적 언어 | | |

다음을 참고하여 내가 많이 사용하는 감각과 관련된 활동 중에서 내가 좋아하는 활동들을 적어봅시다

시각 : 그림보기, 영화감상 등
청각 : 음악감상, 다른 사람과 대화 등
체각 : 운동, 신체활동, 맛있는 음식 먹기 등
내적 언어 : 사색, 독서, 공상

| 시각 | |
|---|---|
| 청각 | |
| 체각 | |
| 내적 언어 | |

나만의 감정조절 계획을 세워본다면?

## 9. 나의 주의 집중력 테스트

나의 주의 집중력을 점검해 봅시다.

다음 표 안에는 1에서 99까지의 숫자가 있습니다. 주어진 시간 동안 30이 넘는 수에 O 표시를 해 보세요. 몇 개를 찾았는지 체크해 보세요.

찾은 개수 (　　　) 개

| | | | | | | | | | |
|---|---|---|---|---|---|---|---|---|---|
| 65 | 06 | 91 | 21 | 87 | 59 | 66 | 51 | 18 | 83 |
| 58 | 93 | 07 | 46 | 50 | 17 | 95 | 29 | 11 | 70 |
| 32 | 41 | 16 | 72 | 94 | 02 | 10 | 78 | 39 | 45 |
| 86 | 54 | 98 | 23 | 33 | 71 | 88 | 38 | 60 | 24 |
| 20 | 28 | 53 | 63 | 85 | 42 | 15 | 97 | 05 | 92 |
| 12 | 40 | 77 | 47 | 82 | 27 | 67 | 37 | 69 | 19 |
| 80 | 31 | 01 | 76 | 34 | 99 | 48 | 55 | 04 | 61 |
| 57 | 00 | 68 | 13 | 96 | 22 | 79 | 43 | 30 | 84 |
| 25 | 35 | 92 | 49 | 90 | 14 | 74 | 26 | 73 | 44 |
| 08 | 64 | 56 | 62 | 09 | 81 | 36 | 89 | 03 | 75 |

주의 집중력 장애요소를 어떻게 제거했는지 점검해 봅시다.

현재 가지고 있는 주의 집중력 장애요소에 동그라미해 봅시다.

| 구분 | 내용 | |
|---|---|---|
| 환경적 요인 | 정리되지 않은 공간<br>불쾌한 환경 | 사람에 의한 방해<br>소음 |
| 심리적 요인 | 의욕없는 태도<br>건망증<br>결단력 부족<br>과도한 의욕 | 개인적 혼란 및 걱정<br>다른 사람의 말을 못 알아들음<br>실천력 부족<br>일어나지 않은 일에 대한 과도한 걱정 |
| 학습적 요인 | 완수하지 않은 공부의 방치<br>매사 불분명한 정의<br>불분명한 목표 | 과도한 공부<br>뒤로 미루는 습관<br>엉성한 계획 |
| 신체적 요인 | 피로 | 수면 부족 |
| 외부적 요인 | 불필요한 대화<br>우선 순위의 변경과 충돌<br>핸드폰<br>음식<br>부모의 심부름 | 대화(의사소통) 부족<br>컴퓨터 게임<br>텔레비전<br>놀이<br>다툼(분쟁) |

## 10. 코넬식 노트필기법

요점정리를 해봅시다.

<table>
<tr><td colspan="2">제목 영역</td></tr>
<tr><td>키워드 영역</td><td>노트필기 영역</td></tr>
<tr><td colspan="2">요약정리 영역</td></tr>
</table>

## 11. 학습습관 표어

가장 어려운 부분은?

(1) 가장 지키지 못하고 있는 부분이 어떤 것이며, 그 이유는 무엇인지 이야기를 보세요.

가장 지키지 못하고 있는 부분 :

그 이유 :

(2) 바른 학습습관을 갖기 위해 무엇을 어떻게 노력하면 좋을까요? 팀원들과 이야기 나누며 구체적인 극복 방법을 찾아 적어 보세요.

학습습관 표어

(1) 학습습관이란? ______________________________다.

왜냐하면……

(2) 학습습관을 잘 지키기 위한 나만의 표어를 만들어 보세요. 가정에 돌아간 뒤 이 표어를 잘 오려 내어 공부방에 붙여 두면, 공부할 때마다 자신의 마음을 점검하는 데 도움이 될 것입니다.

## 12. 학습습관 점검하기

| 영역 | 질문 | 답 | 점수 |
|---|---|---|---|
| 국어 | 국어를 공부할 때는 문제집보다 교과서를 중심으로 공부한다. | | |
| | 수업 시간에는 교과서에 필기를 한다. | | |
| | 필기를 할 때는 별표나 밑줄 등 나만의 기호를 사용하고 다양한 색의 펜을 쓴다. | | |
| | 글을 읽을 때는 중심문장이나 핵심단어를 찾아 가며 읽는다. | | |
| | 맞춤법이나 속담과 성어들은 자투리 시간을 이용하여 공부한다. | | |
| 영어 | 영어 단어를 외울 때는 반드시 나만의 영어 단어장을 만들어서 외운다. | | |
| | 영어 단어를 잘 외우기 위한 나만의 단어 연상법이 있다. | | |
| | 영어 문장을 읽을 때는 주어와 동사를 찾아 가며 읽는다. | | |
| | 적어도 하루 30분 이상 매일 영어 듣기를 한다. | | |
| | 자투리 시간을 이용하여 영화나 팝송 등 영어듣기의 감각을 키운다. | | |
| 수학 | 문제의 조건은 반드시 손으로 쓰면서 정리하고 필요에 따라 그림이나 도형을 그려가며 풀이한다. | | |
| | 모든 문제는 구하고자 하는 답이 들어 있는 하나의 등식으로 만들어서 풀이한다. | | |
| | 깔끔하게 행과 열을 맞추어서 풀이한다. | | |
| | 오답 노트와 해답지 등을 활용하여 틀린 문제는 맞을 때까지 다시 풀이한다. | | |
| | 문제 푸는 시간을 줄이기 위해 수학 공식은 한 번 이해한 뒤에는 외워 둔다. | | |
| 사회 | 많은 개념과 내용들을 정리하기 위해 마인드맵을 이용한다. | | |
| | 여러 가지 역사적 사건들은 연표를 그린 후 인과관계를 따져가면 외운다. | | |
| | 평소에 역사나 신문 사설 등을 읽어 다양한 지식을 쌓는다. | | |
| | 중요한 내용은 교과서에 포스트잇으로 정리해 두고 다시 노트를 만들어서 공부한다. | | |
| | 교과서에 있는 지도를 보고 지도의 내용을 분석하는 연습을 한다. | | |
| 과학 | 물리를 공부할 때는 실생활을 바탕으로 기본 공식과 그래프를 이해하는 데 집중한다. | | |
| | 물리를 공부할 때 상황이나 그래프의 변인을 바꾸어 가며 공부한다. | | |
| | 화학을 공부할 때는 준비물만 보고 실험을 설계하는 연습을 한다. | | |
| | 화학을 공부할 때 실험 과정을 보고 예상 문제를 내는 연습을 한다. | | |
| | 생물이나 지구과학은 간단한 그림을 그려서 내용을 시각화하여 공부한다. | | |

※ 각 항목 당(점수×2)를 해서 적어보세요.

| 항목 | 공부하기 전 | 공부할 때 | 어려울 때 | 스스로 격려하기 | 반복적인 생활 | 합계 |
|---|---|---|---|---|---|---|
| 점수 | | | | | | |
| 항목 | 국어 | 영어 | 수학 | 사회 | 과학 | 합계 |
| 점수 | | | | | | |

## 13. 학습습관 굳히기

■ 나의 학습습관 점수는?

다음은 여러분의 성적과 관계 없이 공부를 하는 데 필요한 올바른 습관을 가지고 있는가를 알아보기 위한 질문들입니다. 잘 읽고 솔직하게 답하면 됩니다. 자신이 잘 지키고 있는 것에만 0표하세요.

| 영역 | 질문 | 답 | 점수 |
|---|---|---|---|
| 공부하기 전 | 나는 공부하기 전에 그날 공부할 양을 먼저 정하고 시작한다. | | |
| | 나는 공부할 때 먼저 할 것과 나중에 할 것을 결정하며 공부한다. | | |
| | 나는 공부하기 전에 필요 없는 것은 치우고 필요한 것들만 책상 위에 놓는다. | | |
| | 나는 공부하기 전에 오늘 공부할 내용이 무엇인지 미리 한 번 들여다 본다. | | |
| | 나는 공부할 시간이 되어 책상 앞에 앉으면 바로 공부를 시작한다. | | |
| 공부할 때 | 나는 수업시간에 선생님 설명을 끝까지 집중해서 듣는다. | | |
| | 나는 공부할 때 공부하는 내용에 온 정신을 집중한다. | | |
| | 나는 공부하는 내용 중에 중요한 것과 중요하지 않은 것을 구별하면서 공부한다. | | |
| | 나는 새로 배운 내용을 정리할 때 교과서나 공책을 활용하고 잘 관리한다. | | |
| | 나는 공부하는 도중에 음식이나 휴대전화, 컴퓨터, TV를 가까이 하지 않는다. | | |
| 어려울 때 | 나는 모르는 것이 있으면 교과서나 참고서를 찾아본다. | | |
| | 나는 궁금한 것이나 모르는 것에 대한 질문을 잘 한다. | | |
| | 나는 틀린 문제가 있으면 정확히 알게 될 때까지 확인해 본다. | | |
| | 나는 공부하는 내용이 어렵거나 힘들어도 끝까지 이해하려고 노력한다. | | |
| | 나는 책을 읽다가 어려운 내용이 나오면 알기 쉬운 말로 바꾸어 본다. | | |
| 스스로 격려하기 | 나는 나의 꿈이나 목표를 생각하며 나를 자주 격려하고 칭찬한다. | | |
| | 나는 해야 할 과제나 공부를 메모해서 눈에 띄는 곳에 붙여둔다. | | |
| | 나는 나만의 공부계획표를 만들어 실천한다. | | |
| | 내 공부방에는 공부에 도움이 되는 명언이나 표어가 있다. | | |
| | 나는 누가 시키지 않아도 스스로 공부하는 편이다. | | |
| 반복적인 생활 | 나는 잠자는 시간과 일어나는 시간이 항상 비슷하다. | | |
| | 나는 매일 가벼운 운동이라도 거르지 않고 하는 편이다. | | |
| | 나는 매끼 식사는 거르지 않는 편이며 아침은 꼭 챙겨 먹는다. | | |
| | 나는 오늘 해야 할 과제나 공부는 미루지 않고 오늘 해결하려고 한다. | | |
| | 나는 거의 매일 예습과 복습을 한다. | | |

## 14. 일일 계획

| / (월) | 오늘의 다짐 | | |
|---|---|---|---|
| 시간 | 과목 | 내 용 | 점검 |
| | | | |
| | | | |
| | | | |
| | | | |

| / (월) | 오늘의 다짐 | | |
|---|---|---|---|
| 시간 | 과목 | 내 용 | 점검 |
| | | | |
| | | | |
| | | | |
| | | | |

| / (월) | 오늘의 다짐 | | |
|---|---|---|---|
| 시간 | 과목 | 내 용 | 점검 |
| | | | |
| | | | |
| | | | |
| | | | |

| / (월) | 오늘의 다짐 | | |
|---|---|---|---|
| 시간 | 과목 | 내 용 | 점검 |
| | | | |
| | | | |
| | | | |
| | | | |

| / (월) | 오늘의 다짐 | | |
|---|---|---|---|
| 시간 | 과목 | 내 용 | 점검 |
| | | | |
| | | | |
| | | | |
| | | | |

| / (월) | 오늘의 다짐 | | |
|---|---|---|---|
| 시간 | 과목 | 내 용 | 점검 |
| | | | |
| | | | |
| | | | |
| | | | |

## 일일 공부 계획

| 셀공 시간 확보 | | 목표 달성률 | 이번 주 성적표 | 보상 계획 |
|---|---|---|---|---|
| 계획 | 실행 | | | |
| | | % | A B C D E | |

## 토막시간 활용하기

| 내용 | 월 | 화 | 수 | 목 | 금 | 토/일 |
|---|---|---|---|---|---|---|
| | | | | | | |
| | | | | | | |

## 이번 주 되돌아 보기

| 칭찬할 일 | 반성하거나 고쳐야 할 일 |
|---|---|
| | |

| 월 | 주 | 이번 주 꼭 해야 할 일 |
|---|---|---|
| | | 1.<br><br>2.<br><br>3. |

## ▣ 기본 시간표

| 시각 | / (월) | / (화) | / (수) | / 목) | / (금) | / (토) | / (일) |
|---|---|---|---|---|---|---|---|
| 06:00~07:00 | | | | | | | |
| 07:00~08:00 | | | | | | | |
| 08:00~09:00 | | | | | | | |
| 09:00~10:00 | | | | | | | |
| 10:00~11:00 | | | | | | | |
| 11:00~12:00 | | | | | | | |
| 12:00~13:00 | | | | | | | |
| 13:00~14:00 | | | | | | | |
| 14:00~15:00 | | | | | | | |
| 15:00~16:00 | | | | | | | |
| 16:00~17:00 | | | | | | | |
| 17:00~18:00 | | | | | | | |
| 18:00~19:00 | | | | | | | |
| 19:00~20:00 | | | | | | | |
| 20:00~21:00 | | | | | | | |
| 21:00~22:00 | | | | | | | |
| 22:00~23:00 | | | | | | | |
| 23:00~24:00 | | | | | | | |
| 가용 시간 | | | | | | | |
| 목표셀공 시간 | | | | | | | |

이 주의 셀공 목표 시간은 (                ) 시간

## 15. 학습계획표

① 계획의 시작은 해야 할 것을 파악하는데 있다.

한 주 동안 해야 할 일들을 나열해 보자 (예: 숙제나 수행평가분비 등)

| |
|---|
| |

② 해야 할 일들을 다 썼으면, 스스로 공부해야 할 것들에 대해 나열해 보자.(스스로 찾아서 할 공부에 대해서 쓰면 된다.)

표기 예: 과목명 -참고서 이름 - 00쪽 ~ 00쪽 )

| |
|---|
| |

③ 자신이 해야 할 일들을 모두 파악하였다면, 이젠 일주일의 시간동안 적절히 분배하자.(항상, 계획은 무리하지 않는 것이 중요하다. 실천에 의미를 두고 적절히 분배하자. )

| 목표 | | | | | | | |
|---|---|---|---|---|---|---|---|
| 요일 | 월 | 화 | 수 | 목 | 금 | 토 | 일 |
| 해야 할 일 | | | | | | | |

| 평가 | | | | | | | |
|---|---|---|---|---|---|---|---|
| 피드백 | | | | | | | |

④ 계획의 마무리는, 자신이 그 계획을 얼마나 충실히 임했나에 대한 스스로의 객관적인 평가와 반성, 그리고 의지를 더욱 굳건히 하는데 있다.

| 잘 했다고 생각되는 부분 | |
|---|---|
| 실패의 원인 | |

※ 이용 방법

1. 하루의 시작과 하루의 끝에만 작성하고 수정하고 체크할 것
2. 남에게 보이는 것이 아니므로, 간단하고 명료하게만 작성할 것
3. 평가는 객관적으로, 그리고 일주일 동안 잘 보관하며 공부할 땐 항상 지참할 것
4. 계획을 많이 못 실행했어도 좌절하지 말고, 남은 계획들을 잘 실행하기

## | 참고문헌 |


구정화·김경은(2011) 〈NIE가 자기 주도적 학습에 미치는 영향〉 한국신문협회 한국언론진흥재단

고재량(2011) 〈중학생의 학업스트레스와 학습된 무기력 및 인터넷중독의 상관관계 연구〉 서울벤처정보대학원대학교 석사학위논문

권윤나(2015) 〈인터넷 중독 청소년의 심리생리학적 특성〉 덕성여자대학교 대학원 석사학위논문

강보은(2012) 〈학습전략 프로그램이 중학생의 자기조절학습과 시간 관리에 미치는 효과〉 부산대학교 대학원 석사학위논문

김경순(2014) 〈청소년의 학습동기와 학업적 자기효능감이 자기주도학습에 미치는 영향에서 학습몰입의 매개효과 분석〉 서울벤처대학원대학교 박사학위논문

김난연(2012) 〈일반계 남자 고등학생이 지각한 가정의 심리적 환경, 교사-학생 관계, 자기효능감과 학습된 무기력과의 관계〉 계명대학교 교육대학원 석사학위논문

김성환(2002) 〈중학생의 진로적성과 학업성취도와의 상관관계〉 건국대학교 교육대학원 석사학위논문

김재남(2012) 〈수학문제의 상호교환 문제해결 학습의 효과 연구〉 공주대학교 교육대학원 석사학위논문

김판수·최성우(2011) 〈자기주도학습 & 코칭 ABC〉 즐거운학교
남미애(2000) 〈두뇌 기반 교수 학습: 좌·우뇌의 교류를 촉진시키는 학습전략을 활용하라〉 교육개발. pp63-66. 한국교육개발원
도미향·정미현·김응자(2011) 〈성격과 코칭의 이해〉 도서출판 신정
류정훈(2004) 〈공부 방법의 분류에 따른 수학 공부 방법의 조명〉 아주대학교 대학원 석사학위논문
박인수(2011) 〈상위 1%로 가는 자기주도 학습 오늘 공부법〉 BM성안당
박인수(2011) 〈똑소리나는 자기주도 학습 공부의 정석〉 BM성안당
박성애(2006) 〈다중지능을 활용한 특기·적성 교육의 효과 분석〉 덕성여자대학교 교육대학원 석사학위논문
박연주(2013) 〈감정코칭프로그램이 초등학생의 자기조절력, 자아존중감 및 대인관계능력에 미치는 영향〉 경상대학교 교육대학원 석사학위논문
박영희(2013) 〈선행학습이 학업성취도와 학습된 무기력에 미치는 영향에 관한 연구〉 서울교육대학교 교육대학원 석사학위논문
박태연(2015) 〈청소년의 자기주도학습 코칭프로그램이 학업적 자기효능감에 미치는 효과〉 남서울대학교 대학원 석사학위논문
박홍근(2012) 〈인문계 고등학생의 영어 학업성취수준별 다중지능적성, 진로성향, 진로성숙도의 관계〉 국제뇌교육종합대학원대학교 석사학위논문
배은희(2014) 〈모바일로그 분석을 통한 스마트폰 중독자가 관리시스템 설계 및 구현〉 가천대학교 대학원 석사학위논문
변은정(2004) 〈학습동기유발을 위한 학습자료 개발에 관한 연구〉 아주대학교 교육대학원 석사학위논문
배정근(2012) 〈학습효과 '쑥쑥' 이슈분석도 '너끈' : 대학 NIE 수업의 효과와 개선점〉 신문과 방송. 통권496호. pp26-28
배종찬(2011) 〈자기주도학습, 학습동기, 학업적 자기효능감이 학습몰입에 미치는 영향〉 계명대학교 교육대학원 석사학위논문
백종환(2013) 〈포트폴리오를 활용한 진로교육프로그램의 효과성 분석 연구〉 경기대학교 교육대학원 석사학위논문

서상훈(2010) 〈공신들의 7가지 습관〉 지상사
신정민(2014) 〈어머니 대상 감정코칭 프로그램이 어머니의 자녀에 대한 갈등대처능력 및 사회적 기술에 미치는 영향〉 광운대학교 교육대학원 석사학위논문
신정희(2003) 〈활동중심의 경청기술 훈련이 아동의 경청 및 공감능력에 미치는 효과〉 부산교육대학교 대학원 석사학위논문
서혜경(2011) 〈PBL기반 자기주도학습 프로그램 개발 및 효과성 검증〉 서울교육대학교 교육대학원 석사학위논문
손성준(2014) 〈신문을 활용한 토의 학습 활동이 초등학생들의 과학 자기 효능감과 과학태도에 미치는 영향〉 한국교원대학교 교육대학원 석사학위논문
이규민(2002) 〈효율적인 국어 문법 지도를 위한 웹 코스웨어의 구현 및 학습 효과 분석〉 신라대학교 교육대학원 석사학위논문
이나표(2007) 〈청소년의 자기통제력과 시간관리〉 고려대학교 교육대학원 석사학위논문
이보라(2010) 〈학부모의 DISC 행동유형에 따른 학습코칭에 관한 사례연구〉 아주대학교 공공정책대학원 석사학위논문
이소희·길영환·도미향·김혜연(2014) 〈코칭학개론〉 도서출판 신정
이은희(2014) 〈사전지식과 메타인지전략 학습이 덩이글 이해에 미치는 영향〉 한림대학교 대학원 석사학위논문
이은혜(2015) 〈인지적 도구로써의 스마트 학습노트시스템에 관한 연구〉 울산대학교 대학원 석사학위논문
이현실(2014) 〈DISC 행동유형이 미용전공대학생의 교육 만족도와 진로결정 자기효능감에 미치는 영향〉 동명대학교 복지산업대학원 석사학위논문
이형진(2013) 〈메타인지 전략을 적용한 수업이 과학 학업성취도 및 학습태도에 미치는 영향〉 부산교육대학교 교육대학원 석사학위논문
오정희(2002) 〈학급 내 수준별 수업을 위한 수학 지도 방법에 관한 연구〉 단국대학교 교육대학원 석사학위논문
유은혜(2015) 〈마인드맵을 활용한 수학 학습 부진아의 지도가 수학교과에 미치

는 영향에 관한 연구〉 국민대학교 교육대학원 석사학위논문
유지원(2011) 〈학습자의 몰입에 영향을 주는 동기 요인, 심리적 중재 요인, 사회적 요인 간의 구조적 관계 규명〉 이화여자대학교 대학원 박사학위논문
장은지(2011) 〈청소년의 인터넷 중독 수준에 따른 학습동기 및 자기통제력에 관한 연구〉
경기대학교 대학원 석사학위논문
정광인(2014) 〈초등 영재교육대상자의 스마트기기 중독성, 자기통제력 및 자기조절학습능력 관계 분석〉 서울교육대학교 교육대학원 석사학위논문
조남호(2006) 〈스터디코드〉 랜덤하우스코리아(주)
조지연(2012) 〈긍정심리기반 강점 중심 코칭 프로그램이 대학생들의 자기효능감, 진로의사결정 및 진로결정수준에 미치는 영향〉 광운대학교 교육대학원 석사학위논문
존 가트맨·남은영(2007) 〈내 아이를 위한 사랑의 기술〉 한국경제신문 한경BP
존 가트맨·최성애·조벽(2011) 〈내 아이를 위한 감정코칭〉 한국경제신문 한경BP
최윤희(2013) 〈기억의 구조에 대한 조형 표현〉 홍익대학교 대학원 석사학위
최한수(2005) 〈다중지능이론에 기반한 대안학교 진로교육 프로그램〉 동국대학교 교육대학원 석사학위논문
황진숙(2010) 〈메타인지 전략 중심의 학습장 활용 학습이 학업성취도에 미치는 영향〉 한국교원대학교 교육대학원 석사학위논문
홍은실(2011) 〈전뇌학습에 기반한 초등 색채수업 프로그램 개발: 정서지능함양을 중심으로〉 경성대학교 대학원 박사학위논문
EBS〈공부의 왕도〉 제작팀(2010) 위즈덤하우스